新疆师范大学中巴经济走廊及南亚经济研究中心项目（XJNUPW JD012012A01）
资助新疆师范大学应用经济学重点学科资助
新疆维吾尔自治区社会科学基金项目（2016BJY025）资

经济管理学术文库·经济类

巴基斯坦农业发展及
中巴农业合作研究

Agricultural Development in Pakistan and Cooperation in
Agriculture between China and Pakistan

陈 军／著

经济管理出版社
ECONOMY & MANAGEMENT PUBLISHING HOUSE

图书在版编目（CIP）数据

巴基斯坦农业发展及中巴农业合作研究/陈军著．—北京：经济管理出版社，2020.6
ISBN 978 - 7 - 5096 - 7174 - 0

Ⅰ.①巴…　Ⅱ.①陈…　Ⅲ.①农业发展—研究报告—巴基斯坦②农业合作—国际合作—研究—中国、巴基斯坦　Ⅳ.①F335.33②F323

中国版本图书馆 CIP 数据核字（2020）第 097896 号

组稿编辑：杨国强
责任编辑：杨国强　张瑞军
责任印制：黄章平
责任校对：董杉珊

出版发行：经济管理出版社
　　　　　（北京市海淀区北蜂窝 8 号中雅大厦 A 座 11 层　100038）
网　　址：www.E-mp.com.cn
电　　话：（010）51915602
印　　刷：北京玺诚印务有限公司
经　　销：新华书店
开　　本：720mm×1000mm/16
印　　张：15.75
字　　数：309 千字
版　　次：2020 年 7 月第 1 版　　2020 年 7 月第 1 次印刷
书　　号：ISBN 978 - 7 - 5096 - 7174 - 0
定　　价：98.00 元

前　言

　　巴基斯坦是一个典型的农业国家,农业(包括林业、牧业、渔业)在国民经济中占有重要地位。巴基斯坦的经济状况在某种程度上依赖于农业的发展。目前,农业容纳了巴基斯坦近45%的劳动力,近60%的农村人口将农业收入作为生活来源。农业初级产品出口在全国出口中的占比为15%左右。巴基斯坦建国以来,农业产量有了4~6倍的增长,这归功于农业投入的优化、生产技术的改善和技术效率的提高,但和农业发达国家或地区相比尚存在不小的差距。

　　农业是中国企业"走出去"、同"一带一路"沿线国家进行产业产能合作的最具优势的重要产业。就农业合作进展看,随着"一带一路"倡议的持续推进,特别是中巴经济走廊建设在前期基础设施建设取得实质性进展的情形下,中巴两国间的产业合作已被提升到更高层面,而农业合作又是双边最具有合作潜能,同时又是可操作性很强的产业。

　　农业作为巴基斯坦重要的经济部门,中巴双方如果以农业合作推进经济走廊的建设,最有可能在短期内见到成效。巴基斯坦政府十分重视发展农业,渴望引进中国农业技术来提高本国农作物总产量、改进品质、增加农产品出口。开展中巴农业合作,利用巴基斯坦的农业资源,可以带动中国农业技术及高新技术产品全面进入巴基斯坦市场,以巴基斯坦为基地向生态类型相似的印度、孟加拉国、斯里兰卡等南亚各国辐射。同时,提高巴基斯坦农业综合生产能力,可缓解国内农业发展压力,巩固和深化中巴友好合作关系。

　　本书内容分为上下两篇。上篇介绍巴基斯坦农业发展,主要包括巴基斯坦自然生态环境及行政区划、农业发展概况、农业土地制度改革及农户土地状况、粮食安全与农业支持政策、农业信贷和农业保险、农产品(食品)加工业发展、棉花种植业发展等;下篇为中国和巴基斯坦农业合作,主要包括中国和巴基斯坦农业贸易合作及潜力,农业合作现状、环境及前景,农业合作的平台建设、升级途径及风险防范,农业合作行业案例(种业合作)等。

　　本书巴基斯坦方面的数据、资料基本来源于巴基斯坦政府网站(www. pakistan. gov. pk)、巴基斯坦中央棉花委员会(www. pccc. gov. pk)、巴基斯坦各部委网站、各类统计年鉴及工作论文。在写作过程中,参阅了部分国内文献(标注在"参考文献"部分),深感收益颇多,在此一并向文献作者致以诚挚的敬意,如有疏漏,敬请谅解。

　　本书在写作过程中,研究生王娜娜、封慧茹、白晶磊、赵晶参与了部分研究工作，研究生赵晶还负责了书稿通读、文字校对等工作。

感谢新疆师范大学中巴经济走廊及南亚经济研究中心，感谢新疆师范大学商学院院长马海霞教授，研究中心李慧玲副教授、冯江华博士给予的支持，还要感谢经济管理出版社及杨国强编辑的辛勤付出。

由于作者学识水平有限，书中难免会有错误和不足之处，敬请读者批评指正。联系邮箱：1075249260@qq.com。

陈军

目　录

上篇　巴基斯坦农业发展

下篇　中国和巴基斯坦农业合作

上篇　巴基斯坦农业发展

巴基斯坦是一个典型的农业国家，农业（包括林业、牧业、渔业）产值在国内生产总值中所占的比重从 1949~1950 财年的 53.2% 下降至 2017~2018 财年的 22.57%，但农业在国民经济中依然占有重要的地位。巴基斯坦的经济状况在某种程度上依赖于农业的绩效和发展。目前，农业容纳了巴基斯坦近 45% 的劳动力，近 60% 的农村人口依靠农业收入作为生活来源。农业初级产品出口在全国出口中的占比为 15% 左右，农业还为巴基斯坦的工业提供原材料。巴基斯坦建国以来，农业产量有了 4~6 倍的增长，这归功于农业投入的优化、生产技术的改善和技术效率的提高，但和农业发达国家或地区相比尚存在不小的差距。

第一章 巴基斯坦自然生态环境及行政区划

1.1 巴基斯坦地理位置

巴基斯坦的全名为巴基斯坦伊斯兰共和国，位于南亚，1947年成为一个独立的国家，国土面积约80万平方千米，地理纬度为4°N至37°N，经度为61°E至77°45E。巴基斯坦全国人口已超2.12亿（212742631）（巴基斯坦统计局，2017），位居世界第五。巴基斯坦东邻印度，西接阿富汗，西南与伊朗接壤，北部与中国相连。在阿拉伯海与阿曼湾沿线，巴基斯坦有很长的海岸线。

巴基斯坦位于埃及尼罗河（Nile River）、底格里斯—幼发拉底河（Tigris - Euphrates River）和印度河（Indus River）三大河流流域最东部的盆地区域。这三大河流域是世界早期文明的摇篮。巴基斯坦与阿富汗国土紧紧相连，共同处于南亚、西亚和中亚三大地区"十字路口"的关键位置。阿富汗和巴基斯坦的共同边界延绵2430千米，在阿富汗和各邻国的边界线中最长，相当于同其他邻国边界线总长度的4/5[①]。

巴基斯坦是一座天然的"穿堂门"，自古以来欧洲和亚洲之间的交往，东进、西出、北上、南下都要向它取道[②]。

1.2 巴基斯坦地形地貌

巴基斯坦的地貌可分为三种形态：北部高山区域、西部山地高原区域和印度河平原区域（见图1-1）。其中，山地和高原占巴基斯坦国土面积的60%左右。在巴基斯坦卫星云图上可以画出两条假想线：一条来自开伯尔山口（Khyber Pass）以北

---

① 阿富汗邻国虽多，但北面三个都是内陆国，西面的伊朗虽濒临大海，但可利用的通道却遥远、迂曲；唯独巴基斯坦这方面优势明显，得天独厚，不仅通阿富汗的山口、路径多，又濒临印度洋，交通十分方便，阿富汗的精华地带都紧挨巴基斯坦边境，与巴的陆、海、空交通运输系统甚近，首都喀布尔也位处其中。巴基斯坦给阿富汗国际性的商贸往来、货物吞吐、行旅进出，提供了极大的便利条件。

② 我国古代就有两位高僧越过这座"穿堂门"，一位是晋代的高僧兼大旅行家法显，一位是唐代的高僧兼旅行家（又是大翻译家）玄奘。他们都是为寻求佛法而不惮艰险劳瘁、万里跋涉，经由巴基斯坦到达印度取经、访问和游历。

至哈里布尔（Haripur），另一条从哈里布尔至卡拉奇以西。北部高山区域大致位于第一条线的北部，西部山地高原区域位于第二条线的西部，印度河平原区域则位于第二条线的东部。除了上述三个大的地貌区域划分，还有相对较小的地理分区包括位于印度河平原西北部的旁遮普省的波塔瓦高原（Potwar Plateau）和盐田。

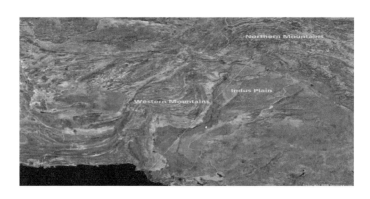

图 1 - 1 巴基斯坦地貌卫星云图

资料来源：Climate Change Year Book（2015 - 2016），Government of Pakistan Ministry of Climate Change.

北部高山区域是喀喇昆仑山脉（Karakoram）、喜马拉雅山脉（Himalayas）和兴都库什山脉（Hindukush）的交汇地域。几乎所有的山峰海拔都高于 3500 米，超过半数的山峰海拔在 4500 米以上，50 多座山峰海拔在 6700 米以上。其中，乔戈里峰和南迦帕尔巴特峰分别列世界第二和第九高峰。巴基斯坦由北至南地势逐渐降低，北部高山区域的波特瓦尔高地海拔就只有 450 米左右。地区冰川也十分丰富，其中一些是世界上极地以外最大的冰川。这些冰川为印度河及其支流提供水源，这是巴基斯坦灌溉系统的生命线。高山区域不适于灌溉，作物只零星分布在河流两侧地势相对平缓之处，品种以小麦、高粱和豆类为主。北部高山区域有着巴基斯坦最大的林区，毗邻帕米尔高原，位于喀喇昆仑山脉和兴都库什山脉南部，降水量充沛，故而森林茂密。

印度河平原区域是世界上最大的冲积平原之一，总面积约 24 万平方千米，南北长 1280 千米，东西平均宽约 320 千米，最大宽度约 550 千米[①]。印度河流域面积基本覆盖旁遮普省和信德省。以北纬 29°为界，可将印度河平原划分为上印度河平原和下印度河平原。前者主要位于旁遮普省，故又称旁遮普平原；后者主要位于信德省，故又称信德平原。旁遮普平原由印度河及其五条支流杰卢姆（Jhelum）、切纳布（Chenab）、拉维（Ravi）、萨特累季（Sutlej）和比亚斯（Beas）冲积而成，冲积层厚度在 150 ~ 300 米。而在南部的信德平原，冲积层厚度比旁遮普平原的要

---

① 杨翠柏等. 巴基斯坦［M］. 北京：社会科学文献出版社，2018.

低，仅由印度河和此处的冲积层沉积形成，且形成时间相对较晚。

塔赫特苏莱曼峰海拔 3374 米，是西部山地高原区最高峰。在其东北毗邻地域是波特瓦尔高原和盐田，高原海拔在 450～600 米。长期的水蚀和风蚀，导致波特瓦尔高原土地的贫瘠。在波特瓦尔高原的底部是东西向的盐田，一个连续不断的低平顶丘陵链，地形粗糙，几乎没有土壤，如图 1-2 所示。

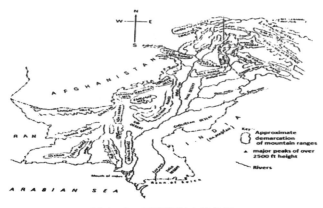

图 1-2　巴基斯坦山脉位置

资料来源：Research Report GCISC-RR-01：Climate Profile and Past Climate Changes in Pakistan，Global Change Impact Studies Centre Islamabad，Pakistan.

1.3　巴基斯坦河流

巴基斯坦境内河流大多属于印度河水系，由南至北最终注入阿拉伯海。由于巴基斯坦地处干旱地带，降雨量稀少，全国 60% 地区年降水量低于 250 毫米以下，而蒸发量又特别大，所以印度河提供的水资源对于巴基斯坦农业灌溉的重要性不言而喻（见图 1-3 至图 1-6）。

印度河干流发源于中国西藏境内的喜马拉雅山脉西部、冈底斯山主峰冈仁波齐峰北面的冰川湖，河源中国称狮泉河（藏语为森格藏布）。印度河自东南向西北流经克什米尔后，转向西南贯穿巴基斯坦全境，在卡拉奇南部附近注入阿拉伯海。印度河流经中国、阿富汗、印度和巴基斯坦四国，干流全长约 3180 千米[1]，总流域面积为 11.65 万平方千米[2]，多年平均径流量 2072 亿立方米[3]。印度河水源主要来自季风降雨和高山融化的雪水，一年有两次汛期，即春汛（3～5 月）和伏汛（7～8 月）。枯水期和洪水期流量相差巨大，一般在 10～16 倍。以加拉

① Wikipedia. Indus River［EB/OL］.［2010-02-02］. http：//en. wikipedia. org/wiki/Indus_River.

② Zawahri N A. India，Pakistan and cooperation along the Indus River system［J］. Water Policy，2009（11）：1-20.

③ 魏昌林. 巴基斯坦的西水东调工程［J］. 世界农业，2001（6）.

巴格为界,加拉巴格以北为印度河上游,以南至海得拉巴为中游,海得拉巴至入海口为下游。上游长 1368 千米,落差大,水流急,水力资源丰富;中游长 1600 余千米,落差小,河面宽阔,流速较缓,支流较多;下游长约 150 千米,河床平缓,泥沙淤积多,河床多高于地面,故汛期易发水灾①。

印度河有许多支流,左侧支流的上游部分大多在印度境内,少部分在中国境内,右侧的支流主要源于阿富汗(见表 1-1)。

表 1-1   印度河重要支流情况②

河名	河长(千米)	流域面积(万平方千米)	发源地	流入河流	位置
Jhelum	774	6.35	克什米尔	Chenab	左岸
Chenab	1200	13.80	印度	干流	左岸
Ravi	725	1.16	印度	Chenab	左岸
Beas	470	—	印度	Sutlej	左岸
Sutlej	1450	39.5(含支流)	中国	Panjnad	左岸
Shyok	550	—	中国	干流	右岸
Kabul	700	8.85	阿富汗	干流	右岸
Gumal	240	—	巴基斯坦	干流	右岸

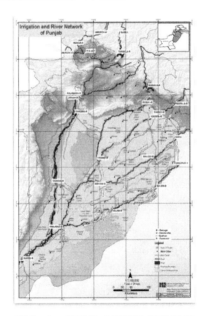

图 1-3   旁遮普省灌溉和河流网络

资料来源:Research Report GCISC - RR - 01:Climate Profile and Past Climate Changes in Pakistan, Global Change Impact Studies Centre Islamabad, Pakistan.

---

① 杨翠柏等. 巴基斯坦 [M]. 北京:社会科学文献出版社,2018.

② 钟华平等. 印度河与印巴用水研究 [J]. 世界农业,2011(2).

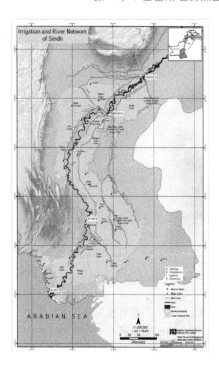

图 1 - 4　信德省灌溉和河流网络

资料来源：Research Report GCISC - RR - 01：Climate Profile and Past Climate Changes in Pakistan，Global Change Impact Studies Centre Islamabad，Pakistan.

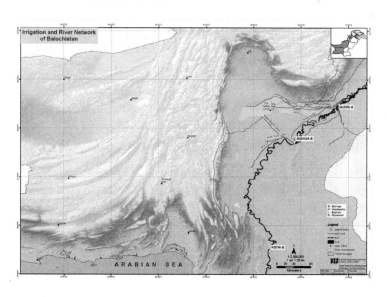

图 1 - 5　俾路支省灌溉和河流网络

资料来源：Research Report GCISC - RR - 01：Climate Profile and Past Climate Changes in Pakistan.

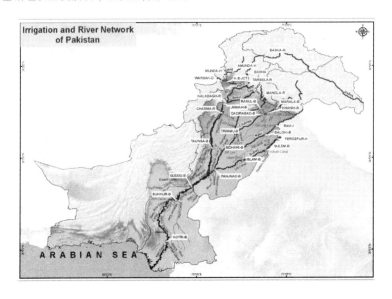

图 1 - 6　巴基斯坦灌溉和河流网络

资料来源: Research Report GCISC - RR - 01: Climate Profile and Past Climate Changes in Pakistan.

1.4　巴基斯坦气候

巴基斯坦基本上是一个温带干燥国家。除西部沿海处于热带季风区外,大部分地区处于热带干旱和半干旱气候。由于北部高山林立,相对同纬度亚洲东部国家平均气温要高。

1.4.1　气候季节

巴基斯坦有四个不同的气候季节:

1.4.1.1　季风季节 (6~9月)

巴基斯坦的季风季节是 6~9 月,季风季节伴随着降雨。降雨来源于阿拉伯海和孟加拉湾。来自阿拉伯海的季风降雨一般从 6 月初开始,而来自孟加拉湾的季风降雨则平均从 7 月 1 日开始。据统计,季风季节的降水量占巴基斯坦全年总降水量的 55% 左右。

1.4.1.2　冬季 (12月至翌年3月)

北纬 30°以上的区域,冬季的降雨要归于来自西面的信风。这些信风和其他的周期性因素,大多活跃在冬季和季风前过渡时期,是西部地区降水的主要来源。在更远的北部,来自西面的信风一年间都或多或少地影响着降雨的情况。在北纬 35°以上的大喜马拉雅区域,冬季降水多为冰雪形式。融化后的冰雪为印度河平原的主要河流,例如,为印度河 (Indus)、杰卢姆河 (Jhelum)、切纳布河

（Chenab）提供了充足的水源。据统计，冬季的降水量占巴基斯坦全年总降水量的30%左右。

1.4.1.3 季风前季节（4～5月）

4～5月，甚至是6月的一部分，有时甚至是整个6月都是极端的炎热和干燥。在这几个月里，俾路支省的部分地区以及信德省和旁遮普南部的毗邻地区出现了一种半永久的低热，这种低热在季风季节起着至关重要的作用，促进了海上气团从阿拉伯海不间断地流向山区或国内其他地区。这一季的降水量约为全年降水量的12%。

1.4.1.4 季风后季节（10～11月）

这个季节通常很干燥，介于季风和冬季降水季节之间。降水量在全年降水量的比重不超过4%（见图1-7）。

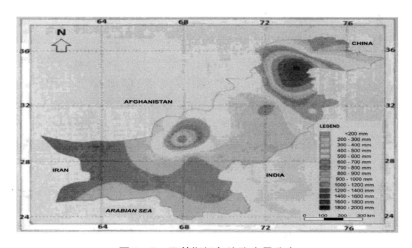

图1-7 巴基斯坦年均降水量分布

资料来源：Research Report GCISC - RR - 01：Climate Profile and Past Climate Changes in Pakistan.

1.4.2 气候区划

根据巴基斯坦的地形和气候特点，我们将巴基斯坦的地理区域分为六个主要区域，如表1-2和图1-8所示。

表1-2 巴基斯坦气候区划及气象站分布[①]

区域	区域气象站分布
Zone Ⅰ（a）：Greater Himalayas（Winter dominated）	Astor, Bunji, Chilas, Chitral, Dir, Drosh, Gilgit, Gupis, Skardu

———————————

① Afzaal, M. Haroon, M. A. Zaman, Q. Interdecadal Oscillations and the Warming Trend in the Area Weighted Annual Mean Temperature of Pakistan ［J］. Pakistan Journal of Meteorology, 2009, 6（11）：7-14.

区域	区域气象站分布
Zone I (b): Sub – montane region and Monsoon dominated	Balakot, Garhi, Dupatta, Islamabad, Jhelum, Kakul, Kotli, Lahore, Murree, Muzaffarabad, Saidu Sharif, Sialkot
Zone II: Western Highlands	Cherat, D. I. Khan, Kohat, Parachinar, Peshawar, Risalpur
Zone III: Central & Southern Punjab	Bahawalnagar, Bahawalpur, Faisalabad, Khanpur, Mianwali, Multan, Raffique, Sargodha
Zone IV: Lower Indus Plains	Chhor, Hyderabad, Jacobabad, Nawabshah, Padidan, Rohri
Zone V (a): Balochistan Plateau (Northern) (Sulaiman & Kirthar Ranges)	Barkhan, Kalat, Khuzdar, Lasbela, Quetta, Sibbi, Zhob
Zone V (b): Balochistan Plateau (Western)	Dalbandin, Nokkundi, Panjgur
Zone VI: Coastal Belt	Badin, Jiwani, Karachi, Pasni

资料来源: Climate Change Year Book (2015 – 2016), Government of Pakistan Ministry of Climate Change.

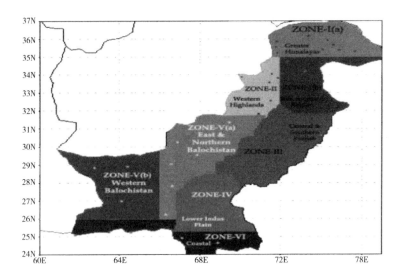

图 1 – 8　巴基斯坦气候区划

资料来源: Climate Change Year Book (2015 – 2016), Government of Pakistan Ministry of Climate Change.

1.4.3　气候区划分区详情

1.4.3.1　Zone I (a): 大喜马拉雅区域 (冬季降雪为主)

在巴基斯坦北部, 从东到西向北延伸的是一系列高山山脉, 把巴基斯坦和中国、俄罗斯、阿富汗分开。它们包括喜马拉雅山脉、喀喇昆仑山脉和兴都库什山脉。这里有 35 座海拔 24000 英尺 (7315 米) 的巨型山峰, 是登山者的天堂。许多山峰都高于 26000 英尺。该地区冰川丰富, 喀喇昆仑山脉的冰川面积相当大。表 1 – 3 显示了该区域迄今为止确定的冰川汇总。

表 1-3 冰川库存汇总

Basins	Basin Area (km²)	No. of Glaciers	Glacier area (km²)	Total Length (km)	Ice Reserves (km³)
Shigar	7381.7	194	2240.08	829.07	581.268
Shyok	10235.4	372	3547.84	1093.48	891.801
Indus	32571.2	1098	688	1042.37	46.381
Shingo	4679.5	172	36.91	99.65	1.009
Astor	421.4	588	607.03	549.05	47.931
Jhelum	9198.4	384	148.18	258.43	6.943
Total	68280	2808	7268	3872	1575

资料来源：NARC/PARC.

巴基斯坦的冰川比南北极以外的任何其他地方都多，冰川面积约 13680 平方千米，占印度河盆地面积的 13%。巴基斯坦是全球拥有冰川面积最大的国家。事实上，仅巴基斯坦喀喇昆仑山的冰川，其总面积就超过 6160 平方千米。更准确地说，喀喇昆仑地区高达 37% 的面积是在它的冰川下，而喜马拉雅山地区这一比值是 17%，欧洲阿尔卑斯山地区的这一比值是 22%。喀喇昆仑山南翼（巨大的比亚佛冰川的东西两侧）的冰川集中，占其面积的 59%。

除了这些山峰和冰川之外，该地区还盛产大型湖泊、绿色山谷、众多溪流和小河、松林和刺柏，以及各种各样的动植物。群山峻岭，由南至北逐渐降低，伊斯兰堡附近的马尔加拉山（Margalla Hills），海拔高度在 2000~3000 英尺。巴基斯坦北部的不同山脉如图 1-9 所示。

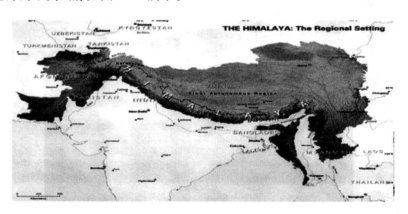

图 1-9 巴基斯坦北部山脉

资料来源：ICIMOD, Nepal.

北部高山区是巴基斯坦气温最低的区域。12 月至来年 3 月，气温低，常有霜冻和暴风雪。1 月最低气温为 -7℃，整个 1 月平均气温为 2.8℃；4~6 月气候凉爽,6 月日平均气温为 21.2℃,最高气温为 27℃。

1.4.3.2　Zone Ⅰ(b):亚山地(以季风降雨为主)

该地区位于喜马拉雅山脉南坡,北纬 33°~35°,海拔大多在 600~2000 米。这是一个以季风为主的地区,几乎延伸至 31.5°N,包括杰卢姆、锡亚尔科特和拉合尔等部分地区,海拔 200~600 米。

1.4.3.3　Zone Ⅱ:西部高地

该地区从斯瓦特和奇特拉尔山向南北延伸,覆盖了开普省的大部分地区。喀布尔河以北,莫赫曼德和马拉坎山海拔在 5000~6000 英尺。喀布尔河以南的科赫苏菲山脉(Koh-e-Sufaid Range)绵延不绝,总高度为 10000 英尺。它是最高的山峰,斯卡拉姆(Skaram)高 15620 英尺。Koh-e-Sufaid 以南是 Kohat 和 Waziristan 丘陵(5000 英尺),它们被 Kurrum 河和 Tochi 河穿过,并以 Gomal 河为界。沿戈马尔河南下,至苏莱曼山脉(Sulaiman Mountains)约 483 千米。塔克特-苏莱曼峰(Takht-e-Sulaiman)是该区最高的山峰,山顶海拔 11295 英尺(3423 米)。该地区上空来自地中海充满水分的风,在冬季为该地区提供了一定的降水量。

1.4.3.4　Zone Ⅲ:旁遮普平原(旁遮普中部和南部)

旁遮普平原也称上印度河平原,主要由旁遮普省组成。该地区包括印度河流域肥沃的土地及其五条支流、杰卢姆河、切纳布河、拉维河、萨特莱杰河和比亚斯河。印度河流域的河流形成了一条厚而肥沃的冲积层带。几乎整个旁遮普省都被这些冲积物覆盖在一个相连的地带上。这些洪泛区的特点是地势平坦,灌溉渠网纵横交错。该地区从东北到西南呈缓坡,最北部海拔约 984 英尺(300 米),最南部海拔约 290 英尺(88 米)。波托哈高地通常被称为波托哈高原,位于北部山脉的南面,西面是印度河,在杰卢姆河的东边。在这个高原上,南部有一些偏远的盐山脉,北部有 Khair Murad 和 Kala Chitta 山脉。盐区的重要性在于在克赫拉(Khewra)和卡拉巴格(Kalabagh)的大量纯盐矿床,以及在丹多特(Dandot)和马克鲁瓦尔(Makerwal)的大量煤层。

1.4.3.5　Zone Ⅳ:印度河下游平原

印度河下游平原将印度河所有支流的水引至阿拉伯海。与旁遮普省一样,这些河流也主要是史前由数千英尺厚的肥沃冲积层组成。印度河平原,包括旁遮普平原,总长约 16000 千米(1000 英里),旁遮普平原最宽的部分约 320 千米(200 英里),最窄的部分约 128 千米(80 英里),一边是沙漠,另一边是苏莱曼山脉。这实际上是旁遮普省和信德省的分界线。印度河平原有时被称为印度河走廊,上游侧的区域称为上印度河平原,下游侧的区域称为下印度河平原。

1.4.3.6　Zone Ⅴ(a & b):俾路支斯坦高原

俾路支高原位于苏莱曼山脉以东,平均海拔约 2000 英尺(610 米)。西部俾路支高原地区冬季和夏季、白天和黑夜温差大。7 月白天气温可达 35℃以上,早晨只有 15℃；11 月至来年 2 月早晨最低气温均在 0℃ 以下。

高原的地理特征千差万别，但山川和盆地占主导地位。山脉被无数的河道和山洪冲蚀，只有在下雨后才有水。位于该高原的重要河流是俾路支省东北部的zhob、bolan 和 mulla。卡拉特是最重要的高原，海拔 7000～8000 英尺（2135～2440 米）位于俾路支省的中心。最大的沙漠是在俾路支省发现的，其中最大的沙漠是长 87 千米、宽 35 千米的 Hamun－e Mashkel。俾路支省的达什特和卡兰高地位于巴基斯坦与伊朗的西部边境。该地区年平均降雨量小于 100 毫米，它有一个混合的土地形态，由侵蚀的软沉积岩、沙质/砾质荒地和小块壤土组成，由从上游集水区输送沉积物的山洪形成。

1.4.3.7 Zone Ⅵ：海岸带

巴基斯坦海岸线约 990 千米，其中 270 千米属于信德省，其余 720 千米属于俾路支省。信德省的海岸带到处都是茂密的红树林，而俾路支省的海岸带除了少数几个地方外都是贫瘠的。马克兰海岸的大部分早期还不发达，海滩荒芜，只有几个渔村。2005 年建成了卡拉奇至瓜达尔沿海公路。

1.4.4 温度分布

使用 1951～2000 年的月平均温度、最高温度和最低温度的年和季节数据进行温度分布，如图 1－10、表 1－4 至表 1－6 所示。

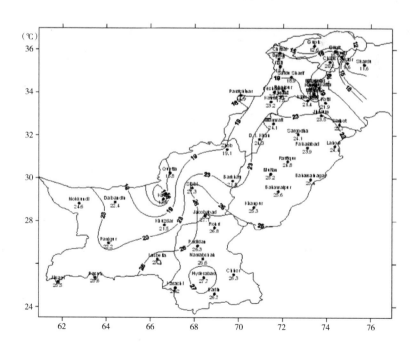

图 1－10 巴基斯坦各区域年平均气温（℃）（1951～2000 年）

资料来源：Climate Change Year Book（2015－2016），Government of Pakistan Ministry of Climate Change.

表 1 – 4 巴基斯坦各气候区划年均及季节平均温度（℃）（1951～2000 年）①

区域	年均	季风季节	冬季	4～5 月	10～11 月
Zone Ⅰ（a）：Greater Himalayas（Winter dominated）	15.2	25.1	5.3	17.2	12.9
Zone Ⅱ（b）：Sub – montane region and Monsoon dominated	20.1	27.4	11.8	23.5	18.4
Zone Ⅱ：Western Highlands	20.8	29.0	11.8	24.0	19.0
Zone Ⅲ：Central & Southern Punjab	24.8	32.7	15.7	29.4	22.7
Zone Ⅳ：Lower Indus Plains	26.8	33.0	18.9	31.9	25.2
Zone Ⅴ（a）：Balochistan Plateau（Northern）(Sulaiman & Kirthar Ranges)	20.9	29.0	12.2	24.7	18.6
Zone Ⅴ（b）：Balochistan Plateau（Western）	23.1	31.9	13.7	27.1	19.9
Zone Ⅵ：Coastal Belt	26.0	29.9	20.7	29.4	25.8

表 1 – 5 巴基斯坦各气候区划年均及季节平均最高温度（℃）（1951～2000 年）②

区域	年均	季风季节	冬季	4～5 月	10～11 月
Zone Ⅰ（a）：Greater Himalayas（Winter Dominated）	21.7	32.4	10.7	23.8	20.4
Zone Ⅰ（b）：Sub – montane region and Monsoon dominated	26.4	33.1	18.0	30.5	25.9
Zone Ⅱ：Western Highlands	27.2	35.0	18.1	30.8	26.1
Zone Ⅲ：Central & Southern Punjab	32.2	38.7	23.5	37.5	31.2
Zone Ⅳ：Lower Indus Plains	34.6	39.3	27.3	40.7	33.8
Zone Ⅴ（a）：Balochistan Plateau（Northern）(Sulaiman & Kirthar Ranges)	28.5	36.2	19.6	32.4	27.3
Zone Ⅴ（b）：Balochistan Plateau（Western）	31.2	40.0	21.3	35.1	28.8
Zone Ⅵ：Coastal Belt	31.6	33.5	27.5	35.3	32.6

表 1 – 6 巴基斯坦各气候区划年均及季节平均最低温度（℃）（1951～2000 年）③

区域	年均	季风季节	冬季	4～5 月	10～11 月
Zone Ⅰ（a）：Greater Himalayas（Winter dominated）	8.6	17.9	- 0.2	10.6	5.6
Zone Ⅰ（b）：Sub – montane region and Monsoon dominated	13.7	21.6	5.5	16.6	11.0
Zone Ⅱ：Western Highlands	14.4	23.2	5.5	17.3	12.0
Zone Ⅲ：Central & Southern Punjab	17.5	26.8	7.9	21.3	14.3
Zone Ⅳ：Lower Indus Plains	19.0	26.7	10.4	23.1	16.6
Zone Ⅴ（a）：Balochistan Plateau（Northern）(Sulaiman & Kirthar Ranges)	13.3	21.8	4.8	17.0	9.9
Zone Ⅴ（b）：Balochistan Plateau（Western）	15.0	23.8	6.1	19.0	11.0
Zone Ⅵ：Coastal Belt	20.4	26.3	13.9	23.4	18.9

从图表数据可以看到，印度河下游平原、信德省以及邻近的旁遮普省南部和沿海地区是最温暖的，除冬季通常低于 20℃ 外，其余季节的气温保持在 25℃ 及

①②③Afzaal, M. Haroon, M. A. Zaman, Q. Interdecadal Oscillations and the Warming Trend in the Area Weighted Annual Mean Temperature of Pakistan［J］. Pakistan Journal of Meteorology, 2019, 6（11）：7 – 14.

以上。与上述区域对应，北部地区除季风期超过 25℃ 外，山区其余季节的温度都较低。这两个极端的温度范围约为 18℃。印度河下游平原在季风期的平均温度都保持在 25℃ 以上。

1.4.5 降水分布

除气温外，降雨在气候要素表中占有重要地位。它在水资源及其管理、与水有关的灾害及其缓解、水平衡研究和农业生产和发电用水研究等与水有关的研究中有广泛的应用。降雨分布以及由此产生的降雨是一个国家繁荣的先决条件，因为巴基斯坦基本上是一个农业国家。

巴基斯坦通常是一个干旱到半干旱的国家，沿喜马拉雅山脉南坡的亚山区有一条湿润地带，在默里（Murree）的年总降雨量可以高达 70 英寸（约 1800 毫米），在俾路支省的超干旱地区诺科迪（Nokkundi）的年总降雨量可以低至 1.5 英寸（约 35 毫米）。全国最大降雨量出现在季风期（6～9 月）。季风系统源自阿拉伯海或是孟加拉湾。孟加拉湾的季风发展为热带洼地，向西、西北方向穿过印度上空的恒河平原，有时到达印度河平原。当它们到达那里时，它们的强度大大降低了。然而，有时这些洼地与强烈的西面气流交织，或由于来自阿拉伯海的西南气流而变得更加突出，并且引发亚山区和其他地区的暴雨，当然这要取决于天气状况。同样，季风系统/洼地也因海洋和相邻大陆区域之间的强压力而促进不间断地流向亚山地区域。夏季（4～6 月），俾路支省的部分地区以及毗邻信德省和旁遮普省南部的部分地区出现了半永久性热低压，这在阿拉伯海和这些毗邻陆地之间提供了必要的压力。冬季降雨主要分布在 30～60°N 纬度范围内。

不管是雨季（6～9 月）还是冬季（12 月至来年 3 月）最大降雨量，具体都取决于位置。11 月是巴基斯坦降水量最低的月份，接下来是 10 月。在北部山区，尤其是在 35°N 以上的喜马拉雅山脉地区，冬季通常持续到 4 月甚至 5 月。整个国家的加权季风（6～9 月）降水量几乎是冬季（12 月至来年 3 月）降水量的两倍。然而，在旁遮普省，其北部主要是季风主导，与冬季降雨相比，季风降雨大约要高出 3 倍（见表 1-7、表 1-8，图 1-11 至图 1-14）。

表 1-7 估算的巴基斯坦各省加权降雨量　　　　　　　　　单位：毫米

月份	全国	俾路支省	开普省	旁遮普省	信德省
1	17.0	17.8	39.5	15.0	1.9
2	22.5	18.6	61.0	22.4	4.6
3	31.0	22.0	95.3	32.0	5.1
4	19.7	11.9	66.7	20.7	3.1
5	13.2	8.2	39.8	15.8	2.4
6	14.0	5.4	27.7	24.6	10.0
7	62.5	28.6	95.4	108.4	56.9
8	55.4	23.0	94.0	93.6	52.4

续表

月份	全国	俾路支省	开普省	旁遮普省	信德省
9	19.5	7.2	35.8	33.7	18.2
10	5.7	2.1	21.1	6.4	2.4
11	4.9	2.7	16.6	4.9	2.0
12	12.4	10.9	33.0	11.7	2.6
全年合计	277.8	158.4	625.9	389.2	161.6
全年平均	23.2	13.2	52.2	32.4	13.5

资料来源：Pakistan Meteorological Department.

表1-8 巴基斯坦各气候区划年均及季节平均降水量（毫米）（1951~2000年）[①]

区域	年均	季风季节	冬季	4~5月	10~11月
Zone Ⅰ（a）：Greater Himalayas（Winter dominated）	436.3	99.7	185.1	116.6	36.5
Zone Ⅰ（b）：Sub-montane region and Monsoon dominated	1272.9	710.4	352.2	146.1	68.2
Zone Ⅱ：Western Highlands	571.1	238.6	201.5	97.8	34.5
Zone Ⅲ：Central & Southern Punjab	286.9	189.1	54.7	32.1	10.8
Zone Ⅳ：Lower Indus Plains	148.7	120.3	15.1	6.3	5.0
Zone Ⅴ（a）：Balochistan Plateau（Northern）（Sulaiman & Kirthar Ranges）	246.0	112.5	92.2	32.2	9.6
Zone Ⅴ（b）：Balochistan Plateau（Western）	74.6	13.4	50.5	8.1	3.1
Zone Ⅵ：Coastal Belt	155.7	89.3	55.9	4.9	5.9

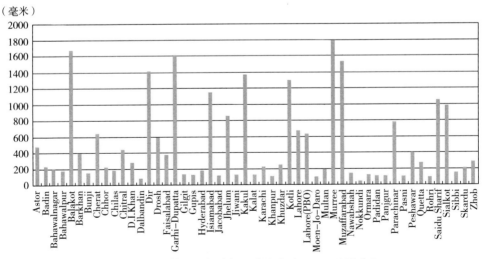

（毫米）

图1-11 巴基斯坦各地年平均降水（1961~1990年）

---

① Afzaal, M. Haroon, M. A. Zaman, Q. Interdecadal Oscillations and the Warming Trend in the Area Weighted Annual Mean Temperature of Pakistan [J]. Pakistan Journal of Meteorology, 2019, 6 (11): 7-14.

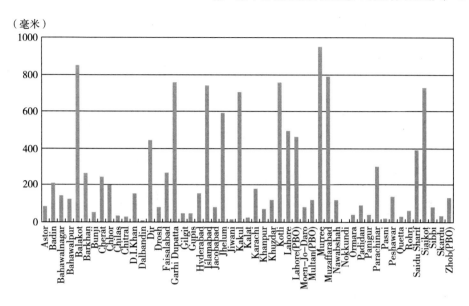

图1-12 巴基斯坦各地季风季节降水（1961~1990年）

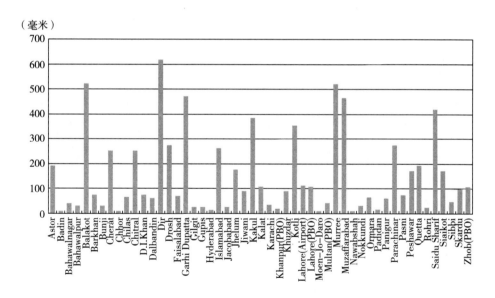

图1-13 巴基斯坦各地冬季降水（1961~1990年）

　　与其他地区相比，在所有季节中，亚山地地区的降雨量最高，而在俾路支斯坦高原Ⅴ（b）区的降雨量最低。西部高原靠近亚山地地区，那里也有大量的降雨。这些都是由季风和冬季风带共同带来的。在巴基斯坦雨季后的10~11月，所有地区的降雨量都最低。印度河上游平原（第三区）的降雨量相对高于印度河下游平原（第四区）。

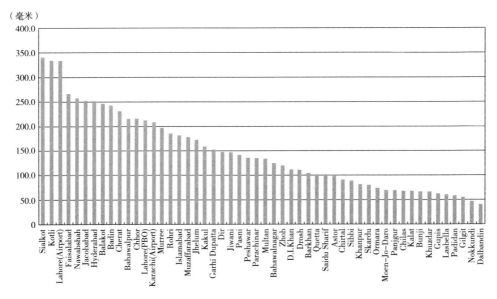

图 1-14　巴基斯坦各地冬季降水 (1961~1990 年)

1.5　巴基斯坦行政区划

巴基斯坦的行政区划包括省 (Provinces)、自治区 (Autonomous Regions) 与首都区 (Territory)。巴基斯坦有四个省、两个自治区和一个首都区。四个省包括俾路支斯坦省 (Balochistan)、开伯尔—普赫图赫瓦省 (Khyber Pakhtunkhwa)[①]、旁遮普省 (Punjab) 与信德省 (Sindh),两个自治区包括自由克什米尔 (Azad Kashmir) 与吉尔吉特巴尔蒂斯坦[②] (Gilgit - Baltistan) 自治区,唯一的一个首都区是伊斯兰堡 (Islamabad),同时也是巴基斯坦的首都。这四个省和两个自治区下辖多个行政专区 (Divisions)、县 (Districts)、乡 (tehsils) 及村委联会 (Mauzas)[③]。

根据巴基斯坦统计局统计 (2017),整个巴基斯坦包括 38 个行政专区及其下辖的 156 个县 (包括自治区与首都区) (见表 1-9)。

---

① 2018 年 5 月 31 日,巴基斯坦时任总统马姆努恩·侯赛因签署一份宪法修正案,标志着该国联邦直辖部落地区 (FATA) 正式并入开伯尔—普什图省。联邦直辖部落地区包括 7 个部落特区 (Agency):巴朱尔、开伯尔、吉勒姆、莫赫曼德、奥拉克扎伊、北瓦济里斯坦、南瓦济里斯坦特区,以及其他 6 个较小的部落区。并入开伯尔—普什图省后,联邦直辖部落地区将在行政、司法、税收等方面与巴其他地区接轨,当地民众依法享有与其他地区民众同等的权利和义务。联邦直辖部落地区位于巴基斯坦西北部,人口约 500 万,多为普什图族人,原先是一个半自治部落地区。近年来,联邦直辖部落地区发展缓慢,特别是 2001 年美国发动阿富汗战争后,大批恐怖主义势力流窜至该地区,严重破坏了当地的和平稳定与正常社会秩序。

② 巴基斯坦官方网站将吉尔吉特巴尔蒂斯坦列为省。

③ http://www.mocc.gov.pk/pubDetails.aspx.

表1-9 巴基斯坦行政区划（专区、县）

省、专区	县
联邦首都区（Islamabad CT）	
旁遮普省（Punjab）	
巴哈瓦尔布尔专区（Bahawalpur）	巴哈瓦尔那加县（Bahawalnagar）、巴哈瓦尔布尔县（Bahawalpur）、拉希姆亚尔汗县（Rahimyar Khan）
德利加兹汗专区（Dera Ghazi Khan）	德利加兹汗县（Dera Ghazi Khan）、莱亚县（Leiah）、穆扎法尔格尔县（Muzaffargarh）、拉詹普尔县（Rajanpur）
费萨拉巴德专区（Faisalabad）	费萨拉巴德县（Faisalabad）、章县（Jhang）、吉尼奥德县（Chiniot）、托巴特辛县（Toba Tek Singh）
古杰兰瓦拉专区（Gujranwala）	古杰兰瓦拉县（Gujranwala）、古杰拉特县（Gujrat）、哈费扎巴德县（Hafizabad）、曼迪巴豪丁县（Mandi Bahauddin）、诺罗瓦尔县（Norowal）、锡亚尔科特县（Sialkot）
拉合尔专区（Lahore）	卡苏尔县（Kasur）、拉合尔县（Lahore）、拉韦县（Ravi）
谢胡布尔专区（Sheikhupura）	谢胡布尔县（Sheikhupura）、南卡那萨希布县（Nankana Sahib）
萨希瓦尔专区（Sahiwal）	奥卡拉县（Okara）、帕克帕坦县（Pakpattan）、萨希瓦尔县（Sahiwal）
木尔坦专区（Multan）	卡内瓦尔县（Kanewal）、罗德兰县（Lodhran）、木尔坦县（Multan）、维哈里县（Vihari）
拉瓦尔品第专区（Rawalpindi）	阿特克县（Attock）、恰夸尔县（Chakwal）、杰赫勒姆县（Jhelum）、拉瓦尔品第县（Rawalpindi）
萨戈达专区（Sargodha）	萨戈达县（Sargodha）、巴卡尔县（Bhakkar）、库沙布县（Khushab）、缅瓦利县（Mianwali）
信德省（Sind）	
卡拉奇专区（Karachi）	卡拉奇中县（Karachi Central）、卡拉奇东县（Karachi East）、卡拉奇南县（Karachi South）、卡拉奇西县（Karachi West）、马里尔县（Malir）、科兰吉县（Korangi）
海德拉巴专区（Hyderabad）	海德拉巴县（Hyderabad）、默蒂亚里县（Matiari）、坦杜阿拉亚县（Tando Allahyar）、坦杜穆罕默德汗县（Tando Muhammad Khan）、达杜县（Dadu）、贾姆肖罗县（Jamshoro）
班伯尔专区（Banbhore）	特达县（Thatta）、苏加瓦县（Sujawal）、伯丁县（Badin）
拉尔卡纳专区（Larkana）	拉尔卡纳县（Larkana）、卡姆巴沙赫达科特县（Qambar Shahdadkot）、雅各布阿巴德县（Jacobabad）、卡什莫尔县（Kashmore）、希卡布尔县（Shikarpur）
米尔布尔哈斯专区（Mirpur Khas）	米尔布尔哈斯县（Mirpur Khas）、乌默科特（Umerkot）、桑加尔县（Sanghar）、达尔帕卡县（Thar Parkar）
苏库尔专区（Sukkur）	苏库尔县（Sukkur）、格特基县（Ghotki）、凯尔布尔县（Khairpur）
沙赫德贝纳齐尔阿巴德专区（Shaheed Benazir Abad）	讷瓦布沙阿县（Nawabshah）、瑙沙罗费洛兹县（Naushahro Firoz）
俾路支省（Balochistan）	
喀拉特专区（Kalat）	阿瓦兰县（Awaran）、喀拉特县（Kalat）、卡兰县（Kharan）、瓦舒科县（Washuk）、胡兹达尔县（Khuzdar）、拉斯贝拉县（Lasbela）、马斯吞县（Mastung）
莫克兰专区（Makran）	瓜达尔县（Gwadar）、科奇县（Kech）、旁吉古尔县（Panjgur）

续表

省、专区	县
纳希拉巴德专区（Nasirabad）	波伦县 Kachhi（Bolan）、贾法拉巴德县（Jafarabad）、贾尔马格希县（Jhal Magsi）、纳希拉巴德县（Nasirabad）、拉赫瑞县（Lehri District）、苏巴特普尔县（Sohbatpur District）
奎达专区（Quetta）	查盖县（Chagai）、基拉阿布杜拉县（Killa Abdullah）、皮辛县（Pishin）、奎达县（Quetta City）、努什基县（Nushki）
锡比专区（Sibi）	德拉布提县（Dera Bugti）、寇卢部落特区*（Kohlu Agency）、锡比县（Sibi Harnai District）、加拉特县（Ziarat）
佐布专区（Zhob）	新月县（Barkhan）、基拉赛福拉（Killa Saifulla）、洛拉莱（Loralai）、穆萨克尔县（Musa Khel）、佐布县（Zhob）、希雷尼（Sheerani District）
开伯尔—普什图省（Khyber - Pakhtunkwa）	
本努专区（Bannu）	本努县（Bannu）、拉基玛瓦县（Lakki Marwat）
德拉伊斯梅尔汗专区（Dera Ismail Khan）	德拉伊斯梅尔汗县（Dera Ismail Khan）、坦克县（Tank）
哈扎拉专区（Hazara）	阿伯塔巴德县（Abbottabad）、巴塔格兰县（Batagram）、哈利普尔县（Haripur）、上科伊斯坦县（Upper Kohistan）、下科伊斯坦县（Lower Kohistan）、曼瑟拉县（Mansehra）、托尔盖尔县（Tor Ghar）
戈哈特专区（Kohat）	汉古县（Hangu）、喀拉克县（Karak）、戈哈特县（Kohat）
马拉坎专区（Malakand）	布纳尔县（Buner）、奇特拉尔县（Chitral）、下第尔县（Lower Dir）、香拉县（Shangla）、斯瓦特县（Swat）、上第尔县（Upper Dir）、马拉坎县（Malakand P. A.）
马尔丹专区（Mardan）	马尔丹县（Mardan）、斯瓦比县（Swabi）
白沙瓦专区（Peshawar）	恰尔萨达县（Charsadda）、瑙仕拉县（Nowshera）、白沙瓦县（Peshawar）
联邦直辖部落地区（FATA）	巴焦尔（Bajaur）、莫赫曼德（Mohmand）、开伯尔（Khyber）、古勒姆（Kurram）、奥拉克扎伊（Orakzai）、北瓦济里斯坦（North Waziristan）、南瓦济里斯坦（South Waziristan）、白沙瓦（FR Peshawar）、科哈特（FR Kohat）、本努（FR Bannu）、拉基马尔瓦特（FR Lakki Marwat）、德拉伊斯梅尔可汗（FR Dera Ismail Khan）、坦克（FR Tank）
吉尔吉特—巴尔蒂斯坦（Gilgit - Baltistan）	
吉尔吉特专区（Gilgit）	吉尔吉特县（Gilgit）、吉泽县（Ghizer）、纳加尔（Nagar）、罕萨（坎巨提）县（Hunza）
达摩专区（Diamer）	达摩（Diamir）、阿斯套（Astore）
巴尔蒂斯坦专区（Baltistan）	斯卡都县（Skardu）、甘奇（Ghanchee）、哈曼（Kharmang）、希格尔（Shigar）
自由克什米尔（Azad Jammu and Kashmir）	
穆扎法拉巴德专区（Muzaffarabad）	尼拉姆县（Neelam）、穆扎法拉巴德县（Muzaffarabad）、哈蒂安（Hattian）
蓬奇专区（Poonch）	巴格县（Bagh）、哈维县（Haveli）、蓬奇县（Poonch）、苏特努蒂县（Sudhnoti）
米尔布尔专区（Mirpur）	米尔布尔县（Mirpur）、科特利县（Kotli）、宾贝尔县（Bhimber）

注：没有说明的，各县、专区驻地同名。如果专区和县没有同名的，第一个县为专区驻地。资料源自行政区划网：http://www.xzqh.org/old/waiguo/asia/1018.htm，经整理而成。

巴基斯坦的行政机构分为七个级别，呈金字塔层级排布，行政职能与权力也在同层次内转移。但有三个主要行政机构负责全国的治理，包括联邦（Federal）、省（State）与本地政府（Local Administration）①。联邦政府负责整个国家内的国家事务，包括自治区与首都区。同时，省级政府包括各省级与自治区事务。本地政府负责地区与县级的市（Cities）、镇（Towns）、乡村（Neighborhood/Village）的管理，如图 1 - 15 所示。

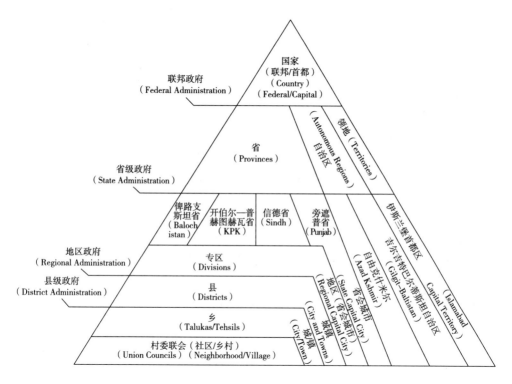

图 1 - 15　巴基斯坦行政层级

资料来源：Muhammad Yousif，张悦．巴基斯坦市、县与乡级地区的发展均衡性研究［J］．小城镇建设，2018（11）：4．

需要进一步指出的是，巴基斯坦是一个有三层政府的联邦共和国，即国家、省与地方政府。各省都有自己的地方政府（Local Government），地方政府受宪法第 32 条及 140 - A 的保护，负责实施各项法律与各项事务。县议会（District Councils）与都市市政厅（Metropolitan Corporations）则是各省地方政府下的最高城乡管理机构。

---

① Muhammad Yousif，张悦．巴基斯坦市、县与乡级地区的发展均衡性研究［J］．小城镇建设，2018（11）．

除开伯尔—普赫图赫瓦（Khyber - Pakhtunkhwa）外，所有省份的城市和农村地方政府都有 2 ~ 3 级，而开伯尔—普赫图赫瓦（Khyber - Pakhtunkhwa）的地方议会不区分城市和农村。

巴全国有 129 个县议会，619 个市政局（Urban Councils）①、13 个都市市政厅（Mmunicipal Corporations）、96 个市政局、148 个城镇委员会（Town Committees）（巴基斯坦统计局数据，2017），360 个城市联盟委员会（Urban Union Committees），以及 1925 个乡村议会（Rural Councils）。此外，在开伯尔—普赫图赫瓦省还有 3339 个街道、乡及村委联会②。各省的法律及经济发展水平也各有不同。县议会与都市市政厅的职权较高，通常与更高一级的省级政府联合制定教育、医疗、交通与本地经济发展政策，或与下一层地方政府合作进行水体与卫生、博物馆与图书馆及环境保护方面的工作。各级地方政府层级设置如下：

（1）专区（Divisions）。巴基斯坦省级机构细分为行政"专区"，"专区"下又分为县、乡/镇及村委联会。2000 年，这些行政专区曾被废除，但 2008 年又恢复了该行政设置。行政专区并不包括伊斯兰堡首都区或联邦直辖部落地区，该类地区相当于省级政府权限，但在 2018 年，联邦直辖部落地区被划归到开伯尔—普赫图赫瓦省。

（2）县（Districts）。县是地方政府中最高层级的行政单元。在巴基斯坦共有 150 个县，包括自治省与首都区，其中部分属于市县。县政府（District Government）或市县政府（City District Government）及专区议会（Zillah Council）共同组成政府组织，其中"县协调官"（District Coordination Oföcer）为行政首脑。2010 年以前，"县长官"（District Governor）Zila Nazim 负责县的行政工作，但后来政府将这一权限划给了"县协调官"，其职责与"县长官"类似，负责实施各项政府战略，并根据政府战略制定相关方案③。2001 年以前，巴基斯坦分设 106 个县。2001 年，卡拉奇专区 5 个县合并为"卡拉奇县（都市县）"，县数减少到 102 个。当年取消了专区。2004 年，信德省增设 4 个县，县数又恢复到 106 个。新设 4 个县为：Umerkot（2000 年前旧县）、Kashmore、Qambar 和 Jamshoro，由拉尔卡纳县、达杜县、雅各布阿巴德县和米尔布尔哈斯县分设（从 1998 年人口普查数据值来看，好像有较大的突破县界）。旁遮普省是 2008 年恢复，信德省 2011 年恢复。2014 年，县的数量 136 个（包括克什米尔）。2015 年，县的数量有 148 个（包括克什米尔地区）。

（3）乡（tehsils）。在地方政府下设的三个层级的行政机构中，乡政府处于第二级。当县政府的职能与权责进一步细化到更底层的部门时，该部门就称为

---

①② http：//www. clgf. org. uk/regions/clgf – asia/pakistan/.

③ Anjum Z H. New Local Government System：A Step Towards Community Empowerment ［J］. The Pakistan Development Review，2001，40（4）：845 – 867.

"乡"（Tehsil）。除信德省外，巴基斯坦其他地区都采用乡的行政机构，而在信德省，同样的机构名称不同，称为"镇"（Taluka）。乡政府的主管称为"乡长"，同时设置副乡长职位，辅助乡长工作。每个乡都有一个乡政府，包括一个乡议会、乡长、乡/镇行政官（TMO）、主要长官及地方议会的其他官员[1]。

（4）村委联会（Mauzas）。村委联会是地方政府下设的三个层级行政机构中最底层的机构，也是巴基斯坦全国行政层级的第五层（最低层）。该机构属于城市下辖的郊区或社区下的某一个村，是通过选举当选的地方政府机构，包括21个经地方人民选举产生的委员。各村委联会都有一个主管人员，其职责类似于村长及副村长[2]。

---

①②Anjum Z H. New Local Government System: A Step Towards Community Empowerment [J]. The Pakistan Development Review, 2001, 40 (4): 845 - 867.

第二章 巴基斯坦农业发展概况

巴基斯坦是一个典型的农业国家，其中绝大部分人口生活在农村地区，并寻求在农业领域就业。1947 年巴基斯坦建国时，有 80% 以上的人口居住在农村地区，农业就业人口比例类似，这些人口贡献了 50% 以上的国内生产总值。农业（包括林业、牧业、渔业）产值在国内生产总值中所占的比重从 1949 ~ 1950 财年的 53.2% 下降至 2017 ~ 2018 财年的 22.57%，但农业在国民经济中依然占有重要的地位。巴基斯坦的经济状况在某种程度上依赖于农业的绩效和发展。目前，农业容纳了巴国近 45% 的劳动力，近 60% 的农村人口依靠农业收入作为生活来源。农业初级产品出口在全国出口中的占比为 15% 左右，农业还为巴基斯坦的工业提供原材料。巴基斯坦建国以来，农业产量有了 4 ~ 6 倍的增长，这归功于农业投入的优化、生产技术的改善和技术效率的提高[1]。

2.1 巴基斯坦农业发展的几个阶段

1947 年印巴分治时，巴基斯坦和印度在农业方面相比占据一定的优势：在英属印度 21810 万英亩耕地面积中，巴方分得 4730 万英亩（21.6%）；在英属印度可灌溉 7000 万英亩耕地面积中，巴方分得 2200 万英亩（32%）；1948 ~ 1949 年，印巴两国粮食[2]产量分别为 4120 万吨和 1440 万吨，巴国人均粮食产量高于印度，同时巴国每年出口 50 万 ~70 万吨粮食。但是之后随着政局的动荡、政权更迭、政策失误等原因导致农业生产出现较大波动，经历了停滞—发展—停滞—再发展的曲折过程[3]。

建国后前十年，巴基斯坦整个农业生产停滞不前，农业产量甚至不及建国初期。木子（1992）研究发现，1958 ~ 1959 年巴国九种主要农作物（大米、小麦、大麦、小米、豆类、油菜籽、黄麻、棉花和烟草）的产量没有一种达到或接近这

---

① Muhammad Qasim Manzoor，陈珏颖，唐娅楠，刘合光 . 巴基斯坦的农业发展：政府干预措施和农产品增长模式 [J]. 世界农业，2013（7）.

② Food Crops = Wheat，Rice，Jowar，Maize，Bajra and Barley. Cash Crops = Sugarcane，Cotton，Tobacco，Jute，sugarbeet，Guarseed & Sunhemp Pulses = Gram，Mung，Masoor，Mash，Mattar，Other Kharif & Other Rabi Pulses. Edible Oilseeds = R&M Seed，Sesamum，Groundnut，Soybean，Sunflower，Safflower，（Production includes Cotton Seed as well）.

③ 木子 . 巴基斯坦农业发展政策评述 [J]. 南亚研究季刊，1992（2）.

十年中的最高年产量，大多同十年平均产量接近，其中大米和小米产量较十年年均产量降幅为 8.1% 和 13.4%。期间，人口年均增长率（2.6%）高于农业年均增长率（1.2%）。1953 年起，巴基斯坦成为粮食进口国。20 世纪 50 年代巴国农业生产处于停滞的主要原因是政府对粮食实行严格的控制，包括定量供应、禁止粮食私人贸易、低价收购粮食等，这极大挫伤了农民的生产积极性。

20 世纪 60 年代是巴基斯坦农业获得较大发展的十年。执政者取消了粮食控制政策，鼓励农民生产粮食，推行绿色革命，农业制度的改变，促进了农业生产力的发展。1970～1971 年，西巴（今巴基斯坦）粮食产量由 1960～1961 年的 5929 万吨上升为 10169 万吨，年均增长 4%。60 年代西巴全部作物的发展速度为年均 6.35%，是全巴发展速度的 1.9 倍，是东巴（今孟加拉国）发展速度（2.3%）的 2.76 倍[①]。1971～1977 年，受国内政局动荡、印巴战争、东巴独立影响，巴国农业也受到一定影响，但整体看处于持续低速增长期（见图 2-1）。

20 世纪 80 年代，巴国农业进入高速发展时期。种植业发展较快，1983～1988 年，林业产值年均增长 10.8%，畜牧业为 6.2%，渔业为 4.5%，主要作物为 2.3%，其他作物为 3.6%。巴基斯坦农业发展获得的最大成就是在 80 年代初获得的，在这一时期，巴国实现了粮食自给[②]。

进入 20 世纪 90 年代，巴基斯坦农业保持持续发展态势。农业产出在 1992 年之前的 20 年中已增长了约 3.3%，原因是增加了灌溉土地面积，更多的土地实行双季种植以及施肥较多和改进作物品种。印度河流域处于环境压力下，特别是

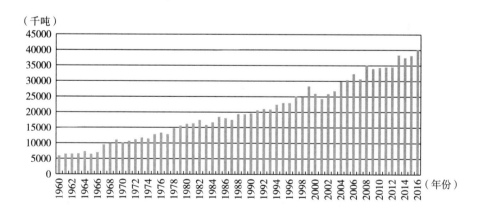

图 2-1 巴基斯坦 1960～2017 年粮食产量情况

资料来源：1960～2000 年数据源自 Ministry of Food, Agriculture and Cooperatives；2001～2017 年数据源自 *Agricultural Statistics of Pakistan*, 2016-2017.

---

① 在东巴基斯坦（今孟加拉国）未独立前，巴方农业统计包含东巴和西巴（今巴基斯坦），为方便比较，文中数据未特殊说明均为西巴（今巴基斯坦）数据。

② 杨翠柏等. 巴基斯坦 [M]. 北京：社会科学文献出版社，2018.

含盐量和水涝严重，影响了主要农作物的生产率。农业部门的增长率波动较大，20 世纪 90 年代的平均增长率为 4.5%，最高年增长率达 11.7%。2001～2003 年，特别是 2000～2001 年和 2001～2002 年的严重干旱，极大地影响了农业生产，每个季度都是负增长，2002～2003 年虽然干旱状况终止，但还是继续缺水，当年的农业生产只增长了 4.2%①。

近十年来，农业产值在巴国 GDP 的占比基本维持在 20% 左右，如表 2－1 所示。

表 2－1　巴基斯坦农业产值及 GDP 占比　　　　单位：百万卢比

因素	2007～2008 年	2008～2009 年	2009～2010 年	2010～2011 年	2011～2012 年	2012～2013 年
农业产值	1148851	1195002	1939132	1977178	2048794	2107715
GDP	5383012	5475716	8801394	9120336	9470255	9820249
农业产值在 GDP 占比（%）	21.34	21.82	22.03	21.68	21.63	21.46
因素	2013～2014 年	2014～2015 年	2015～2016 年	2016～2017 年		
农业产值	2152313	2202043	2208087	2284561		
GDP	10226664	10631649	11110663	11696961		
农业产值在 GDP 占比（%）	21.05	20.71	19.87	19.53		

注：2007～2013 年数据为按要素成本（1999～2000 年）计算，2014～2016 年数据为按要素成本（2005～2006 年）计算。

资料来源：Pakistan Bureau of Statistics（National Accounts），Islamabad.

近十年来，巴基斯坦农业产值构成及 GDP 占比如表 2－2 所示。

表 2－2　巴基斯坦农业产值构成及 GDP 占比　单位：百万卢比，%

因素	2009～2010 年		2010～2011 年		2011～2012 年		2012～2013 年	
	产值	GDP	产值	GDP	产值	GDP	产值	GDP
主要种植作物	478540	5.44	485722	5.33	523936	5.53	530146	5.4
其他种植作物	319704	3.63	320440	3.51	308192	3.25	321182	3.27
畜牧业	1051755	11.95	1087406	11.92	1130740	11.94	1168757	11.91
渔业	48926	0.56	41489	0.45	43052	0.45	43333	0.44
林业	40207	0.46	42121	0.46	428.74	0.45	43297	0.44
因素	2013～2014 年		2014～2015 年		2015～2016 年		2016～2017 年	
	产值	GDP	产值	GDP	产值	GDP	产值	GDP
主要种植作物	549968	5.38	553568	5.21	523312	4.71	544877	4.66
其他种植作物	311184	3.04	250006	2.35	251477	2.26	252013	2.15

① 顾尧臣. 巴基斯坦有关粮食生产、贸易、加工、综合利用和消费情况［J］. 粮食与饲料工业，2008（3）.

续表

因素	2013~2014 年		2014~2015 年		2015~2016 年		2016~2017 年	
	产值	GDP	产值	GDP	产值	GDP	产值	GDP
畜牧业	1203451	11.77	64920	1246512	11.72	1288368	11.6	1332576
渔业	43758	0.43	1246512	46276	0.44	47779	0.43	48368
林业	43953	0.43	46276	40761	0.38	46592	0.42	53344

注：2007~2013 年数据为按要素成本（1999~2000 年）计算，2014~2016 年数据为按要素成本（2005~2006 年）计算。

资料来源：Pakistan Bureau of Statistics（National Accounts），Islamabad.

从表 2-2 中数据可以看出，2009~2017 年，巴基斯坦农业产值构成相对稳定，产值占比最高的是畜牧业，占比在 11%~12%；次之是种植业，占比在 8%~9%，但稳定中有轻微下降趋势；渔业和林业占比最低，之和不超 1%，各自占比也相对稳定。

近十年来，主要作物农业增加值及增长率情况如表 2-3 所示。

表 2-3 巴基斯坦主要作物①农业增加值及

增长率（按 2005~2006 年不变价格计算） 单位：百万卢比,%

	2009~2010 年	2010~2011 年	2011~2012 年	2012~2013 年	2013~2014 年	2014~2015 年	2015~2016 年	2016~2017 年
主要作物产出	585241	576005	607441	607625	650290	653422	612474	643600
副产品	110176	113160	115614	116872	126736	124849	123552	129387
总产出值	695417	689164	723055	724497	777026	778271	736026	772987
中间投入值	213223	199858	197916	190087	209887	219938	207530	222365
农业增加值	478540	485722	523936	530146	562707	553568	523312	544877
农业增加值增速	—	1.50	7.87	1.19	6.14	-1.62	-5.47	4.12

注：农业增加值为调整后数值，农业增加值增速为计算所得。

资料来源：Pakistan Bureau of Statistics（National Accounts），Islamabad.

表 2-4 巴基斯坦其他作物②农业增加值及

增长率（按 2005~2006 年不变价格计算） 单位：百万卢比,%

	2009~2010 年	2010~2011 年	2011~2012 年	2012~2013 年	2013~2014 年	2014~2015 年	2015~2016 年	2016~2017 年
总产出值	367312	365099	351912	365204	363845	351472	364251	348730
中间投入值	46805	43871	43445	42200	41726	44864	48279	45555
农业增加值	319704	320440	307680	322153	321182	311183	314926	302036
农业增加值增速	—	0.23	-3.98	4.70	-0.30	-3.11	1.20	-4.09

① 此处主要作物包含小麦、饲料干小麦、玉米、饲料干玉米秸秆、饲料干玉米皮、大米、稻草、甘蔗、干甘蔗饲料、棉花等。

② 包括 Pulses、Vegetables、Fruits、Condiments、Oil Seeds、Green Fodder、Other Crops、Others。

注：农业增加值为调整后数值，农业增加值增速为计算所得。

资料来源：Pakistan Bureau of Statistics（National Accounts），Islamabad.

从表 2 - 3 和表 2 - 4 可以看到，巴国主要农作物和其他农作物的农业增加值增速波动较大（观察期），正、负增长率交互出现，这在一定程度上也反映出巴国农业生产的不稳定性。

总的来说，在 20 世纪 60 ~ 70 年代，政府在农业领域是一个无处不在的角色；在此之后，政府鼓励农民提高农业生产的经济意识。这些举措取得了很大成功，但巴基斯坦农业的性质仍然是自给自足性质的准市场导向型农业。这主要是由该国农场规模大小决定的。巴基斯坦有 3/4 的农场土地面积不到 5.5 英亩。小农户家庭一般由 6 名成员组成，生产的农产品仅余下少部分可供出售，这是典型的自给农业。这种性质的农业并不适合商业化经营。

在巴基斯坦，粮食供应情况有了很大的提高。在过去 50 多年间，谷物总产量增加了 4 倍以上，这是两个因素造成的：一是谷物播种面积有近 70% 的增长，二是单产有 200% 的增长。但是农业增长的成果被近 2.7 倍的国家人口增长消耗掉了。虽然如此，巴基斯坦的谷物供给还是从 1961 年的每人每年 143 千克提高到了 2011 年的 205 千克。其他的农作物和畜牧业生产也呈现了类似的上升趋势[1]。

2.2 巴基斯坦农业用地、农户数量、农场面积及主要农作物分布

2.2.1 巴基斯坦农业用地

巴基斯坦耕种面积约占国土总面积的 25% 左右，近 1/4 的耕地远离灌溉体系，农业生产所需的水分全部依靠自然降雨，长期处于低产状态。巴国从南到北降雨量差异大，俾路支省和信德省的大部分地区年均降雨量在 200 毫米以下，旁遮普省年均降雨量在 200 ~ 1000 毫米（由南至北）。旁遮普省北部小部分地区年均降雨量可达 1000 毫米以上[2]。

巴基斯坦的农业生产主要集中在旁遮普省和信德省。旁遮普省也是唯一有能力向邻省供应粮食的省份，巴基斯坦近 80% 的粮食产于旁遮普省。从地缘地貌上看，旁遮普省集中了巴基斯坦最多的平原，拥有自英国殖民时期延续下来的世界最大灌溉系统之一。

旁遮普省面积占巴基斯坦国土面积的 29%，耕地面积占全国总耕地面积的

---

① Muhammad Qasim Manzoor，陈珏颖，唐娅楠，刘合光. 巴基斯坦的农业发展：政府干预措施和农产品增长模式［J］. 世界农业，2013（7）.

② Pakistan Meteorological Department，Government of Pakistan. Annual rainfall based on 1979 - 2000 ［EB/OL］. http：// www. pakmet. com. pk/cd - pc/Pakistan_ mean_ rainfall. pdf. ［2011 - 10 -22］.

56.76%，播种面积占全国总播种面积的 73.98%①。该省有 5 条河流穿过，其中三条河流是属于印度的，另外两条是属于巴基斯坦的，该省的农业灌溉用水主要来自这两条河流，不足部分使用地下水补给。旁遮普省对巴基斯坦国家农业经济的贡献率举足轻重：全国 83% 的棉花、80% 的小麦、97% 的香稻、63% 的甘蔗、51% 的玉米、66% 的芒果、95% 以上的柑橘、82% 的番石榴和 34% 的椰枣产自该省②（见表 2 - 5、表 2 - 6）。

表 2 - 5　巴基斯坦农业用地面积统计③　　　　　　单位：百万公顷

年份	总陆地面积 (3 - 6)	林地面积	不可用于耕种的面积	荒芜耕地面积	可耕地面积 (7 + 8)	休耕面积	净耕作面积	复种面积	总耕作面积 (8 + 9)
1960 ~ 1961	50.99	1.68	18.73	12.46	4.85	13.27	18.12	1.59	14.86
1970 ~ 1971	53.55	2.83	20.40	11.11	4.77	14.44	19.21	2.18	16.62
1980 ~ 1981	53.92	2.85	19.90	10.86	4.89	15.41	20.30	3.92	19.33
1991 ~ 1991	57.61	3.46	24.34	8.85	4.85	16.11	20.96	5.71	21.82
2000 ~ 2001	59.32	3.79	24.34	9.03	6.50	15.66	21.16	6.38	22.04
2010 ~ 2011	57.79	4.26	23.37	7.98	22.03	6.38	1565	7.07	22.72
2016 ~ 2017	58.00	4.54	23.06	8.29	22.11	6.74	15.39	7.76	23.67

资料来源：1960 ~ 2001 年数据源自 Ministry of Food, Agriculture & Livestock；2002 ~ 2017 年数据源自 *Agricultural Statistics of Pakistan*，2016 - 2017；2016 ~ 2017 年数据为 Provisional.

① 表 2 - 6 计算可得。

② Agriculture Department. Agriculture in Punjab ［EB/OL］. http：//www.agripunjab.gov.pk/index.php?agri = detail&r = 0.

③ Total Area Reported is the total physical area of the village/deh, tehsil or district etc. Forea is the area of any land classed or administered as forest under any legal enactment dealing with forests. Any cultivated area which may exist within such forest should be excluded （and shown under heading cultivated area）. AREA NOT AVAILABLE FOR CULTIVATION is that uncultivated area of the farm which is under farm home - steads, farm roads and other connected purposes and therefore not available for cultivation. CULTURABLE WASTE is that uncultivated farm area which is fit for cultivation but was not cropped during the year under reference nor in the year before that. CULTIVATED AREA is that area which was sown at least during the year under reference or during the previous year. Cultivated Area = Net Area sown + Current Fallow. CURRENT FALLOW is that area which is vacant during the year under reference but was sown at least once during the previous year. NET AREA SOWN is that area which is sown at least once during （Kharif & Rabi） the year under reference. AREA SOWN MORE THAN ONCE is the difference between the total cropped area and the net area sown. TOTAL CROPPED AREA means the aggregate area of crops raised in a farm during the year under reference including the area under fruit trees.

表 2 - 6　巴基斯坦旁遮普省土地使用情况（2016~2017 年）

单位：百万公顷

	总陆地面积（3-6）	林地面积	不可用于耕种的面积	荒芜耕地面积	可耕地面积（7+8）	休耕面积	净耕作面积	复种面积	总耕作面积（8+9）
旁遮普	17.51	0.48	2.93	1.56	12.55	1.88	10.67	6.31	17.51
信德	14.10	1.03	6.29	1.60	5.18	2.80	2.38	0.84	3.22
开普	8.45	1.31	4.01	1.25	1.87	0.61	1.28	0.60	1.88
俾路支	17.94	1.72	9.83	3.88	2.51	1.45	1.06	0.01	1.06
全国	58.00	4.54	23.06	8.29	22.11	6.74	15.39	7.76	23.67
旁省占比（%）	30.19	10.57	12.71	18.82	56.76	27.89	69.33	81.35	73.98

资料来源：*Agricultural statistics of Pakistan*，2016-2017；2016~2017 年数据为 Provisional。

巴基斯坦农作物按属性分类的种植面积情况如表 2-7 所示。可以看到，2016~2017 年粮食作物的种植面积的占比为 59%，经济作物为 18%，这两类作物种植面积的占比达到 77%（见表 2-8）。

表 2-7　巴基斯坦农作物种植面积统计　单位：千公顷

年份	Food Crops	Cash Crops	Pulses	Edible Oilseeds	年份	Food Crops	Cash Crops	Pulses	Edible Oilseeds
1994~1995	12296	3937	1511	554	2006~2007	13066	4320	1472	754
1995~1996	12473	4202	1599	600	2007~2008	13020	4512	1533	803
1996~1997	12113	4332	1575	664	2008~2009	13879	4054	1465	748
1997~1998	12618	4234	1565	650	2009~2010	13758	4295	1395	693
1998~1999	12598	4288	1531	641	2010~2011	13097	3965	1329	664
1999~2000	12734	4182	1419	608	2011~2012	13053	4114	1259	713
2000~2001	12358	4078	1329	516	2012~2013	12761	4272	1221	588
2001~2002	11999	4339	1380	570	2013~2014	13900	4237	1170	571
2002~2003	11990	4069	1424	564	2014~2015	13963	4357	1154	570
2003~2004	12657	4291	1447	698	2015~2016	13981	4315	1202	473
2004~2005	12603	4343	1492	694	2016~2017	13832	3952	1228	463
2005~2006	12896	4200	1405	729					

注：Food Crops = Wheat, Rice, Jowar, Maize, Bajra and Barley. Cash Crops = Sugarcane, Cotton, Tobacco, Jute, Sugarbeet, Guarseed & Sunhemp. Pulses = Gram, Mung, Masoor, Mash, Mattar, Other Kharif & Other Rabi Pulses. Edible Oilseeds = R&M Seed, Sesamum, Groundnut, Soybean, Sunflower, Safflower.

资料来源：Agricultural Statistics of Pakistan, 2016-2017.

表 2 - 8　巴基斯坦农作物种植面积统计　　　　　　　　单位：千公顷

年份	Food Crops	Cash Crops	Pulses	Edible Oilseeds	Vegeta-bles	Condi-ments	Fruit	Others	Total
1994 ~ 1995	12296	3937	1511	554	325	181	566	2572	22140
1995 ~ 1996	12473	4202	1599	600	289	185	622	2600	22590
1996 ~ 1997	12113	4332	1575	664	301	196	629	2905	22730
1997 ~ 1998	12618	4234	1565	650	325	192	640	2801	23040
1998 ~ 1999	12598	4288	1531	641	334	195	646	2612	22860
1999 ~ 2000	12734	4182	1419	608	331	216	658	2581	22740
2000 ~ 2001	12358	4078	1329	516	323	208	672	2549	22040
2001 ~ 2002	11999	4339	1380	570	329	169	664	2661	22120
2002 ~ 2003	11990	4069	1424	564	340	180	652	2623	21850
2003 ~ 2004	12657	4291	1447	698	346	182	735	2573	22940
2004 ~ 2005	12603	4343	1492	694	351	193	795	2309	22780
2005 ~ 2006	12896	4200	1405	729	364	230	815	2491	23130
2006 ~ 2007	13066	4320	1472	754	379	197	833	2529	23560
2007 ~ 2008	13020	4512	1533	803	408	236	853	2485	23850
2008 ~ 2009	13879	4054	1465	748	398	223	857	2174	23798
2009 ~ 2010	13758	4295	1395	693	388	217	852	2175	23773
2010 ~ 2011	13097	3965	1329	664	411	288	836	1967	22720
2011 ~ 2012	13053	4114	1259	713	254	170	811	2277	22450
2012 ~ 2013	12761	4272	1221	588	256	210	805	2637	22750
2013 ~ 2014	13900	4237	1170	571	231	226	776	1619	22730
2014 ~ 2015	13963	4357	1154	570	268	212	775.2	1461	23270
2015 ~ 2016	13981	4315	1202	473	254	218	764.8	2443	23670
2016 ~ 2017	13832	3952	1228	463	254	218	764.8	2443	23670

注：Food Crops = Wheat, Rice, Jowar, Maize, Bajra and Barley. Cash Crops = Sugarcane, Cotton, Tobac-co, Jute, Sugarbeet, Guarseed & Sunhemp. Pulses = Gram, Mung, Masoor, Mash, Mattar, Other Kharif & Other Rabi Pulses. Edible Oilseeds = R&M Seed, Sesamum, Groundnut, Soybean, Sunflower, Safflower, Condiments = Chillies, nion, Garlic, Coriander. Turmeric and Ginger. Vegetables include Potatoes.

资料来源：Agricultural - statistics - of - Pakistan.

巴基斯坦有两个种植季节，即"Kharif"种植季节和"Rabi"种植季节。"Kharif"种植季节一般在每年的 4 ~ 6 月播种，收获一般在当年的 10 ~ 12 月。稻米、甘蔗、棉花、玉米、芒果等是"Kharif"种植季节的主要作物；"Rabi"种植季节则一般在每年的 10 ~ 12 月播种，收获一般在次年的 4 ~ 5 月。小麦、绿豆、扁豆、烟草、大麦和芥末等是"Rabi"种植季节的主要作物。按照种植季节作物的播种面积及占比如表 2 - 9 所示。

表2-9　按农场规模划分的主要 Kharif/Rabi 作物的份额　　单位:%

农场规模	Kharif/Rabi 农作物种植面积占比									
	Kharif 种植面积	Kharif 作物					Rabi 种植面积	Rabi 作物		
		稻米	棉花	甘蔗	玉米	其他		小麦	豆类	其他
农场面积	12375	31	30	9	8	22	14647	78	8	14
0.5 公顷以下	410	23	22	5	23	27	468	85	2	13
0.5~1.0 公顷	853	27	29	6	15	23	977	86	3	11
1.0~2.0 公顷	1773	30	29	7	11	23	2042	84	3	13
2.0~3.0 公顷	1849	31	29	8	8	24	2166	80	6	14
3.0~5.0 公顷	2384	31	30	9	6	24	2782	79	7	14
5.0~10.0 公顷	2303	31	31	9	5	24	2834	74	12	14
10.0~20.0 公顷	1485	31	34	10	4	21	1752	75	9	16
20.0~40.0 公顷	762	35	30	12	4	19	933	70	11	19
40.0~60.0 公顷	225	31	31	11	6	21	262	73	7	20
60.0 公顷以上	327	26	33	16	6	19	427	71	12	17

资料来源: Census of Agriculture, 2010.

2.2.2　巴基斯坦农户数量、农场面积

巴基斯坦的土地制度是私有化,几乎所有农场都归农场主私人拥有,且农场规模面积多集中在0~10公顷,属中小型农场规模,所占农场数量比例为95%左右,所占面积比例为65%(2010年调查数据)。

巴基斯坦的土地集中度一直很高。1960年的状况是9%的大规模土地所有者(大地主阶层为主)占有了42%的土地,但同时42%的耕种者根本没有土地。因此,土地中32%的面积由土地所有者自己耕种,45%的面积,由无地农民耕种,剩下23%的土地出租给有地的中小农耕种。截至2010年,情况没有多大变化,不到5%的土地所有者(户均10.0公顷以上)占有了35%的农业土地。

规模土地拥有者倾向于把更多的土地弃耕或转作他用,所以尽管他们土地的被耕种面积仍然比中小农户大,但是差距却明显缩小。《2005年巴基斯坦农业统计年鉴》表明,尽管巴基斯坦每户农户土地的拥有量的标准差为37公顷,但是实际耕种的土地面积标准差只有18公顷。统计还显示,拥有土地小于3公顷的家庭对土地的利用率都高达97%以上,只有一些非常贫瘠(被迫租入或买入的土地)无法耕种,而拥有土地超过3公顷的家庭,土地利用率为70%~85%(土地拥有规模越大利用率越低),而租入者则高达87%~98%。因此土地在地主手中通常未得到充分利用①。

巴基斯坦农业土地利用率低,零碎化、弃耕、投入较低等现象较突出。地主

①　林建永.巴基斯坦土地所有权状况对农业规模经营的影响[J].农业展望,2008(12).

拥有的土地规模越大利用率越低，大土地所有者的土地零碎化现象严重。巴基斯坦近一半农民没有土地，缺乏非农就业机会，只能通过租地解决生存问题，为此愿意承受相当高的地租。在这种情况下，大地主大多不会选择自耕，通常是将土地分割租赁给无地或少地农民，即可获取高额租金。而规模土地拥有者倾向于把更多的土地弃耕或转作他用，更倾向于非农产业。由于农业耕作技术落后，抵御自然灾害的能力较差，产量不稳定，经常歉收，农业生产风险较高且收入不高，地主不愿意利用大量土地从事农业活动①（见表2-10、表2-11）。

表 2-10 巴基斯坦私人农场（户）数量、面积及所占比例（2010 年）

农场规模	农场（户）数量		农场面积		农场平均面积（公顷）
	数量（个）	比例（%）	面积（公顷）	比例（%）	
0.5 公顷以下	2071227	25	545774	3	0.3
0.5~1.0 公顷	1525698	18	1143737	5	0.7
1.0~2.0 公顷	1753985	21	2431810	11	1.4
2.0~3.0 公顷	1131938	14	2627856	12	2.3
3.0~5.0 公顷	915252	11	3531175	16	3.9
5.0~10.0 公顷	562206	7	3793730	18	6.7
10.0~20.0 公顷	211198	3	2723748	13	12.9
20.0~40.0 公顷	66927	1	1678093	8	25.1
40.0~60.0 公顷	12643	*	568075	3	44.9
60.0 公顷以上	13457	*	2368524	11	176.0
全国私人农场（户）	8264480	100	21412545	100	2.6

注：* = Negligible.

资料来源：Census of Agriculture – 2010.

表 2-11 巴基斯坦私人农场（户）数量及面积（按土地所有形式）

调查年度	农户数量（百万）				农场面积（百万英亩）			
	小计	自耕农	自耕兼佃农	佃农	小计	自耕农	自耕兼佃农	佃农
1960	4.859	1.998	0.835	2.026	48.926	18.721	11.011	19.194
1972	3.762	1.569	0.897	1.296	49.060	19.400	15.160	14.500
1980	4.070	2.227	0.789	1.054	47.094	24.533	12.396	10.165
1990	5.071	3.491	0.626	0.954	47.319	30.723	8.982	7.614
2000	6.620	5.135	0.559	0.926	50.425	36.969	7.323	6.133
2010	8.264	6.743	0.604	0.916	52.889	39.416	7.581	5.892

资料来源：Census of Agriculture.

---

① 盛彩娇，郭静利. 基于中国农业投资视角的巴基斯坦土地制度问题及启示 [J]. 安徽农业科学，2018 (13) .

2.2.3　巴基斯坦主要农作物分布

巴基斯坦农作物主要集中于旁遮普省和信德省，其中水稻、小麦、棉花等主要作物也集中在旁遮普省和信得省。旁遮普省棉花种植面积最大，主要集中在木尔坦地区，国家棉花研究所和旁遮普省棉花研究所均位于木尔坦，一些私营公司的种子研究基地也设在木尔坦。渔业则集中分布于信德省和俾路支省沿海区域。图 2-2 为巴基斯坦主要农作物分布区域状况。

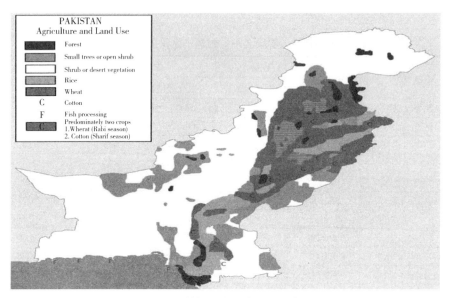

图 2-2　巴基斯坦主要农作物分布区域

注：Forest 为林地，Small trees or open shrub 为乔木或灌木，Shrub or desert vegetation 为灌木或沙漠植被，Rice 为稻米，Wheat 为小麦，Cotton 为棉花，Fish processing 为鱼类加工。

资料来源：Agriculture in Pakistan.

2.3　巴基斯坦农产品增长情况

在过去的 70 年中，巴基斯坦农业生产力增长了许多倍。农业生产力的提高除了与耕地面积的充分增长相关之外，还和研究与开发有直接关系。

2.3.1　巴基斯坦粮食作物面积、总产量和单产

巴基斯坦粮食作物的播种面积 2017~2018 年比 1960~1961 年增加了 78.4%，总产量增加了 557.4%。这源于粮食作物单产提高了 268.5%，同期玉米、水稻和小麦的种植面积分别增加了 160.6%、145.6%、89.6%。反之，大麦、高粱和小米的种植面积分别减少了 69.0%、46.4%、34.5%。尽管大麦、高粱的单产有了相当显著的增加，其各自产量还分别下降了 54.2%、30.5%。小米在种植面积减少的同

时，由于单产提高了69.0%，产量同期依旧提高了10.8%。

从表2-12中还可以发现，2017~2018年小麦和水稻的播种面积分别占谷类总播种面积的63.97%和21.10%，小麦和水稻的总产量占全部粮食作物的份额保持在64.34%和19.11%。

表2-12 巴基斯坦粮食作物种植面积、总产量和单产

单位：千公顷，千吨，千克/公顷,%

作物	因素	1960~1961年	1970~1971年	1980~1981年	1990~1991年	2000~2001年	2010~2011年	2017~2018年	1960~2018年变动	2017~2018年份额占比
小麦	面积	4639	5977	6984	7911	8181	8901	8797	89.6	63.97
	产量	3814	6476	11475	14565	19024	25214	25076	657.5	64.34
	单产	822	1083	1643	1841	2325	2833	2851	246.8	100.59
稻米	面积	1181	1503	1933	2113	2377	2365	2901	145.6	21.10
	产量	1030	2200	3123	3261	4803	4823	7450	623.3	19.11
	单产	872	1464	1616	1543	2021	2039	2568	194.5	90.60
小米	面积	746	750	406	491	390	476	489	-34.5	3.56
	产量	306	355	214	196	199	293	339	10.8	0.87
	单产	410	473	527	399	510	631	693	69.0	24.45
高粱	面积	476	558	394	417	354	229	255	-46.4	1.85
	产量	220	329	230	239	218	141	153	-30.5	0.39
	单产	462	590	584	573	616	617	600	29.9	21.17
玉米	面积	480	640	769	845	944	974	1251	160.6	9.10
	产量	439	718	970	1185	1643	3707	5902	1244.4	15.14
	单产	915	1122	1261	1402	1740	3805	4718	415.6	166.46
大麦	面积	187	141	259	157	113	77	58	-69.0	0.42
	产量	120	91	176	142	99	71	55	-54.2	0.14
	单产	642	645	680	904	876	923	948	47.7	33.45
全部粮食作物	面积	7709	9569	10745	11934	12359	13022	13751	78.4	100.00
	产量	5929	10169	16188	19588	25986	34249	38975	557.4	100.00
	单产	769	1063	1507	1641	2103	2630	2834	268.5	100.00

资料来源：1960~2000年数据源自Ministry of Food、Agriculture和Cooperatives；2001~2011年数据源自 *Agricultural Statistics of Pakistan*，2014-2015；2017~2018年数据源自 *Pakistan Economic Survey 2018-2019*.

2.3.2 巴基斯坦非粮食作物面积、总产量和单产

表2-13数据显示，甘蔗、棉花和烟草在过去50多年间不仅总产量和单产有了大幅增加，而且播种面积也呈增加趋势。其中，甘蔗、棉花和烟草的单产（2017~2018年较1960~1961年）分别增加了106.81%、223.18%和51.24%，

种植面积分别增加 246.13% 、108.82% 和 17.95% ，产量则分别增加了 615.86% 、223.18% 和 78.33% 。

表 2 - 13　巴基斯坦主要非粮食作物种植面积、总产量和单产

单位：千公顷，千吨，千克/公顷，%

作物	因素	1960~1961年	1970~1971年	1980~1981年	1990~1991年	2000~2001年	2010~2011年	2017~2018年	1960~2018年变动
豆 Gram	面积	1106	914	843	1092	905	1054	977	-11.66
	产量	610	494	337	531	397	496	323	-47.05
	单产	552	540	400	486	439	471	331	-40.04
甘蔗	面积	388	636	825	884	961	988	1343	246.13
	产量	11641	23167	32359	35989	43606	55308	83333	615.86
	单产	30003	36426	39223	40712	45385	56000	62050	106.81
油菜籽和芥末	面积	499	510	417	304	272	203	199	-60.12
	产量	214	269	253	228	230	176	225	5.14
	单产	429	527	607	750	846	867	1131	163.64
芝麻胡麻	面积	32	31	44	53	101	78	76	137.50
	产量	—	—	18.3	21.4	50.7	31	34	—
	单产	—	—	416	404	502	401	448	—
棉花	面积	1293	1733	2108	2662	2928	2689	2700	108.82
	产量	301	542	715	1637	1825	1949	2033	575.42
	单产	233	313	339	615	624	725	753	223.18
烟草	面积	39	61	43	44	46	51	46	17.95
	产量	60	113	67	75	85	103	107	78.33
	单产	1538	1852	1558	1705	1848	2004	2326	51.24

资料来源：1960~2000 年数据源自 Ministry of Food，Agriculture and Cooperatives；2001~2011 年数据源自 *Agricultural Statistics of Pakistan*，2014 - 2015；2017~2018 年数据源自 *Pakistan Economin Survey* 2018 - 2019。

巴基斯坦水果和蔬菜的种植也和上面的甘蔗、棉花和烟草有着类似的趋势，同时期单产和种植面积都增加，总产量的增幅则分别达到 538.54% 和 288.32%（见表 2 - 14）。

表 2 - 14　巴基斯坦水果、蔬菜种植面积、总产量和单产

单位：千公顷，千吨，千克/公顷，%

作物	因素	1960~1961年	1970~1971年	1980~1981年	1990~1991年	2000~2001年	2010~2011年	2016~2017年	1960~2017年变动（%）
所有水果	面积	388.1	158.1	353.5	449.3	672.4	836.0	754.7	94.46
	产量	1021.1	1627.2	2830.2	3893.1	5891.7	6926.7	6520.1	538.54
	单产	2554.0	10291.8	8006.8	8664.2	8762.2	8285.5	8639.3	238.27

续表

作物	因素	1960~1961 年	1970~1971 年	1980~1981 年	1990~1991 年	2000~2001 年	2010~2011 年	2016~2017 年	1960~2017 年变动（%）
所有蔬菜	面积	134.8	136.7	162.4	256.6	221.4	252.0	272.7	102.30
	产量	849.7	1661.5	1859.0	3218.7	2859.7	3132.8	3299.6	288.32
	单产	6303.4	12152.1	11450.6	12544.5	12916.4	12431.7	12099.7	91.96

资料来源：1960~1999 年数据源自 FAO 统计数据库，2001~2017 年数据源自 *Agricultural Statistics of Pakistan*，2014 – 2015，2016 – 2017。

2.3.3 巴基斯坦畜牧业和家禽饲养业生产情况

畜牧业在巴基斯坦国民经济中扮演着非常重要的角色。2016~2017 年畜牧业产值占农业增加值的 58.3%，对 GDP 贡献率达到 11.4%。上年同期分别为 58.3% 和 11.6%。以 2005~2006 年不变的成本因素计算的家畜总增加值已经从 12880 亿卢比（2015~2016 年）增加至 13330 亿卢比（2016~2017 年），比上年同期增长了 3.4%。

畜牧业在农村经济和农村社会经济发展中具有重要而关键的作用。近 800 万个家庭从事畜牧业，从畜牧生产活动中获得 35% 以上的收入。这是巴国农村穷人的生计核心。这是现金收入的来源，为农村和边缘人群提供了一个重要且唯一的收入来源。它可以在国家扶贫和外汇收入中发挥重要作用。

巴基斯坦畜牧业和家禽饲养业都保持着稳定的增长速度。从表 2–15 中可以看到，巴基斯坦禽肉的生产取得了惊人的增长。引进新肉鸡品种是主要原因。其中，牛肉产量增长了 502.60%，奶类产量增长了 479.84%，羊肉产量增长了 237.02%，家禽肉类产量则增长了 9014.2%，鸡蛋也增长了 2830%。

表 2–15　巴基斯坦肉类、蛋和奶类产量　　　　单位：千吨

年份	鲜奶①	牛肉	羊肉	家禽肉类	鸡蛋（百万枚）
1970~1971	7800	346	208	14	583
1980~1981	9267	434	370	52	2319
1991~1991	15481	765	665	151	4490
2000~2001	26284	1010	666	339	7505
2010~2011	36656	1711	616	767	12857
2016~2017	45228	2085	701	1276	17083
1970~2017 变动百分比	479.84	502.60	237.02	9014.2	2830

资料来源：1970~2001 年数据源自 *Livestock Division*；2002~2017 年数据源自 *Ministry of National Food Security and Research（Livestock Wing）/Agricultural Statistics of Pakistan*，2016 – 2017，2011 – 2012.

———

① 5% of total milk production is excluded as milk sucked by youg animals, 15% is excluded as wastage in transportation. Only 5% of adult female sheep and 15% of adult female goats and 50% of adult female camels are milked for human consumption.

2.3.4 巴基斯坦渔业、林业生产情况

渔业在巴基斯坦经济中扮演着重要角色，被认为是沿海居民的生计来源。除海洋渔业外，内陆渔业（基于河流、湖泊、池塘、水坝等）也是巴国渔业的重要组成部分。渔业占 GDP 的比例为 0.41%，但出口收入占比较高。巴国渔业近些年产量取得了大幅增长，由 1960~1961 年的 91.5 千吨提高到 2015~2016 年的 788 千吨。巴国渔业主要集中在信德省和俾路支省，信德省 2015~2016 年内陆渔业和海洋渔业在全国渔业产量的占比分别为 18.91% 和 45.05%，见表 2-16 至表 2-18。

表 2-16 巴基斯坦渔业、林业产量

单位：千吨，1000 立方米

	1960~1961 年	1970~1971 年	1980~1981 年	1990~1991 年	2000~2001 年	2010~2011 年	2016~2017 年
渔业	91.5	172.8	249.3	483	555.1	704.2	788
林业	682	762	628	1072	736	—	—

资料来源：Federal Bureau of Statistics. Ministry of Food, Agriculture and Livestock. State Bank of Pakistan Agricultural Statistics of Pakistan, 2016 - 2017.

表 2-17 巴基斯坦分省淡水、海洋渔业产量　单位：1000 吨

	旁遮普	信德	开普省	俾路支		旁遮普	信德	开普省	俾路支
1995~1996 年					2007~2008 年				
淡水	67.3	91.4	1.5	—	淡水	85.0	120.0	3.0	—
海洋	—	270.2	—	125.1	海洋	—	339.0	—	138.0
1999~2000 年					2011~2012 年				
淡水	61.8	113.6	1.0	—	淡水	90.0	136.0	9.0	—
海洋	—	308.7	—	129.7	海洋	—	345.0	—	145.0
2003~2004 年					2015~2016 年				
淡水	63.0	105.0	2.5	—	淡水	110.0	149.0	18.0	—
海洋	—	275.0	—	128.0	海洋	—	355.0	—	156.0

注：旁遮普数据包括 Mangla Dam，开普省数据包括 Gilgit Baltistan Area。

资料来源：Marine Fisheries Department, Karachi.

1993~1994 年以来，林业在农业部门附加值中所占份额在 3% 以下，在全国 GDP 中的比重则一直低于 1%。其中，2002~2003 年占比最高，林业产值 27150 百万卢比，在农业部门附加值中的占比为 2.88%，在全国 GDP 的占比为 0.69%；1998~1999 年占比最低，林业产值 771 百万卢比，在农业部门附加值中的占比为 0.49%，在全国 GDP 的占比为 0.12[①]。

---

① 资料来源：Economic Survey of Pakistan 2013 - 2014.

表 2 - 18　巴基斯坦分省林业收入　　　　　　　单位：百万卢比

年份	旁遮普	信德	开普省	俾路支	吉尔吉特	Azad Kashmir	合计
1995 ~ 1996	299. 180	46. 040	44. 300	5. 540	10. 100	39. 780	444. 940
1999 ~ 2000	344. 507	52. 722	258. 214	31. 224	18. 525	242. 707	947. 899
2002 ~ 2003	483. 300	59. 694	727. 150	5. 570	—	302. 670	1578. 384
2005 ~ 2006	665. 950	48. 070	343. 010	1. 120	—	251. 180	1309. 330
2009 ~ 2010	—	73. 922	640. 742	—	—	314. 685	1029. 349
2012 ~ 2013	1782. 900	129. 959	675. 848		14. 863	318. 611	2922. 181

注：2012 ~ 2013 年以后数据不可得。

资料来源：Office record of Chief Conservator of Forests, KPK, Punjab, Sindh, Balochistan, Gilgit Baltistan & AJK.

可以发现，巴基斯坦林业主要分布在旁遮普省、开普省和 Azad Kashmir，信德省、俾路支省、吉尔吉特则分布较少。

2.4　巴基斯坦和主要国家农作物单产比较

巴基斯坦农作物单产与其他国家相比普遍偏低。下面就巴基斯坦主要农作物进行单产比较分析。

2.4.1　巴基斯坦小麦与主要生产国单产比较

巴基斯坦小麦单产由 1961 年的 822.2 千克/公顷提高到 2017 年的 2973 千克/公顷，增幅为 262%。但就单产而言，除比伊朗、澳大利亚、哈萨克斯坦、土耳其等国高，较其他主要产区国家则不同程度偏低。1961 ~ 2017 年，巴基斯坦小麦单产和世界小麦平均单产相比，20 世纪六七十年代落后 20% ~ 30%，80 年代至 21 世纪头十年落后几个百分点，近些年落后程度有所加大，为 10% ~ 15%；和邻国印度相比，除个别年份单产相当，其余多数年份则落后，个别年份落后达 20%；和中国相比，20 世纪 60 年代比中国单产高（1961 年高出 47%），之后则落后程度不断加大，由 1971 年的 14.82% 落后到 2017 年的 45.76%；和英国、德国、法国相比，巴基斯坦小麦单产则落后 50% ~ 80%。具体见表 2 - 19。

表 2 - 19　小麦主要生产国单产比较　　　　　　　单位：百克/公顷

	1961 年	1971 年	1981 年	1991 年	2001 年	2011 年	2015 年	2017 年
世界平均单产	10889	14941	16245	18800	24435	27417	31645	33583
中国	5591	12718	21091	31004	38061	48374	53923	54810
印度	8507	13066	16299	22814	27081	29886	27496	32193
美国	16070	22829	23229	23038	27018	29422	29299	31143
俄罗斯	—	—	—	—	20583	22645	23883	31203
法国	23950	38614	50110	66764	66169	66563	78008	67570

续表

	1961 年	1971 年	1981 年	1991 年	2001 年	2011 年	2015 年	2017 年
加拿大	7529	18351	19959	22559	19452	29568	39309	33183
德国	28607	44229	48797	67712	78827	70139	80877	76443
乌克兰	—	—	—	—	31020	33533	38792	41097
澳大利亚	11291	12057	13765	14698	18209	20301	19172	26100
巴基斯坦	8222	10833	16431	18410	23254	28328	27256	29730
土耳其	9093	15485	18357	21288	20765	27038	28803	28060
英国	35372	43890	58417	72519	70827	77471	89760	82796
哈萨克斯坦	—	—	—	—	11803	16609	11882	12427
伊朗	7970	7260	9017	14199	17033	13608	20159	20896
阿根廷	12950	12667	14014	18972	24934	35063	28100	33047

资料来源：http：//www.fao.org/faostat/en/#data/QC.

2.4.2 巴基斯坦稻米与主要生产国单产比较

巴基斯坦稻米单产由 1961 年的 1391.5 千克/公顷提高到 2017 年的 3852.5 千克/公顷，增幅为 177%。但就单产而言，除比泰国高外，和印度、缅甸、菲律宾接近，较其他主要产区国家则不同程度偏低。1961~2017 年，巴基斯坦稻米单产和世界稻米平均单产相比，20 世纪七八十年代落后不到 10%，90 年代之后落后程度明显加大，但呈现逐渐减小态势，由 1991 年的 34.96 降为 2017 年的 16.29%。这种趋势也符合和其他国家的比较情形。和邻国印度相比，单产结果高低互现，2010 年后巴基斯坦微高于印度；和中国相比，单产落后程度在 30%~60%，近些年维持在 40%~50%；和美国、日本、巴西等国相比，巴基斯坦稻米单产则落后 40%~65%。具体见表 2-20。

表 2-20 稻米主要生产国单产比较　　　　单位：百克/公顷

	1961 年	1971 年	1981 年	1991 年	2001 年	2011 年	2015 年	2017 年
世界平均单产	18693	23619	28272	35362	39502	44631	45902	46019
中国	20787	33145	43315	56369	61524	66862	68863	69093
印度	15419	17110	19623	26271	31158	35878	36077	38480
印度尼西亚	17623	24254	34934	43465	43879	49802	53411	51547
孟加拉国	17005	16022	19545	26592	34020	43917	45518	43453
越南	18966	22265	21966	31133	42853	55383	57597	55476
缅甸	16066	17161	29419	28400	33639	37733	38718	37989
泰国	16585	19369	19521	22534	28739	31867	28506	31450
菲律宾	12299	15980	22977	28243	31866	36776	38980	40061
巴西	16989	13840	13485	23020	32405	48956	57525	62096
日本	48794	52439	56295	58590	66354	66624	66308	66712
巴基斯坦	13915	23293	26035	23199	27542	35939	37240	38525
美国	38227	52882	54015	64231	72807	79209	83722	84147

资料来源：http：//www.fao.org/faostat/en/#data/QC.

2.4.3　巴基斯坦甘蔗与主要生产国单产比较

巴基斯坦甘蔗单产由 1961 年的 29992.3 千克/公顷提高到 2017 年的 60318.5 千克/公顷，增幅为 101.11%。但就单产而言，较其他主要产区国家均呈现不同程度偏低。1961～2017 年，巴基斯坦甘蔗单产和世界甘蔗平均单产相比，一直落后，但呈现差距逐渐缩小态势，由 1991 年的 40.36 降为 2017 年的 14.91%。这种趋势也符合和其他国家的比较情形。和邻国印度相比，由 1961 年的 34.21 降为 2017 年的 13.50%；和哥伦比亚、墨西哥等高产国相比，巴基斯坦甘蔗单产则落后 20%～30%（2017 年）。具体见表 2-21。

表 2-21　甘蔗主要生产国单产比较　　　　　单位：百克/公顷

	1961 年	1971 年	1981 年	1991 年	2001 年	2011 年	2015 年	2017 年
世界平均单产	502675	526536	584225	614215	641996	702821	703775	708909
中国	424333	410206	583218	592396	608609	665296	725220	760966
印度	455868	483243	578444	653949	685766	692466	714661	697355
泰国	317460	477523	434888	523429	565126	761971	672059	752381
巴基斯坦	299923	364261	392378	407204	453854	559973	578734	603185
哥伦比亚	456104	546559	831243	888909	828297	913435	882601	871645
墨西哥	551435	680166	626793	702640	757528	696744	730233	737756

资料来源：http：//www.fao.org/faostat/en/#data/QC.

2.4.4　巴基斯坦棉花与主要生产国单产比较

巴基斯坦棉花单产由 1961 年的 696.6 千克/公顷提高到 2017 年的 2112 千克/公顷，增幅为 203%。巴基斯坦棉花单产，几十年来呈现较大幅度波动态势。但就单产而言，除印度外，较其他主要产区国家均呈现较大程度偏低。1961～2017 年，巴国棉花单产和世界棉花平均单产相比，时高时低，近年波动幅度在 20% 之内。和邻国印度相比，同比呈现较明显优势；和巴西、土耳其、中国相比，巴基斯坦棉花单产则落后 40%～60%（2017 年）。具体见表 2-22。

表 2-22　棉花主要生产国单产比较　　　　　单位：百克/公顷

	1961 年	1971 年	1981 年	1991 年	2001 年	2011 年	2015 年	2017 年
世界平均单产	8624	10673	13192	17310	17387	23049	20910	22545
中国	6208	12840	17189	26038	33204	39237	44679	47301
印度	3579	5040	5195	6736	5836	15748	13493	15189
美国	13486	13200	16442	19291	19980	25448	25653	26713
巴西	6307	4827	4932	11356	29945	36087	38796	41411
乌兹别克斯坦	—	—	—	—	22483	26332	25856	24144
土耳其	9137	20470	20162	25232	34440	47606	47235	48856
巴基斯坦	6966	10836	10135	23075	17381	23303	16788	21120

资料来源：http：//www.fao.org/faostat/en/#data/QC.

2.4.5　巴基斯坦玉米与主要生产国单产比较

巴基斯坦玉米单产由 1961 年的 1030.9 千克/公顷提高到 2017 年的 4636.4 千克/公顷，增幅为 348.80%。巴基斯坦玉米单产，几十年来呈现较大幅度增长态势。但就单产而言，除印度、墨西哥外，较其他主要产区国家均不同程度偏低。1961～2017 年，巴基斯坦玉米单产和世界玉米平均单产相比，落后程度波动中呈现减弱趋势，2017 年落后 19.43%。和邻国印度相比，同比呈现较明显优势，2011 年、2015 年、2017 年分别比印度玉米单产高出 60.98%、70.37%、48.83%；和美国、法国、加拿大、中国，巴基斯坦玉米单产则分别落后58.17%、47.01%、55.95%、24.18%（2017 年）。具体见表 2 - 23。

表 2 - 23　玉米主要生产国单产比较　　　　单位：百克/公顷

	1961 年	1971 年	1981 年	1991 年	2001 年	2011 年	2015 年	2017 年
世界平均单产	19423	26534	34933	36997	44776	51791	55247	57547
中国	11848	21461	30507	45799	46999	57481	58929	61099
印度	9567	8999	11622	13763	19996	24784	25972	31153
美国	39184	55270	68380	68171	86733	92146	105723	110837
墨西哥	9934	12723	18240	20515	25777	29058	34782	37888
法国	25291	54151	58291	72866	85711	99668	83784	87489
加拿大	45822	51625	58573	67098	66187	94522	104288	105242
印度尼西亚	9273	9923	15260	21505	28446	45652	51784	52004
乌克兰	—	—	—	—	32425	64446	57126	55056
南非	12853	18023	33137	22573	24371	43671	37526	63988
巴基斯坦	10309	11139	12588	14235	17631	39897	44248	46364
巴西	13123	13393	18330	18084	34019	42107	55353	56183
阿根廷	17672	24422	38008	40444	54553	63503	73090	75759

资料来源：http://www.fao.org/faostat/en/#data/QC.

2.5　巴基斯坦种植业生产空间集聚变化情况

2.5.1　研究方法的选择及数据来源

区位基尼系数是用衡量经济或产业空间集聚度的重要方法之一。1986 年，Keeble 等将 Lorenz 曲线和基尼系数用于度量某行业地区间分布的集中程度，发展成区位基尼系数。结合巴基斯坦种植业地理集聚程度的研究，具体计算如式 2 - 1 所示。

$$GINI_i = \frac{1}{2m^2\mu} \sum_{k=1}^{m} \sum_{h=1}^{m} |x_k^i - x_h^i| \qquad (2-1)$$

式中，$i=1$，2，…，11，分别表示水果、芝麻、油/芥菜籽、谷物、豆类、饲料作物、棉花、蔬菜、瓜尔豆、烟草和甘蔗。m 为省份数量，巴基斯坦共有 4 个省（旁遮普省、信德省、开伯尔—普什图省、俾路支省）。x_k^i 和 x_h^i 分别表示 k 省和 h 省某种种植业作物占巴基斯坦全国某种种植业作物总产量的占比。μ 表示各省某种主要农作物的播种面积占全国某种主要农作物总播种面积的比重的均值。该系数的结果范围属于 [0，1]，如果该系数越大，反映巴基斯坦种植业生产空间呈现集聚趋势，如果该系数越小，反映巴基斯坦种植业生产空间呈现分散趋势。

2.5.2 巴基斯坦种植业生产空间集聚性的测算结果分析

基于数据的可获得性，本书考察的样本区间为 1998～2016 年巴基斯坦种植业生产空间集聚变化。巴基斯坦种植业主要作物分为 11 类，即谷物、豆类、饲料作物、棉花、蔬菜、水果、芝麻、油/芥菜籽、瓜尔豆、烟草和甘蔗（见表 2-24）。

表 2-24　1998～2016 年巴基斯坦种植业区位基尼系数

年份	谷物	豆类	饲料作物	棉花	蔬菜	水果	芝麻	油/芥菜籽	瓜尔豆	烟草	甘蔗
1998～1999	0.24	0.29	0.30	0.32	0.18	0.19	0.34	0.19	0.29	0.26	0.27
1999～2000	0.25	0.29	0.31	0.32	0.20	0.18	0.36	0.18	0.32	0.27	0.26
2000～2001	0.25	0.30	0.31	0.33	0.20	0.18	0.36	0.16	0.32	0.26	0.26
2001～2002	0.25	0.31	0.31	0.32	0.19	0.18	0.36	0.18	0.31	0.27	0.26
2002～2003	0.25	0.31	0.31	0.32	0.19	0.18	0.36	0.19	0.32	0.27	0.27
2003～2004	0.25	0.31	0.30	0.32	0.17	0.16	0.34	0.20	0.30	0.27	0.27
2004～2005	0.26	0.30	0.31	0.32	0.16	0.17	0.36	0.21	0.32	0.27	0.26
2005～2006	0.26	0.30	0.31	0.32	0.15	0.17	0.34	0.19	0.32	0.27	0.27
2006～2007	0.25	0.29	0.31	0.32	0.16	0.17	0.34	0.18	0.27	0.26	0.27
2007～2008	0.25	0.30	0.31	0.32	0.15	0.17	0.33	0.19	0.25	0.27	0.26
2008～2009	0.26	0.30	0.32	0.32	0.15	0.17	0.31	0.20	0.26	0.27	0.26
2009～2010	0.26	0.30	0.32	0.32	0.15	0.16	0.30	0.20	0.25	0.27	0.26
2010～2011	0.26	0.31	0.32	0.33	0.14	0.16	0.31	0.22	0.27	0.27	0.28
2011～2012	0.26	0.31	0.32	0.34	0.15	0.16	0.31	0.22	0.26	0.27	0.28
2012～2013	0.27	0.32	0.32	0.32	0.15	0.16	0.30	0.23	0.24	0.27	0.28
2013～2014	0.26	0.32	0.32	0.32	0.15	0.16	0.31	0.24	0.23	0.27	0.26
2014～2015	0.26	0.32	0.32	0.31	0.14	0.16	0.30	0.22	0.24	0.27	0.26
2015～2016	0.26	0.32	0.32	0.31	0.14	0.16	0.30	0.24	0.24	0.27	0.26
均值	0.26	0.31	0.31	0.32	0.16	0.17	0.33	0.20	0.28	0.27	0.27

资料来源：原始数据来自 *Agricultural Statistics of Pakistan*，表中数据为计算所得。

根据测算结果总体来看，巴基斯坦种植业生产空间呈现地理极度分散性，其中有4种农作物集聚性较好于其他农作物，分别为豆类、饲料作物、棉花、芝麻，其区位基尼系数均处于0.3以上。

2.5.3 基于优势指数测算巴基斯坦种植业结构布局

2.5.3.1 研究方法的选择及数据来源

这里采用综合比较优势指数法对巴基斯坦作物产业结构的空间分布进行分析。该方法适用于区域间比较或同一区域不同作物之间的比较，包括效率优势指数，规模优势指数和综合优势指数。利用这三个指标来分析作物的比较优势可以很好地反映区域差异。

（1）效率优势指数（EAI）。该指数从资源内涵生产率的角度反映作物的比较优势，具体公式如式（2-2）所示：

$$EAI_{pj} = (AP_{pj}/AP_p)/(AP_j/AP) \tag{2-2}$$

式中，EAI_{pj}表示巴国某省农作物效率优势指数，AP_{pj}表示某省j农作物单产水平，AP_p表示某省全部农作物平均单产水平，AP_j表示巴基斯坦j农作物平均单产水平，AP表示巴基斯坦全部农作物平均单产水平。$EAI_{pj}>1$，说明与巴基斯坦平均水平相比，p地区j作物生产具有效率比较优势，$EAI_{pj}<1$，说明p地区j作物处于效率比较劣势。

（2）规模优势指数（SAI）。该指数反映了一个地区某种作物生产的规模和专业化，是市场需求、资源禀赋和种植系统之间相互作用的结果。该指数能够测算某省某农作物相对于巴基斯坦该农作物的规模优势，具体公式如式（2-3）所示：

$$SAI_{pj} = (GS_{pj}/GS_p)/(GS_j/GS) \tag{2-3}$$

式中，SAI_{pj}表示某省j农作物规模优势指数，GS_{pj}表示某省j农作物种植面积，GS_p表示某省全部农作物平均种植面积，GS_j表示巴基斯坦j农作物种植面积，GS_p表示巴基斯坦全部农作物平均种植面积。$SAI_{pj}>1$，说明与巴基斯坦平均水平相比，p地区j作物生产具有规模比较优势；$SAI_{pj}<1$，说明p地区j作物处于规模比较劣势。

（3）综合优势指数（AAI）。规模的比较优势和效率的比较优势都只反映作物生产优势的一个方面。综合优势指数可以弥补单一指标评价的不足，全面反映区域作物生产的比较优势。具体公式如式（2-4）所示：

$$AAI_{pj} = \sqrt{EAI_{pj} \times SAI_{pj}} \tag{2-4}$$

式中，AAI_{pj}大于1，表明某省j农作物在巴基斯坦具有综合优势。反之，该作物处于劣势。当数值越大，该农作物综合优势就越显著。

此处选用的样本区间和种植业农作物种类依旧是1998～2016年和11种主要农作物，但选用的指标不一样，指标分别为种植业农作物的单产、产量和种植面积，数据来自《巴基斯坦农业统计年鉴》。

2.5.3.2 基于比较优势的测算结果分析

测算结果如表2-25、表2-26所示。

表2-25 1998~2016年巴基斯坦四个省主要种植作物平均比较优势指数[①]

省名称	指数	谷物	豆类	饲料作物	棉花	蔬菜	水果	芝麻	油/芥菜籽	瓜尔豆	烟草	甘蔗
旁遮普省	EAI	1.02	0.96	0.98	0.94	1.21	1.29	0.97	1.08	0.97	0.66	0.98
	SAI	0.99	1.15	1.15	1.10	0.76	0.67	1.22	0.79	0.90	0.53	0.91
	AAI	1.00	1.05	1.06	1.02	0.96	0.93	1.09	0.92	0.93	0.59	0.95
信德省	EAI	1.06	1.24	1.07	1.18	0.45	0.68	0.87	0.98	0.84	0.65	0.96
	SAI	0.89	0.53	0.70	1.24	1.06	1.16	0.40	1.56	2.31	0.02	1.56
	AAI	0.97	0.75	0.84	1.19	0.69	0.89	0.57	1.23	1.34	0.12	1.22
开伯尔—普什图省	EAI	0.74	1.01	1.06	0.71	0.90	1.39	2.00	0.62	2.17	1.38	1.00
	SAI	1.30	0.59	0.59	0.00	1.94	0.74	0.04	0.93	0.20	8.63	1.25
	EEI	0.98	0.76	0.79	0.04	1.32	1.01	0.25	0.76	0.58	3.42	1.11
俾路支省	EAI	1.48	2.50	2.32	1.13	1.53	0.98	2.48	1.14	1.48	1.14	1.57
	SAI	1.01	0.82	0.36	0.26	2.96	6.36	1.16	2.64	0.63	0.77	0.01
	AAI	1.22	1.42	0.91	0.53	2.12	2.49	1.61	1.70	0.94	0.93	0.15

资料来源：原始数据来自 *Agricultural Statistics of Pakistan*，表中数据为计算所得。

表2-26 巴基斯坦种植业结构空间分布情况

	效率优势	规模优势	综合优势
旁遮普省	谷物、蔬菜、水果、油/芥菜籽	豆类、饲料作物、棉花、芝麻	谷类、豆类、饲料作物、棉花、芝麻
信德省	谷物、豆类、饲料作物、棉花	棉花、蔬菜、水果、油/芥菜籽、瓜尔豆、甘蔗	棉花、油/芥菜籽、甘蔗、瓜尔豆
开普省	瓜尔豆、芝麻、水果、甘蔗饲料作物、烟草、豆类	烟草、谷物、蔬菜、甘蔗	烟草、蔬菜、水果、甘蔗
俾路支省	豆类、芝麻、饲料作物、棉花谷物、蔬菜、瓜尔豆、油/芥菜籽、甘蔗、烟草	水果、芝麻、谷物蔬菜、油/芥菜籽	豆类、蔬菜、水果、芝麻、油/芥菜籽、谷物

---

① 王婷. 巴基斯坦主要农作物空间集聚及种植结构布局优化研究 ［D］. 新疆师范大学博士学位论文，2019.

可以看到，1998～2016 年，与巴基斯坦平均水平相比，旁遮普省的五种农作物具有综合优势，分别为谷物、豆类、饲料作物、棉花、芝麻，其中芝麻综合优势显著。蔬菜和甘蔗综合优势存在提高的潜力。其他作物处于综合劣势，其中烟草处于严重劣势；信德省的四种农作物具有综合优势，分别为棉花、油菜和芥菜籽、瓜尔豆和甘蔗，其中瓜尔豆综合优势指数最大。其他作物处于综合效率劣势，其中烟草处于严重劣势，其值为 0.12；开伯尔—普什图省的四种农作物具有综合优势，分别为蔬菜、烟草、水果和甘蔗，其中烟草综合优势特别显著，其值为 8.36。谷物的综合优势指数为 0.98，有很大的上升潜力。其他农作物处于综合劣势，其中棉花几乎没有综合优势；与巴基斯坦平均水平相比，除了棉花和甘蔗的综合优势处于严重的劣势外，俾路支省有六种农作物具有综合优势，剩余的三种也接近 1，其中综合优势较为显著的是水果、蔬菜。而该省甘蔗处于综合严重劣势。

2.6 巴基斯坦农产品贸易

巴基斯坦农产品出口在全国出口中占重要位置，其中初级农产品出口占比在 15%～20%，若加上农产品相关加工品，出口占比可达 40%～50%。农产品进口则主要集中在食用油和奶及奶制品。

2.6.1 巴基斯坦农产品出口（初级农产品）情况

表 2－27 呈现了 2008～2009 年至 2016～2017 年巴基斯坦主要初级农产品出口数量和金额情况。表中数据显示，2016～2017 年，稻米在主要初级农产品出口中占比为 52.74%，鱼及鱼制品、水果和蔬菜（果汁）占比分别为 12.92% 和 19.41%。其中，水果出口近年来呈现快速增长态势：2008～2009 年出口金额为 12518.9 百万卢比，2011～2012 年出口金额为 32067.7 百万卢比，2013～2014 年出口金额为 49156 百万卢比，2015～2016 年出口金额为 44607 百万卢比。水果在巴国农产品出口中的占比在逐年提高。出口中占比在 1% 以上的农产品有稻米、鱼及鱼制品、水果和蔬菜（果汁）、小麦粉、香料（包括辣椒）、油籽、坚果和果仁、原棉及废棉。

2.6.2 巴基斯坦农产品进口情况

农产品进口则主要集中在食用油和奶及奶制品。1994 年以后，巴基斯坦食用油进口数据如表 2－28 所示。

巴基斯坦 20 世纪 80 年代初粮食总量实现自给后，在出口小麦及小麦粉的同时，20 世纪 90 年代至 21 世纪初进口了更多数量的小麦，如表 2－29 所示。

表 2-27 巴基斯坦主要初级农产品出口数量和金额

单位：千吨、百万卢比

商品	2008~2009年 数量	金额	2010~2011年 数量	金额	2012~2013年 数量	金额	2014~2015年 数量	金额	2015~2016年 数量	金额	2016~2017年 数量	金额	在2016~2017年农产品出口中占比,%	在2016~2017年全部出口中占比,%
稻米	2729.4	154762.9	3670.0	184674.6	3407.6	186623.1	3861.4	206266.3	4246.5	194245.6	3523.2	168244.0	52.74	7.87
巴斯马蒂大米	974.3	83252.6	1170.6	82314.3	674.0	64592.8	523.4	60958.1	480.0	46615.7	469.3	47479.3	14.88	2.22
其他品种稻米	1755.1	71510.3	2499.4	102360.3	2733.6	122030.3	3338	145308.2	3766.5	147629.9	3053.9	120764.7	37.85	5.65
鱼及鱼制品	127.4	18464.9	133.9	25313.9	138.7	30759.1	137.4	35429.4	127.9	33918.4	155.1	41213.9	12.92	1.93
水果和蔬菜（果汁）	909.7	19558.6	1562.8	50699.6	1518.3	66016.0	1484.3	71767.3	1395.0	69100.0	1298.8	61911.6	19.41	2.90
小麦	142.5	3064.7	1781.1	50065.5	169.4	2125.8	8.3	291.3	0.5	16.6	3.9	108.7	0.03	0.01
小麦粉	—	—	908.1	22833.7	893.2	22994.3	841.7	30634.5	626.3	20657.7	622.8	18369.3	5.76	0.86
香料（包括辣椒）	13814.5	2557.0	15.7	4307.4	19.6	6634.4	18.7	6712.5	19.7	8003.1	22.8	8855.1	2.78	0.41
油籽、坚果和果仁	—	1.7	17.4	1660.2	28.0	3479.8	37.7	6507.8	20.9	3152.7	37.8	4951.8	1.55	0.23
豆科蔬菜	36.6	3317.8	0.1	149.6	5.2	441.7	0.5	2.9	2.0	0.2	606.0	55.3	0.02	0.00
生皮	2.1	2.4	0.1	141.3	—	15.3	0.2	52.5	0.2	80.3	—	11.0	0.00	0.00
原毛和动物毛	4.2	331.0	8.5	1186.1	11.2	1400.5	7.3	1053.1	4.7	838.1	2.7	516.4	0.16	0.02
动物肉类	7.4	2025.9	8.1	3608.5	11.0	4258.2	18.2	3520.6	20.3	2625.0	15.8	2191.7	0.69	0.10
粗肥	6.4	76.6	0.4	5.4	16.3	193.3	27.7	254.1	26.9	309.6	12.7	194.5	0.06	0.01
糖蜜	936.3	7486.6	86.4	892.1	225.2	2747.3	83	1010.3	73.1	874.4	101.4	1217.1	0.38	0.06
原棉	78.2	6826.5	144.3	31168.4	92.5	14888.1	94.1	14932.7	49.3	7948.1	25.5	4559	1.43	0.21
废棉	26.8	1706.4	76.7	4531.1	66.6	7827.2	44.4	5167.5	43.5	4606.7	38.6	4984.7	1.56	0.23
烟草	—	978.1	—	2334.4	7.8	2387.2	—	1517.4	—	1233.8	—	1649.2	0.52	0.08
小计	—	221161.2	—	383541.8	—	355931.4	—	385120.2	—	347610.3	—	319033.3	—	—
巴国全部出口	—	1383717	—	2120846.7	—	2366477.8	—	2397512.0	—	2166846.0	—	2138185.6	—	—
农产品出口占比	—	15.98	—	18.08	—	15.04	—	16.06	—	16.04	—	14.92	—	—

资料来源：Pakistan Bureau of Statistics /Agricultural Statistics of Pakistan.

表 2-28　巴基斯坦食用油进口情况　　单位：千吨，百万卢比

年份	数量				年份	进口额			
	豆油	棕榈油	其他	小计		豆油	棕榈油	其他	小计
1994～1995	240.2	1154.3	—	1394.5	1994～1995	5138.8	25642.0	—	30780.8
1995～1996	158.4	984.4	—	1142.8	1995～1996	3897.0	24777.7	—	28674.7
1996～1997	198.8	858.0	—	1056.8	1996～1997	4670.0	19236.0	—	23906.0
1997～1998	144.5	1034.1	—	1178.6	1997～1998	4281.7	29022.7	—	33304.4
1998～1999	363.7	961.2	—	1324.9	1998～1999	11232.2	29303.5	—	40535.7
1999～1900	202.4	848.5	—	1050.9	1999～2000	4573.3	16828.6	—	21401.9
2000～2001	128.4	1015.1	—	1143.5	2000～2001	2555.4	16489.4	—	19044.8
2001～2002	34.3	1162.5	—	1196.8	2001～2002	787.0	23247.3	—	24034.3
2002～2003	82.7	1210.9	—	1293.6	2002～2003	2755.9	31532.6	—	34288.5
2003～2004	80.8	1280.0	—	1360.8	2003～2004	2622.8	35294.4	—	37917.2
2004～2005	73.3	1531.2	—	1604.5	2004～2005	3244.3	41730.7	—	44975.0
2005～2006	32.6	1663.2	—	1695.8	2005～2006	1285.6	42926.5	—	44212.1
2006～2007	48.5	1720.7	17.9	1787.1	2006～2007	2467.6	55919.7	1119.6	59506.9
2007～2008	108.3	1772.8	819.7	2700.8	2007～2008	6456.2	102568.5	27778.7	136803.4
2008～2009	91.8	1783.0	472.2	2347.0	2008～2009	6989.5	109929.3	21490.2	138409.0
2009～2010	26.9	1702.2	148.6	1877.7	2009～2010	2339.4	109948.7	42397.1	154685.2
2010～2011	66.4	1951.1	158.5	2176.0	2010～2011	5722.2	172702.0	8730.6	187154.8
2011～2012	39.5	2108.0	135.6	2283.8	2011～2012	4560.5	211826.2	9309.3	225696.1
2012～2013	60.3	2163.8	97.8	2321.9	2012～2013	7157.9	189618.0	6240.4	203016.3
2013～2014	118.1	2264.7	45.7	2428.5	2013～2014	11724.9	195230.2	3886.7	210841.8
2014～2015	52.5	2396.7	49.7	2498.6	2014～2015	5694.2	180316.0	4569.8	190580.0
2015～2016	141.0	2719.2	38.8	2899.0	2015～2016	19097.6	176102.2	3274.5	198474.2
2016～2017	92.0	2606.8	44.1	2742.9	2016～2017	12854.4	199473.3	4477.7	216805.5

资料来源：*Agricultural Statistics of Pakistan*，2011-2017。

表 2-29　巴基斯坦小麦进口情况　　　　　　单位：千吨

年份	硬粒小麦	普通小麦	年份	硬粒小麦	普通小麦
1988～1989	—	—	2001～2002	—	—
1989～1990	—	1802.0	2002～2003	147.9	—
1990～1991	—	1603.0	2003～2004	108.0	—
1991～1992	—	627.3	2004～2005	426.8	1368.0
1992～1993	—	1640.4	2005～2006	—	815.0
1993～1994	—	2356.6	2006～2007	—	—
1994～1995	—	1408.0	2007～2008	—	1708.0
1995～1996	—	2273.0	2008～2009	—	2685.0
1996～1997	—	1931.0	2009～2010	—	—

年份	硬粒小麦	普通小麦	年份	硬粒小麦	普通小麦
1997 ~ 1998	—	2383. 0	2010 ~ 2011	—	—
1998 ~ 1999	—	4109. 0	2011 ~ 2012	—	—
1999 ~ 2000	—	2334. 0	2012 ~ 2013	—	—
2000 ~ 2001	—	1588. 0	2013 ~ 2014	—	—

注：不包含 WFP 等援助。

资料来源：M/O National Food Security and Research.

巴基斯坦奶及奶制品进口中，奶粉及乳清粉占据份额达 80% ~ 90%，如表 2 - 30 所示。

表 2 - 30 巴基斯坦奶粉及乳清粉进口情况　　　　单位：千卢布

品名	2010 ~ 2011 年	2011 ~ 2012 年	2012 ~ 2013 年	2013 ~ 2014 年	2014 ~ 2015 年	2015 ~ 2016 年
奶粉（脂肪 = 1.5%）	7556738	7467111	5886964	8460169	2158300	16511250
奶粉（脂肪 > 1.5%）	1207746	780087	1029365	322576	307773	361883
其他奶粉（脂肪 > 1.5%）	80803	12375	27891	24205	328740	199626
乳清粉	1447311	1472108	1232176	1736446	2369612	1810139
奶粉及乳清粉合计	10292598	9731681	8176396	10543396	5164425	18882898
全部奶及奶制品进口	10928163	11109926	9030259	11781597	6922256	21123733
奶粉及乳清粉占比（%）	94.18%	87.59%	90.54%	89.49%	74.61%	89.39%

注：2014 ~ 2015 数据为 Provisional.

资料来源：*Agricultural Statistics of Pakistan*，2011 - 2017.

巴国农业发展的自然条件良好，可耕地面积大，有大量的闲置土地，而且土地肥沃，阳光、温度、雨量适宜，十分适合农作物生长。但是，在过去的几十年中，巴基斯坦农业取得了长足的发展。但巴国农业与世界主要农产品生产大国之间差距依旧明显，其主要原因，一方面是农田水利设施基础较差、农业技术水平落后，另一方面是在种子改良、农业科技、水利基础设施上投入缺乏。此外，林、牧、渔业发展水平落后。

第三章　巴基斯坦的农业土地
制度改革及农户土地状况

影响巴基斯坦农业发展的障碍中，因为历史原因沿袭下来的封建土地制度①
是其主要障碍（木子，1992）。少量地主拥有大量土地，而农业生产中的主体——
有部分土地的佃农、小农、无地农民却处于明显弱势地位。政府在农业发展中给
予的优惠措施、福利，佃农、小农、无地农民也不可能充分利用，他们缺乏或者
更确切地说被地主剥夺了使用信贷、水利、农业科技等现代农业投入的权利。而
占农村人口少数的地主则拥有雄厚的实力、巨大的政治权力，左右着农村的社会
经济生活，垄断了政府为发展农业所提供的各种方便。

由于英国统治印度时期在各地实施了不同的土地政策，故而现如今巴基斯坦
各省份的土地制度也存在着一定差异。

虽然巴基斯坦农业土地呈现高度集中性，但农业并未呈现相应的规模经济效应。

3.1　巴基斯坦历次农业土地制度改革

3.1.1　建国初期

早在巴基斯坦刚独立时，以真纳为首的巴基斯坦穆斯林联盟就已认识到农村
封建土地关系的严重性，于 1949 年 6 月成立了土地改革委员会专门调查巴土地
制度。随后提出的报告主张国家应该控制和管理农村土地分配制度，建议个人占
有土地的最高限额为灌溉地 150 英亩、非灌溉土地 450 英亩，要求立即改实物地
租为货币地租，取消佃农的额外劳役。但此后，穆斯林联盟政府并未真正采纳实
施此建议。

20 世纪 50 年代初，巴基斯坦各省都各自制定了土地租佃关系的佃租法，如
《1950 年旁遮普省租佃法修正案》《1950 年信德省租佃法》《1950 年西北边境省

---

① 封建土地制度称为封建土地所有制，是封建地主阶级占有大量土地以剥削农民（农奴）剩余劳动
的土地私有制度。其基本特征是：①土地为封建主所占有，将其租出或分给农民耕种，通过收取地租对农
民进行经济剥削和超经济强制。②农民没有或只有少量土地，不得不租种地主的土地，并且对地主有不同
程度的人身依附。③封建土地所有制是封建制度的经济基础，是农民在经济上受剥削、政治上受压迫的根
源，也是封建社会生产力发展缓慢和停滞不前的根本原因。④封建地租是封建剥削的基本形式。地主对农
民的剥削很重，地租一般要占农民收成的一半甚至更多，不但会剥削农民的全部剩余劳动，而且经常会侵
占部分必要劳动。

租佃法》等，都着重在租佃关系上，只有 1950 年 2 月 26 日东巴（今孟加拉国）立法议会通过的《东孟加拉土地征收和佃租法》才比较全面涉及了土地改革的问题，也是最早实行土地改革的省份①。该法规定：①取消"中间人"地主，一切田赋均由省政府征收，取消中间人后，土地的实际耕种者为国家的直接佃户，直接向国家缴纳地租，这种佃农和农民对其耕种的土地享有永久性的继承权、转让权和自由使用权；②制定新的地租，三十年内不得变动；③所有自种农户占有土地最高限额为每个家庭 100 标准必加②，或每个家庭成员 10 必加，无论哪种情况都外加 10 必加住宅地，并且规定，如遇特殊情况，限额还可放宽，超过最高限额的土地由政府有偿征收后在无地和少地农民中分配。由于该法律的政策取向性（取消东巴印度教徒柴明达尔），广大无地农民并未从中得到多大的好处。原因很简单，土地占有最高限额过高，超过规定的不多，能够分给无地及少地农民的土地非常有限③。

巴基斯坦各个省的土地制度皆不相同，这是由于英国统治印度时期在各地推行了不同的土地政策而引起的。巴基斯坦在 1947 年前是英属印度的一部分，历史上旁遮普是一个统一的省份，印、巴分治后才有东、西旁遮普之分，因此西旁遮普的土地制度与东旁遮普大致相似，但又各有特点。西北边境省历史上长期归旁遮普省管辖，特别是受西旁遮普的影响，但又不完全相同。信德省原属孟买管区，其土地制度与孟买地区大致相似。俾路支省则又是另外一种情况。

3.1.2 1959 年阿尤布·汗政府土地改革

1959 年 1 月 24 日，阿尤布·汗政府公布了西巴基斯坦土改条例（即军法管制第 64 号令），要点如下：

（1）规定土地最高限额。每户地主可拥有灌溉地 500 英亩或非灌溉地 1000 英亩④。同时，还可保留 150 英亩果园，并允许将其一定数量的土地给予他的继承人，但此两项的总数不得超过 250 英亩。地主拥有的畜牧场，如过去和将来都作为公共使用，其所占有的不计算在限额之内。除了这些土地以外超过限额的土地，应由政府没收，在 25 年之内，以年利 4.5% 的债券分期付给地主作为偿金。

（2）政府征收的土地，可出租或出售给佃农，采用 25 年分期付款的方式。

---

① 东巴所以能最早实施土地改革，有学者认为主要原因有两个（木子，1992）。一是，东巴地少人多，人均耕地面积比西巴省份要低得多，对于土地改革的迫切性更强；二是，东巴的土地制度是柴明达尔制，而绝大部分东巴的柴明达尔（即中间人地主）都是印巴分治时留下来的印度教徒，取消印度教徒的柴明达尔不仅无损于东巴统治者，而且还能装潢门面、笼络人心，以巩固统治。

② 必加，巴基斯坦衡度单位，3.3 必加等于 1 英亩。

③ 根据巴基斯坦 1960 年农业普查材料，在东巴，占地 25 英亩（合 82.5 标准必加，尚未达到最高限额 100 必加）及其以上的农户仅占东巴总农户的 0.5%，拥有土地的占比为 5%，而占地不到 5 英亩的农户却占东巴总农户的 78%，他们拥有土地的占比为 43%。同时，行政和立法上的障碍也阻碍了土改的进行。

④ 大学和其他教育机构、宗教和慈善团体、奶牛场和果园可增加 150 英亩。

（3）废除贾吉尔达尔（享有免税特权的贵族地主或英属印度功臣的后裔），他们同样只能拥有法律规定的最高限额的土地。

（4）保障佃农的合法权益，严禁夺佃、增加地租和非法勒索。

（5）全部永久佃农都应当成为其耕种土地的所有者，保证临时佃农不被地主夺佃。

（6）分成农同地主的分成比例各为50%。

（7）贾吉尔达尔超过最高限额的土地一律由政府没收，取消各类形式的"中间人"。

（8）规定12.5~16英亩的整块土地为"维持生活限额"面积（或称最低限额），50~60英亩的整块土地为"经济限额"，两者只能成块转让、出租或合并，不得再加分割和缩小，以防止土地经营分散。

阿尤布·汗政府土地改革，政府回收了1035164公顷土地，向183371户无地少地农民出售了970210公顷土地，由于取消了贾吉尔达尔，政府每年增加了310万卢比的土地税收收入，大约有100万英亩零星分散的土地合并为最低限额或经济限额的整块土地。

阿尤布·汗就任总统后不久，成立了以西巴基斯坦省督阿赫塔·胡森为主席的土地改革委员会，研究有关土地所有制和租佃制的问题，以期提出改善生产、维持公道和保障佃户的有效措施。农业低产、农民情绪低落主要是由于农业组织制度上的缺点和土地使用的条件违背发展农业的目的[①]。设立土地改革委员会，一方面满足社会上对更多均等机会和平等地位的需要，另一方面也可以满足增加农业生产和通过较公平的分配土地收入来提高农村生活水平的经济需要。

历经3个月，土地改革委员会调查所得的结果主要是：以土地面积与农业人口总数相比，是地少人多的，而土地占有的情况，在许多地方是不公平的。因为农业外就业机会少，大多数人依旧涌向土地。不断增长的人口对土地的依赖和世袭的法规产生了不利于经济发展的土地零碎分割。大地主虽然有足够的人力，但发展得非常慢，常有相当多的土地未得到充分利用。佃户的租佃权常无保障，他们的辛勤劳动常常得不到应有的报酬。他们欠缺积极性与事业心，对农业几乎没有什么生产投资。由于大地主在广大的地区上享有特殊权势，政权就集中在少数特权人物的手里。除对社会的后果不计，权利集中于少数人手中，妨碍了政权的自由行使，并窒息了政治自由制度的生机[②]。

阿尤布·汗的土地改革措施中最重要的一条是规定了每人能够占有土地的限额，超额部分按公平价格和适当的分期付款分配给无地佃农和拥有不适利用的土地的人们。政府希望这一措施将使西巴基斯坦土地上富源集中在约6000个地主手上的情况大为改观，将经济无出路者的情况大为减少，并将大大鼓舞实际的垦

①②巴总统关于土地改革的广播演说［J］．巴基斯坦展望，1959，12（1）．

植者多方利用土地和对生产投资。

阿尤布·汗政府认为土地改革措施不是从感情而是从科学来制定的，是从地主和佃农、削减社会和经济不平等角度来制定的①。

3.1.3 布托执政时期的土地改革

在布托政府施政纲领中，土地改革占有重要地位。佐·阿·布托执政后三个月就颁布了土地改革法令，当时的主要条令内容如下：土地占有最高限倾为灌溉地 150 英亩，非灌溉地 300 英亩；取消果园和馈赠土地的豁免权及特许权，超过最高限额的土地由国家无偿收回，然后免费分配给无地农民和少地佃农；保护租佃关系，除非佃户提出不再租种，原则上地主不得同佃户夺佃，不得向佃户收取特别税和无偿占有佃户的劳役服务；地主应缴纳地税、水费，承担种子费用。

之后，取消阿尤布·汗政府关于可用国家土地奖励忠于政府的文官、军官和商人的规定，1974 年 11 月 26 日，宣布废除英国人统治时期给予封建地主的土地所有权，废除西北边境省和俾路支省管辖的部族地区的中间人剥削。

1975 年 11 月，布托又宣布占有灌溉地 12 英亩和非灌溉地 25 英亩以下的小农免缴土地税、地方发展税及其他与土地相关的税收，向无住房的农村手工业者、农业工人和佃户提供宅基地。

由于地主反对土改，为逃避法律，他们使用了一切手段，包括隐瞒田产、篡改记录、假造文件等，甚至早在宣布土改前就大肆转移田产。鉴于此，布托不得不在 1977 年 1 月 7 日宣布再降低土地最高限额，尽管他曾许诺过不再降低限额了。新的法律规定灌溉地为 100 英亩，非灌溉地为 200 英亩。由于各省户均（地主）情况差异，此法律产生的影响也不同：旁遮普和信德省影响不大，但对地多人少的俾路支省及西北边境省则影响较大。应该看到，此项法律带有一定政治上的考虑，即在避免与旁遮普和信德两地区政治上举足轻重的"绅士"发生严重对抗的情形下，又可打击布托的西北边境省和俾路支省"封建政敌的机会"。

布托政府的土地改革的一个政策考虑就是不让大地主拥有过多的土地，同时又给他们保留相当数量的土地，促使他们转变为资本主义的农业经营者。这一点

---

① 在《巴总统关于土地改革的广播演说》中，原文如下："对地主来说，这些措施可能似是过激，但我相信他们是符合时代要求的。其他国家的历史摆在我们的面前，我们要从中吸取教训，除了作为穆斯林必须恪守社会公道的规定外，我认为实施改革是我们所憧憬创立自由的巴基斯坦的制度与纲常所绝对必需的。在宣布成立土地改革委员会的时候，我曾说过我们并非报复，我们会尽量做到公道。我们使地主获得公平合理的补偿，他们可以不经困苦而适应由于土地缩减而改变的新情况。现在是要看他们如何使这一改变进行的最顺利了。我要提醒他们这样做是对他们有利的。现在对佃农说几句话。我们已做了就目前形势对他们可能做到的事了，他们作为西巴基斯坦的最重要的生产因素第一次被充分认识了。他们现在将有充分的保障来发挥扩大农业生产所必需的一切积极性，他们必须以事实来证明其优良耕作，在最短时期内增加生产，以不负我们对他们的信任。他们必须记得土地原本是太少，以致不能使他们成为土地的所有者。那些继续佃耕的必须和地主密切合作，把佃耕看作合作事业，以最大努力发展生产。最后，佃户们必须明白，在政府尚未正式征收地主土地之前，必须维持佃租双方权利义务的现状。"

和阿尤布·汗政府 1959 年的土改类似，只是布托政府更为强调这一方面①。同时，土改法规定超过 50 英亩的土地持有者可购买一台拖拉机或管井，使地主以现代方式经营农业。

佃农问题是布托政府土改法中的一个重要问题。规定土地持有最高限额，正是为了解决此问题。但事实远不能解决佃农急需的土地。基于此，1976 年 12 月 18 日，布托政府宣布"全国农民宪章"，规定国有可耕土地，除非留作其他用途，应全部分给无地农民或土地少于"维持生活需要的农民②"。另外，租佃国家土地的全部佃农均给予土地所有权。理论上讲，如果国有的可耕地都能按条件分给农民，那么将会有超过 250000 户将得到能维持生活的土地，约占全国纯佃户的 20%。但随着布托的下台，这一政策的实施势必受到影响。

租佃权的保护，对布托政府同样也是考验。布托执政期间，地主夺佃不断，其中大多数来自旁遮普省。地租比例为四成到三分之二不等，部分地区其实并不存在地租最高限额。应该注意的一点是，布托政府关于租佃关系立法中规定若地主承担大部分生产成本，地租分成比例可提高到三分之二或四分之三。

3.1.4 20 世纪 80 年代以来的土地状况和穆萨拉夫政府土地分配改革

布托政府下台后 30 多年，土改就再也没有被提上政治议程。20 世纪八九十年代，伴随市场化自由化浪潮、放松管制和私有化政策，土地集中程度一次次被创出新高。2002 年，1/3 的巴基斯坦人口仍然生活在贫困线下，其绝对数比刚独立时还要多。

世界银行 2002 年对巴基斯坦贫困人口的评估表明："有一半的农村人口没有土地，40% 的无地农民构成了贫困人口的 70%。"在这种情况下，巴基斯坦土地重新分配成为西方人权组织关注的一个焦点，因此穆沙拉夫强化布托《土地租赁改革修正案（1972）》的实施，回收并分配了 364 万公顷的土地，尽管超过了前三次的总和，但和 3440 万公顷的总量相比，仅约 12%。巴基斯坦土地高度集中的状况也没有根本改变③。

表 3 - 1 为巴基斯坦历次土地改革情况。

---

① 对此，布托的解释如下：使农业继续成为有吸引力的，有利可图的职业。土地占有额应允许人们获得最大限度的投资利益来使生产率得到提高。有事业心的和开明的农场主应继续生活在农场，给农业一种应有的目的性。为此，我们完全遵循对待开明企业家的同一原则。我们反对工业中的强盗式的寡头资本家，同样，我们也反对无知而专横的地主，我们赞成能提高生产的，有自觉性的工业家，我们也赞成有创造性的，人道和文明的地主。

② 官方定义存在地区差别：西北边境省和旁遮普为 12.5 英亩，信德省为 16 英亩，俾路支省为 32 英亩。

③ 林建永. 巴基斯坦土地所有权状况对农业规模经营的影响 [J]. 农业展望, 2008 (12).

表3-1　巴基斯坦历次土地改革情况　　　　　　单位：公顷

省份	收回土地	分配土地	剩余土地	购买/分到土地人数/户数
1959 年土地改革				
旁遮普省	511472	505306	6166	109889
信德省	373070	314356	58714	42947
西北边境省	97330	97330	—	23314
俾路支省	53292	53220	72	6221
小计	1035146	970210	64952	183371
1972 年土地改革				
旁遮普省	126921	114934	11987	37155
信德省	127879	78958	28921	17144
西北边境省	57440	55146	2294	12811
俾路支省	170650	79865	90787	9213
小计	482890	348903	133989	76293
1977 年土地改革				
旁遮普省	40732	21552	1918	9607
信德省	14364	9179	5185	1928
西北边境省	9444	6611	2833	2605
俾路支省	8536	298	8238	41
小计	73076	37640	35436	14181
布托政府时期俾路支省专项土地改革				
俾路支省	212881	120985	91896	17349
总计	1804013	1477740	326237	291194
2004 年穆沙拉夫政府土地重新分配				
私有	1500000	1300000	200000	110000
国有	0	2300000	0	200000
小计	1500000	3600000	1500000	310000

资料来源：木子. 巴基斯坦农业发展政策评述［J］. 南亚研究季刊, 1992（2）：25-33.

3.2 巴基斯坦农户土地面积及农场数量

关于巴基斯坦农户土地面积（所有制属性面积、占有面积及实际耕作面积）的全面统计，主要依赖巴国官方的农业调查统计。截至目前，巴基斯坦官方全国农业调查统计共进行过6次，分别在1960年、1972年、1980年、1990年、2000年和2010年。调查统计数据以调查报告的形式公布。由于巴国在农业土地中，国有农场数量及面积非常小，故文中无特殊说明，均指私人农场。

3.2.1 基于规模分组的巴基斯坦农户数量及土地持有状况

结合调查统计数据，2010 年农场面积 2.0 公顷以下的农户占比为 64%，农户土地面积占比为 19%。2.0 ~ 10.0 公顷的农户占比为 32%，农户土地面积占比为 46%。10.0 公顷以上的农户占比为 4%，农户土地面积占比为 35%。

2000 年农场面积 2.0 公顷以下的农户占比为 58%，农户土地面积占比为 16%。2.0 ~ 10.0 公顷的农户占比为 37%，农户土地面积占比为 47%。10.0 公顷以上的农户占比为 5%，农户土地面积占比为 37%。

1990 年农场面积 2.0 公顷以下的农户占比为 47%，农户土地面积占比为 12%。2.0 ~ 10.0 公顷的农户占比为 46%，农户土地面积占比为 49%。10.0 公顷以上的农户占比为 7%，农户土地面积占比为 40%。

Mahmood、Moazam（1999）计算过巴基斯坦土地分布基尼系数：1960 年、1972 年、1980 年、1990 依次为 0.5137、0.5177、0.5353、0.5835[①]。结合上述几组数据，可以看出，巴基斯坦农户土地分配集中程度一直很高，2010 年、2000 年、1990 年基于规模分组的巴基斯坦农户数量及土地持有状况如表 3 - 2 至表 3 - 4 所示。

表 3 - 2　基于规模分组的巴基斯坦农户数量及土地持有状况（2010 年）

农户土地持有规模	农户		农户土地		农户平均土地面积（公顷）
	数量（户）	占比（%）	面积（公顷）	占比（%）	
私营农场	8264480	100	21412545	100	2.6
0.5 公顷以下	2071227	25	545774	3	0.3
0.5 ~ 1.0 公顷	1525698	18	1143737	5	0.7
1.0 ~ 2.0 公顷	1753985	21	2431810	11	1.4
2.0 ~ 3.0 公顷	1131938	14	2627856	12	2.3
3.0 ~ 5.0 公顷	915252	11	3531175	16	3.9
5.0 ~ 10.0 公顷	562206	7	3793730	18	6.7
10.0 ~ 20.0 公顷	211198	3	2723748	13	12.9
20.0 ~ 40.0 公顷	66927	1	1678093	8	25.1
40.0 ~ 60.0 公顷	12643	*	568075	3	44.9
60.0 公顷以上	13457	*	2368524	11	176.0

资料来源：*Agricultural Statistics of Pakistan* 2016 - 2017，Census of Agriculture - 2010.

---

① Mahmood，Moazam. 农用土地改革［J］. 巴基斯坦战略发展，1999（12）.

表3-3 基于规模分组的巴基斯坦农户数量及土地持有状况（2000年）

单位：千户，千公顷,%

农户土地持有规模	农户（场）				耕地面积	
	数量	占比	面积	占比	面积	占比
全部农户（场）	6620	—	20438	—	16498	—
国有农场	*	—	31	—	21	—
私营农场（户）	6620	100	20407	100	16477	100
0.5 公顷以下	1290	19	363	2	339	2
0.5~1.0 公顷	1099	17	821	4	765	5
1.0~2.0 公顷	1425	22	1981	10	1838	11
2.0~3.0 公顷	966	15	2257	11	2056	12
3.0~5.0 公顷	891	13	3443	17	3011	18
5.0~10.0 公顷	580	9	3891	19	3239	20
10.0~20.0 公顷	261	4	3324	16	2583	16
20.0~40.0 公顷	78	1	1955	10	1344	8
40.0~60.0 公顷	15	..	689	3	422	3
60.0 公顷以上	14	..	1683	8	880	5

资料来源：Agriculture Census Organization. * = Value less than 0.5；.. = Value less than 0.5；— = Not applicable.

表3-4 基于规模分组的巴基斯坦农户数量及土地持有状况（1990年）

单位：千户，千公顷,%

农户土地持有规模	农户（场）				耕地面积	
	数量	占比	面积	占比	面积	占比
全部农户（场）	5071	—	19253	—	15632	—
国有农场	*	—	103	—	17	—
私营农场（户）	5071	100	19150	100	15615	100
0.5 公顷以下	679	13	193	1	179	1
0.5~1.0 公顷	689	14	510	3	472	3
1.0~2.0 公顷	1036	20	1447	8	1329	9
2.0~3.0 公顷	841	17	1974	10	1811	12
3.0~5.0 公顷	857	17	3309	17	2974	19
5.0~10.0 公顷	623	12	4134	22	3547	23
10.0~20.0 公顷	238	5	3033	16	2415	15
20.0~60.0 公顷	92	2	2614	14	1844	12
60.0 公顷以上	15	..	1935	10	1043	7

资料来源：Agriculture Census Organization. * = Value less than 0.5；.. = Value less than 0.5；— = Not applicable.

3.2.2 基于农户土地属性的巴基斯坦分省农场数量及面积情况

巴基斯坦各省农业土地面积差异较大，旁遮普和信德省农业土地面积远大于俾路支省和开普省。农户按土地属性划分为自种农、"自种 + 租佃农"和佃农，表 3 - 5、表 3 - 6 为巴基斯坦农场数量及面积情况/分省各类型农户平均土地面积。

表 3 - 5　基于农户土地属性的巴基斯坦分省农场数量及面积情况

单元	农场数量（百万）				农场面积（百万英亩）			
	全部	自种农	自种 + 租佃农	佃农	全部	自耕农	自种 + 租佃农	佃农
1960 年调查								
全国	4.859	1.998	0.835	2.026	48.926	18.721	11.011	19.194
西部边境省	0.674	0.325	0.137	0.212	5.463	1.870	1.871	1.722
旁遮普省	3.326	1.422	0.623	1.281	29.212	11.168	7.180	10.864
信德省	0.694	0.150	0.061	0.483	10.190	3.229	1.474	5.487
俾路支省	0.165	0.101	0.014	0.050	4.061	2.454	0.486	1.121
1972 年调查								
全国	3.762	1.569	0.897	1.296	49.060	19.400	15.160	14.500
西部边境省	0.466	0.256	0.103	0.107	4.251	1.615	1.713	0.923
旁遮普省	2.375	1.008	0.683	0.684	31.029	11.950	11.051	8.028
信德省	0.747	0.178	0.097	0.472	9.459	2.909	1.759	4.791
俾路支省	0.172	0.126	0.013	0.033	4.319	2.924	0.637	0.758
1980 年调查								
全国	4.070	2.227	0.789	1.054	47.094	24.533	12.396	10.165
西部边境省	0.528	0.361	0.072	0.095	4.099	2.388	1.103	0.608
旁遮普省	2.545	1.385	0.618	0.542	29.898	14.883	9.334	5.681
信德省	0.795	0.323	0.085	0.387	9.206	4.350	1.528	3.328
俾路支省	0.202	0.158	0.014	0.030	3.891	2.912	0.431	0.548
1990 年调查								
全国	5.071	3.491	0.626	0.954	47.319	30.723	8.982	7.614
西部边境省	1.069	0.835	0.089	0.145	5.828	4.251	0.902	0.675
旁遮普省	2.957	2.054	0.464	0.439	27.107	16.656	6.604	3.847
信德省	0.802	0.406	0.061	0.335	8.604	5.098	1.040	2.466
俾路支省	0.243	0.196	0.012	0.035	5.780	4.718	0.436	0.626
2000 年调查								
全国	6.620	5.135	0.559	0.926	50.425	36.969	7.323	6.133
西部边境省	1.356	1.124	0.084	0.148	5.589	4.243	0.805	0.541
旁遮普省	3.864	3.037	0.424	0.403	27.762	19.249	5.400	3.113
信德省	1.070	0.704	0.043	0.323	10.687	8.112	0.737	1.838
俾路支省	0.330	0.270	0.008	0.052	6.387	5.365	0.381	0.641

续表

单元	农场数量（百万）				农场面积（百万英亩）			
	全部	自种农	自种+租佃农	佃农	全部	自耕农	自种+租佃农	佃农
2010 年调查								
全国	8.264	6.743	0.604	0.916	52.889	39.416	7.581	5.892
开普省	1.540	1.340	0.093	0.107	5.567	4.346	0.797	0.424
旁遮普省	5.250	4.325	0.452	0.473	29.315	20.594	5.366	3.354
信德省	1.115	0.784	0.045	0.286	9.87	7.83	0.74	1.29
俾路支省	0.360	0.296	0.014	0.050	8.14	6.65	0.67	0.82

注：1 公顷 = 2.47 英亩。2010 年面积数据单位为公顷，为比较方便，换算为公顷。Agricultural Statistics of Pakistan 提供的 2010 年信得省和俾路支省农场面积数据有误，故选取 Agricultural Censuses 2010 数据（Table - 3）。

资料来源：*Agricultural Censuses Pakistan Report*。

表 3 - 6　巴基斯坦分省各类型农户平均土地面积　　　单位：英亩

	农户类型	1960 年	1972 年	1980 年	1990 年	2000 年	2010 年
巴基斯坦	农户平均	10.07	13.04	11.57	9.33	7.62	6.40
	自种农	9.37	12.36	11.02	8.80	7.20	5.85
	自种+租佃农	5.51	9.66	5.57	2.57	1.43	1.12
	佃农	9.47	11.19	9.64	7.98	6.62	6.43
西部边境省（2010 年 KP 省）	农户平均	8.11	9.12	7.76	5.45	4.12	3.61
	自种农	5.75	6.31	6.61	5.09	3.77	3.24
	自种+租佃农	5.76	6.69	3.06	1.08	0.72	0.59
	佃农	8.12	8.63	6.40	4.66	3.66	3.96
旁遮普省	农户平均	8.78	13.06	11.75	9.17	7.18	5.58
	自种农	7.85	11.86	10.75	8.11	6.34	4.75
	自种+租佃农	5.05	10.96	6.74	3.22	1.78	1.24
	佃农	8.48	11.74	10.48	8.76	7.72	7.09
信德省	农户平均	14.68	12.66	11.58	10.73	9.99	8.85
	自种农	21.53	16.34	13.47	12.56	11.52	9.99
	自种+租佃农	9.83	9.88	4.73	2.56	1.05	0.94
	佃农	11.36	10.15	8.60	7.36	5.69	4.51
俾路支省	农户平均	24.61	25.11	19.26	23.79	19.35	22.61
	自种农	24.30	23.21	18.43	24.07	19.87	22.47
	自种+租佃农	4.81	5.06	2.73	2.22	1.41	2.26
	佃农	22.42	22.97	18.27	17.89	12.33	16.40

注：由前表数据计算所得。

从表 3 - 6 中数据可以看到，巴基斯坦农户平均土地面积从 1960 年的 10.07 英亩下降至2010年的6.40英亩。其中,自种农平均土地面积从1960年的10.07英亩下降至2010年的6.40英亩,自种+租佃农平均土地面积从1960年的5.51英亩下降至2010年的1.12英亩,佃农平均土地面积从1960年的9.47英亩下降至2010年的6.43英亩。按户均面积由高至低排序为佃农、自种农、自种+租佃农。

分省来看,四省的情形和巴国全国农户平均土地的情形相似:从1960~2010年整体看,农户平均面积、自种农平均面积、自种+租佃农平均面积、佃农平均面积呈现不断下降趋势,按户均面积由高至低的排序和巴国全国农户平均土地的情形相似(除俾路支省佃农平均面积小于自种农平均面积)。四省中,2010年按农户面积平均值大小排序为俾路支省、信德省、旁遮普省、开普省;按自种农平均值大小排序为俾路支省、信德省、旁遮普省、开普省;按自种农+租佃农平均值大小排序为俾路支省、旁遮普省、信德省、开普省;按佃农平均值大小排序为俾路支省、旁遮普省、信德省、开普省。

3.2.3 巴基斯坦各省农户土地持有状况(2010年)

巴基斯坦各省农户土地持有情况差异明显,表3-7为按土地持有面积分组的数据呈现。

表3-7 巴基斯坦旁遮普省农户土地持有状况(2010年)

农户土地 持有规模	农户		农户土地		农户平均土地 面积(公顷)
	数量(户)	占比(%)	面积(公顷)	占比(%)	
0.5公顷以下	1237641	24	330545	3	0.3
0.5~1.0公顷	965461	18	722972	6	0.7
1.0~2.0公顷	1144394	22	1581741	13	1.4
2.0~3.0公顷	792342	15	1840976	16	2.3
3.0~5.0公顷	619011	12	2393327	20	3.9
5.0~10.0公顷	360467	7	2556789	20	7.1
10.0~20.0公顷	96679	2	1213942	10	12.6
20.0~40.0公顷	25062	*	623638	5	24.9
40.0~60.0公顷	4690	*	214180	2	45.7
60.0公顷以上	4081	*	590120	5	144.6
小计	5249804	100	11868242	100	5.6

资料来源: *Agricultural Statistics of Pakistan* 2016-2017;Census of Agriculture-2010.

从表3-7中可以看到,2010年旁遮普省农场面积2.0公顷以下的农户占比为64%,农户土地面积占比为21%。2.0~10.0公顷的农户占比为34%,农户土地面积占比为56%。10.0公顷以上的农户占比为2%,农户土地面积占比为22%。

如表3-8所示,2010年信德省农场面积2.0公顷以下的农户占比为56%,

农户土地面积占比为15%。2.0~10.0公顷的农户占比为35%，农户土地面积占比为40%。10.0公顷以上的农户占比为2%，农户土地面积占比为44%。

表3-8　巴基斯坦信德省土地持有状况（2010年）

农户土地 持有规模	农户		农户土地		农户平均 土地面积（公顷）
	数量（户）	占比（%）	面积（公顷）	占比（%）	
0.5公顷以下	143283	13	47117	1	0.3
0.5~1.0公顷	203906	18	160721	4	0.8
1.0~2.0公顷	282238	25	399956	10	1.4
2.0~3.0公顷	159283	14	368992	9	2.3
3.0~5.0公顷	138032	12	531088	13	3.8
5.0~10.0公顷	97681	9	721435	18	7.4
10.0~20.0公顷	64189	6	846691	21	13.2
20.0~40.0公顷	21102	2	527067	13	25.0
40.0~60.0公顷	3182	—	141878	4	71.5
60.0公顷以上	2393	—	248890	6	120.5
小计	1115285	100	3993847	100	3.6

资料来源：*Agricultural Statistics of Pakistan* 2016-2017，Table 65；Census of Agriculture-2010.

如表3-9所示，2010年开普省农场面积2.0公顷以下的农户占比为82%，农户土地面积占比为33%。2.0~10.0公顷的农户占比为17%，农户土地面积占比为43%。10.0公顷以上的农户占比为1%，农户土地面积占比为23%。

表3-9　巴基斯坦开普省土地持有状况（2010年）

农户土地 持有规模	农户		农户土地		农户平均土地 面积（公顷）
	数量（户）	占比（%）	面积（公顷）	占比（%）	
0.5公顷以下	655166	43	155685	7	0.2
0.5~1.0公顷	318237	21	229536	10	0.7
1.0~2.0公顷	271160	18	369668	16	1.4
2.0~3.0公顷	12912	8	297967	13	23.1
3.0~5.0公顷	91382	6	345757	15	3.8
5.0~10.0公顷	49634	3	337553	15	6.8
10.0~20.0公顷	18234	1	231979	10	12.7
20.0~40.0公顷	5227	—	127837	6	24.5
40.0~60.0公顷	1026	—	45987	2	44.8
60.0公顷以上	764	—	112029	5	146.6
小计	1539829	100	2254023	100	1.5

资料来源：*Agricultural Statistics of Pakistan* 2016-2017，Table 65；Census of Agriculture-2010.

如表 3 - 10 所示，2010 年俾路支省农场面积 2.0 公顷以下的农户占比为 37%，农户土地面积占比为 3%。2.0 ~ 10.0 公顷的农户占比为 48%，农户土地面积占比为 23%。10.0 公顷以上的农户占比为 1%，农户土地面积占比为 23%。

表 3 - 10　巴基斯坦俾路支省土地持有状况（2010 年）

农户土地 持有规模	农户		农户土地		农户平均土地 面积（公顷）
	数量（户）	占比（%）	面积（公顷）	占比（%）	
0.5 公顷以下	35137	10	12427	*	0.4
0.5 ~ 1.0 公顷	38094	11	30508	1	0.8
1.0 ~ 2.0 公顷	56193	16	80425	2	1.4
2.0 ~ 3.0 公顷	51301	14	119921	4	2.3
3.0 ~ 5.0 公顷	66827	19	261003	8	3.9
5.0 ~ 10.0 公顷	54424	15	377953	11	6.9
10.0 ~ 20.0 公顷	32096	9	431136	13	13.4
20.0 ~ 40.0 公顷	15536	4	399551	12	25.7
40.0 ~ 60.0 公顷	3745	1	166030	5	44.3
60.0 公顷以上	6219	2	1417485	43	227.9
小计	359562	100	3296433	100	9.2

资料来源：*Agricultural Statistics of Pakistan* 2016 - 2017，Table 65；*Census of Agriculture* - 2010.

3.3　巴基斯坦与农业土地相关的法律和法规

巴基斯坦有一些与农业土地有关的法律和法案，主要处理地主与租户之间、评估和土地税收、农业所得税等；此外，政府为了更好地实施法案，还有一些规则和手册用于指导具体工作，如表 3 - 11 所示。

表 3 - 11　巴基斯坦俾路支省土地持有状况（2010 年）

序号	法律名称	法律内容
1	土地整理法（1960）	为提高农业产量，该法的目的是征得土地所有者的同意后，土块进行交换并合并。它涉及了合并地块的持有及附带事项
2	土地税收法案（1967）	涉及权利和土地收益记录，土地税收法案于 1967 年进行了修订，15 篇和 184 节
3	土地改革法	不同时期引入了土地改革法，包括 1959 年 7 月 2 日戒严法第 64 号、1972 年 3 月 12 日的戒严法第 115 号以及 1977 年 5 月 1 日土地改革法（修订）。这些法案的主要目的是确定个人持有可管理的地块来改变农民的命运
4	西北边境省租赁法（1887）	租户不交租或不交分成给地主时，如何处理地主和租户之间的收成或驱逐租户情形。是巴基斯坦唯一一部处理租赁权多个方面的法律

序号	法律名称	法律内容
5	优先买地法	1972 年土地改革措施（戒严法 MLR－115）规定给予租户第一权利买地。此法颁布后，由税务部门来执行此规定，土地优先购买权的普通案件由民事法庭处理。税收法庭只受理租户占先诉讼的案件。出售土地时，优先买地法给邻居一定的优先权利
6	土地征用法	适用于为公征地并且确定征地赔偿数额等事宜。无论何时由政府或公司为任何公共目的征地，由区税收长按此法规定进行诉讼
7	注册法（1908）	涉及各种与土地相关的文件在注册机构的登记。通常声明税务人员（如在土地税中法 1967 中详述的）为注册机构。此法规定各种文件如销售、抵押、租约、律师授权书、合伙人及其他行为均在子书记官处办理并注册
8	财产转移法（1982）	涉及转让、出售/抵押、租约交易以及可予起诉的财产索赔。该法在解决纠纷方面非常重要

资料来源：盛彩娇，郭静利. 基于中国农业投资视角的巴基斯坦土地制度问题及启示［J］. 安徽农业科学，2018，46（13）.

3.4　巴基斯坦农户土地规模与农业产出收益

按照西方经济理论，如果生产中经营规模扩大将促进规模经济的发生。农业领域也应符合这一理论假定。当土地经营规模达到一个规模程度时，农业机械、技术知识、高素质人力等要素的更多投入将产生规模经济效应。巴基斯坦农业土地集中程度高，理论上应该具有规模经济效应。但是，从农业产出的实际统计数据分析，规模经济效应并不明显。

关于这一论题，部分学者进行了相应研究并得出一些结论。20 世纪 80 年代，Nabi、Hamid 和 Zahid（1986）采用 C－D 道格拉斯生产函数对巴基斯坦的农业进行过分析，用土地投入量作为解释变量，产出作为因变量。他们发现土地持有规模和生产率有很强的负相关关系。佃农和自种农投入的劳动量等是基本一致的，生产率也相差不多。1989 年，Naqvi、Khan 和 Chaudhry 也观察到了这种负相关关系。之后，日本学者 Takashi Kurosak 发现，在巴基斯坦单位面积的产出并不随所有者土地规模的变化而出现明显不同[①]。他的研究，不仅发现亩产不存在规模效益，在机器使用量方面也没有明显不同。如果必要，农户倾向于雇用别人的劳动力（很多时候意味着连带租入机器）和机器，而不是自己购入机器。相对他们的耕种面积而言，大多数农户认为购买机器是不经济的。

---

① 林建永. 巴基斯坦土地所有权状况对农业规模经营的影响［J］. 农业展望，2008（12）.

下文结合巴国官方提供的可得数据和相关研究文献，对此进行原因分析。

林建永（2008）认为，规模土地的种植比例较低，土地规模越大零碎化现象越突出，土地和机器的租赁及劳动力的雇用等是巴国农业土地规模没有伴随产出规模效应的主要原因。规模土地的种植比例较低，主要是规模土地所有者把其中部分甚至大部分土地弃耕或用作其他用途。尽管他们的土地拥有面积比中小农户大，但实际耕作面积差距在明显缩小。林建永（2008）利用2005年巴国农业统计年鉴数据，分析得出土地利用率和农户耕地拥有面积呈现负相关。在土地细碎化方面，10公顷以上土地所有者细碎化程度显著高于中小土地拥有者，细碎化程度大大降低了其面积优势，进而也降低了规模经济的可能性。通过土地租赁，中小土地所有者和无地农民（佃农）可以耕作更多土地，通过农业机械租赁（伴随农机所有者劳动力的雇用），这两个因素的结合可以接近达到规模经济的效率。研究表明，不同规模土地所有者其土地被经营的模式不会有很大不同，或者说不同规模土地其资产投入和劳动量投入的比例差别不大，因此不同规模所有者并没有因为其土地规模不同而造成生产率的区别。

周雨、陈传波（2017）研究指出，巴基斯坦土地经营呈现出非农化和粗放化的倾向，进而认为土地私有化和自由流转并不必然带来规模经营和农业现代化。除了土地利用率、土地零碎化之外，他们认为巴基斯坦农业耕作技术落后，抵御自然灾害的能力较差，产量不稳定，经常歉收①，这就导致规模土地持有者不愿从事农业活动。另外，巴国工业落后，能源短缺，有的化肥企业因为得不到天然气供应而被迫关闭②。农业在租来的土地上生产，交租后所得仅够糊口，更没有提升农业生产技术或进行机械化生产的条件和动力。

应该注意到，大土地拥有者虽然有大块的土地原本可以实现规模经营获取更高的生产率，但实际上，他们更多地选择把其土地分块出租出去。其背后深层原因可能还包括如下几方面：

一是非农产业具有更高的资金回报率，农业的资金回报率通常低于非农产业。但在巴基斯坦，拥有土地面积的多寡，在很大程度上是政治势力和经济实力的象征。

二是通过土地出租，土地出租者可以获得高额租金。资料显示，巴基斯坦农村土地租赁的通常条件是地主获取一半的农业收成作为租金。

三是农村高度过剩的剩余劳动力，农民从业的影子价格很低。1947年巴国独立以来，全国人口和农村人口快速增长，农村劳动力增长速度远高于耕地面积的增长（耕种面积只翻了一倍多）。同时，巴基斯坦人口教育水平总体较低、识字率不高，他们向非农产业转移的机会不多，因此巴基斯坦农村劳动力明显过

---

① 张斌. 巴基斯坦农业发展与中巴农业合作探析［J］. 中国农学通报，2012，28（2）.

② 殷永林. 巴基斯坦能源短缺对经济发展的影响［J］. 南亚研究季刊，2016（1）.

剩。从经济学上来讲，在生产中更多使用那些充足和过剩的资源是经济自然的选择。很多发展中国家相关研究表明，在目前的技术背景和社会资源状况下，传统农业社会的农民按其目前要素组合进行农业生产是最"有效的"，任何力图提高资本存量的储蓄和投资都无法带来明显的回报。因此，传统农业社会的农业生产状况是"有效率地贫穷着"。发展中国家农业效率低下（资本投入量低）问题是人口压力、土地分散和租赁制度等多种因素的共同结果，单纯依靠其中一点无法解决问题的根本。正因如此，尽管巴基斯坦土地并不分散，但巴基斯坦的土地同样没有实现规模经营，可以说，巴基斯坦经济，尤其是农业正处于经济学上的低增长"锁定"状态①。

---

① 林建永. 巴基斯坦土地所有权状况对农业规模经营的影响［J］. 农业展望，2008（12）.

第四章　巴基斯坦粮食安全与农业支持政策

农业是巴基斯坦经济的生命线，2017～2018 年，巴农业产值增长 3.8%，占 GDP 的 24% 和劳动力的 42.3%。主要农作物有棉花、甘蔗、大米、小麦、玉米等，产量占农业增加值的 23.7% 和 GDP 的 3.6%。其他农作物产量同比增加 3.33%，分别占农业增加值的 10.8% 和 2.04%。而牲畜产量分别占农业增加值的 58.92% 和 GDP 的 11.11%；渔业占农业增加值的 2.1% 和 GDP 的 0.4%；林业占农业增加值的 2.09% 和 GDP 的 0.39%。其他重要农产品包括水果、蔬菜、牛奶、牛肉、羊肉等。巴基斯坦 2017 年第 6 次人口普查显示，巴人口正在以 2.4% 的年增长率不断增长[1]，人口的急速增长提升了巴对农业的需求，为促进农业发展，巴政府正采取包括出台多项政策支持农业生产，包括政府对农业补贴的投入，农产品支持价格，灌溉用水的改革，农业贷款，设施农业的发展，农业部门推广服务的改进，土地改革的实施，农产品的进口和出口配额，农业机械的进口，提高农产品市场化程度等[2]。

4.1　巴基斯坦制定粮食安全政策的背景、意义及措施

自巴基斯坦独立以来，为其人民实现粮食和营养安全一直是巴基斯坦所有政策、计划和战略的核心基本目标之一。根据第 18 号宪法修正案，食品和农业部的职能于 2011 年 6 月 30 日移交给各省。鉴于实现和维护国家粮食安全的考虑，巴基斯坦政府于 2011 年 10 月 26 日成立了国家粮食安全与研究部（MNFSR）。从成立的第一天起，国家粮食安全与研究部就强烈感觉到需要制定全面的国家粮食安全政策。在这方面采取了一些重要的政策举措，包括国家零饥饿计划的概念制定、粮食安全评估调查、对可持续发展目标的承诺，特别是对可持续发展目标 1 和目标 2 的承诺，以及应对贫困和零饥饿挑战。该政策文件的重点是加强粮食供应，改善粮食供应，促进粮食利用，确保各级粮食稳定。该政策基于与利益攸关方的一系列讨论、跨国金融稳定机构编制的政策简报、制定的项目和建议、新的

---

[1]　http://pk.mofcom.gov.cn/article/wtojiben/h/201810/20181002794375.shtml.

[2]　本章部分内容译自 *National Food Security Policy*，*Ministry of National Food Security and Research*。

法案和法律、解决粮食安全问题的特别方案、粮食安全评估以及扩大农业生产基地的框架。

过去几十年，巴基斯坦在粮食生产方面取得了重大进展。然而，由于人口增长率高、城市化速度快、购买力低、价格波动大、粮食生产不稳定和粮食分配系统低效，粮食安全仍然是一个关键挑战。根据 2016 年食品安全评估调查（FSA），巴基斯坦 18% 的人口营养不良。国家人口研究所（NIPS）报告严重发育迟缓（45%）、消瘦（15%）和体重不足（30%）。农村地区（46%）和某些地区［如 FATA（58%）］、GB（51%）和俾路支斯坦（52%）的营养不良问题很严重。同样地，大约一半的人口消耗的维生素 A 和铁低于饮食需求。巴基斯坦的粮食不安全主要归因于最贫穷和最易受到粮食影响的国家的经济准入有限。限制获得食物的一个关键因素，特别是自 2007 年以来，是基本食品价格的上涨。由于最贫困的家庭将大部分收入用在食品上，营养不足和脆弱性加剧了物价上涨。为应对粮食不安全的挑战，巴基斯坦政府主动制定了国家粮食安全政策。

过去十年，巴基斯坦的农业部门一直面临着许多重大挑战。因此，该行业的业绩在最近几年一直低于其潜力，在过去十年中增长率约为 3.3%。因此，农业增长并没有使巴基斯坦农村贫困人口在预期的范围内受益。在以往的政策中，小麦、水稻和甘蔗是主要的粮食作物，受到了越来越多的关注。造成这种不良表现的其他主要因素包括技术创新速度缓慢；投入供应的质量、数量和及时性问题；推广服务和技术转让不足；在建设、道路维护和市场信息方面的投资有限；市场和贸易限制；病虫害和牲畜疾病问题；饲料和饲料短缺；农业生产和加工的信贷额度有限；缺乏农业专用贷款产品。

巴基斯坦政府制定粮食安全[①]政策的愿景是实现一个粮食安全的巴基斯坦，确保一个现代化、高效的粮食生产和分配系统，在供应、获取、利用和稳定方面，对粮食安全和营养做出最大贡献。更具体地说，粮食安全政策的宗旨：缓解贫困，消除饥饿和营养不良；通过实现每年 4% 的平均增长率，促进可持续的粮食生产系统（作物、牲畜和渔业）；提高农业生产效率、效益、气候适应性和竞争力。

粮食安全和农业面临挑战的主要应对措施有：①增加对饮食多样性、营养和健康食品的关注；②提高社会贫困阶层对营养食品的负担能力；③提高农业投入品的质量、数量和供应时机；④开发收获后管理和增值的基础设施和技术；⑤提高创新技术的扩散速度；⑥提高农产品价格，减少价格波动，管理国际价格下

---

① 粮食安全是指"所有人在任何时候都有身体、社会和经济上获得充足、安全和营养丰富的食物，满足他们的饮食需求和对积极健康生活的食物偏好"（如 1996 年《世界粮食首脑会议宣言》所定义）。粮食安全有四个主要决定因素，即粮食供应量、粮食可及性、粮食利用率和粮食稳定性，这些因素同时得到改善，以确保为所有人口群体提供充足的营养。

跌；⑦满足市场基础设施要求和贸易限制；⑧自然资源（土地、水、牧场和森林）的可持续利用；⑨利用山地农业生态带潜力；⑩缓解和适应气候变化对农业和牲畜的影响；⑪提高女性在增值农业和家庭营养方面的参与程度；⑫加强非农业收入机会，特别是在偏远地区（即山区和沙漠地区）；⑬促进创新的生计实践，如药用植物、渔业、养蜂、种子生产、农村家禽等；⑭提高牲畜的单位产出和管理地方性牲畜疾病；⑮有效利用土地和水资源；⑯保证粮食安全和粮食系统分析的所需合格人力资源；⑰确保粮食部门人员的配置。

在投资应对方面主要措施有：①加强公共部门对巴基斯坦农业研发的投资，与周边地区其他国家保持一致①；②为外商和私营部门在农业研发方面的投资提供有利的环境；③完善营养食品开发基础设施和合格的食品科学人力资源。

在研发应对方面主要措施有：①提高国家农业研究体系应对和实现现代农业复杂研究目标的能力；②加强研究与技术传播的协调；③引进合格、经过培训的科研人力资源；④围绕需求进行研究；⑤完善研究基础设施。

4.2 巴基斯坦制定粮食安全政策的战略框架

为巴基斯坦不断增长的人口提供食物意味着更有效地利用粮食和农业系统实现可持续农业发展的必要性。农业发展不能称为可持续发展，除非它改善了粮食安全和营养（FSN）。巴基斯坦的农业和农业系统不断发展和调整，以满足日益增长的食品需求、营养和饮食习惯的变化。巴基斯坦农业有可能以7%的速度增长，前提是所有农业子部门的全面发展计划得到实施。以下是粮食安全政策战略框架的指导原则：

（1）与省政府、企业家、农业研究科学家、投资者、出口商、进口商、学术界、进步农民和民间社会密切合作，实现金融稳定。

（2）国家粮食安全委员会（NFSC）定期审议农业发展和粮食安全问题。国家粮食安全委员会将向最高级别的农业部门提供必要的资助，以实现粮食和国家安全的目标。

（3）把当前公共部门政策的重点从小麦、水稻、甘蔗、棉花等少数战略性重要作物转移到农业和农村发展的其他方面，如：①通过发展潜在的商业集群提高收入和就业。生产区包括中巴经济走廊（CPEC）；②有效利用水、土地、牧场和森林等自然资源；③安全的粮食生产，以改善环境和气候变化的兼容性；④公平，包括如何给予妇女和弱势群体权利，如佃农、无地人、跨流域人，以及来自高度脆弱地区（如山区和沙漠）的边缘化社区。

---

① 巴基斯坦的农业研发的投入占农业生产总值的0.18%，尼泊尔为0.28%，斯里兰卡为0.34%，孟加拉国为0.37%，印度为0.30%，中国为0.62%。

（4）通过提高认证种子、优质化肥和农药的农场供应水平、获得机构信贷和适当的农业机械，降低农业生产成本。

（5）通过开展针对家庭食物多样性的创新，使食物系统多样化，以改善饮食和营养，特别是在实施零饥饿计划方面。

（6）加强市场支持，实现消费者和生产者公平价格目标，发展价值链，提高粮食供应和获取。

（7）在开发农业各子部门未利用的贸易潜力的同时，使巴基斯坦处于高发展轨道。

只有在可持续的基础上对农业研发进行必要的投资，战略框架的原则才能得到有效实施。此外，联邦和省级政府以及发展伙伴应实施该政策，以充分利用这些不同的机构。政府应注重提供信息、促进民间社会和私营部门、研究、公益投资、监测和评估以及相关支助。只有及时、充分地提供信息，才能成功审议国家粮食安全问题。只有提供不同时间和地点的价格信息，才能确定公平价格，这反过来有助于市场整合并接近公平回报。分析产品，如市场展望、生产成本研究和监管成本评估等，应成为信息提供的常规部分，同时加强跨国金融稳定机构的农业政策研究所。公共农业研究系统是产生生产多样性和资源保护所依赖的技术的核心，它必须为发展与 CPEC 相关的集群提供选择，并提供监管审查，以协助价值链的发展等。

农业生产不仅影响饮食的多样性，而且影响食物的可利用性。农业生产力和多样性的提高增加了农场收入，降低了消费价格，并增强了多样化的粮食供应。农业还刺激农村发展，这是通过增加加工工业原材料供应、劳动力就业和社区生产性基础设施发展而实现的。可持续农业确保所有人的粮食安全，其方式是不损害为后代提供粮食安全的经济、社会和环境基础。因此，如果提供健康、质量和数量充足、价格合理、安全和文化上可接受的食物，就可以保护每个人的基本权利。

巴基斯坦是一个高度多样化的国家，拥有 12 个农业生态区，有超过 35 种农作物和牲畜混合种植系统。历届政府在粮食（小麦、大米）和食糖方面实现自给自足的政策已经成功实施。生产成本高，国际库存量大，国际价格下降，使得巴基斯坦农民几乎不可能在国际市场上竞争。粮农组织的"食品展望"报告进一步表明，未来几年国际市场的价格将保持低迷。鉴于上述情况，巴基斯坦应采取措施，引入其生产系统的变化。例如，为了种植其他高价值作物，如油料、豆类、大豆、园艺作物和饲料，必须减少水稻和甘蔗作物的种植面积。

必须解决开发性市场做法以及缺乏储存和农产品增值设施的问题，这些设施是造成农村贫困的主要原因。下文将侧重于实现粮食安全的四大支柱，包括：可用性、可及性、利用率和稳定性，同时突出关键问题并提出政策干预建议。

4.3 巴基斯坦粮食供应支持政策

粮食供应量是指一个国家或地区通过各种形式的国内生产、进口、粮食储备和粮食援助而获得的粮食数量。农业部门是该国粮食供应的支柱。国家粮食安全与研究部的首要任务是继续确保巴基斯坦主要食品的供应，包括生产、进口、出口和消费之间的平衡。历史上，这是通过开发新品种、补贴化肥、政府采购和利用世界上最大的灌溉系统而实现的。加强多样化食品的生产，以提高人民的营养水平，并建议通过扩大种子、化肥、农药和信贷等基本投入的供应来提高作物生产力的政策措施。

4.3.1 收入和营养多样化

由于城市化、收入和购买力的提高，对多样化食品的需求不断增加。消费者对水果、蔬菜和畜产品等高质量的多样化食品的需求日益增加。然而，牛肉、鸡肉、鱼类、牛奶、蔬菜和水果等高价值产品的人均消费量几乎比发达国家低 6～10 倍。人们的饮食也缺乏铁、钙、维生素 A 等必需的微量营养素（40%～80%），以及食用油、奶粉、豆类和其他加工食品。巴基斯坦食品进口额约 40 亿美元，其中食用油进口 27 亿美元，占食品进口总额的 67%。因此，应将农业生产重点从传统作物转变为豆类和油料、水果和蔬菜、农村家禽、牲畜、鱼类和高附加值产品。此外，在 FATA（现属开普省）、俾路支省和其他地区禁止罂粟等非法作物种植，应通过促进相关政策和计划来确定目标。农业多样化是振兴农村经济、减少种植者对少数商品依赖的需要。

政策措施如下：
（1）提高主要转移作物的生产力，为其他高价值作物的生产节约自然资源。
（2）缩小产量差距，确保农业部门可持续发展的农业盈利能力。
（3）促进豆类、油料种植以替代进口。
（4）加强农业服务业部门队伍建设。
（5）引进橄榄、开心果、杏仁、猕猴桃、葡萄、枣等高价值水果新品种。
（6）加强富含微量营养素作物新品种的开发。
（7）创新食品体系，生产营养健康食品。
（8）保护和认证潜在的私人养殖业农场，提高牛奶和肉类生产效率。
（9）引进改良的农村家禽、园艺、鱼类养殖和中草药种植，改善食物多样性和农户生计。
（10）开发高价值作物、牲畜和渔业加工集群，生产多种高价值产品，以减少收割后损失，增加淡季可用性，促进农村企业发展。
（11）鼓励非农就业，特别是青年群体。

4.3.2 农业投入

农业部门的可持续发展和进步很大程度上取决于及时和优质的关键农业投入的供应，如种子、化肥、信贷，以可承受的价格提供农药。这些投入在确保提高农场生产力和盈利能力方面发挥着至关重要的作用。在巴基斯坦，小农是最大的农业投资者。他们的生产体系既复杂又具有动态性。高风险和应对手段的有限性意味着不可预测的支出，同时可能引发螺旋式贫困。另外，当产品售出时，首先要支付家庭开支并偿还贷款或债务。因此，盈余减少，现金收入保持较低水平，通过现金支出进行投资变得困难。

4.3.2.1 种子①

种子是作物生产的重要投入，其他农业投入的效率在很大程度上依赖于种子。巴国认证种子的供应仅限于少数几种主要作物，如小麦、大米和棉花；而对于饲料、豆类和蔬菜等次要作物，认证种子的供应不能满足需求。在全国范围内生产的所有水果，也缺乏经过认证的真正的苗木供应。玉米、蔬菜、油籽和饲料的杂交种子仍在进口清单上。作为一项政策，现代种子产业的目标不仅是满足国内种子需求，同时也希望争取国际市场出口的机会。1976 年的《种子法》和2015 年的《种子法》为在巴国建立现代种子产业提供了必要的立法支持。

政策措施如下：
（1）加强和重组联邦种子认证登记部门；
（2）促进开伯尔—普赫图赫瓦和俾路支省种子公司的创建；
（3）加强旁遮普和信德省种子公司的发展；
（4）加强发展蔬菜、油料、粮食、饲料等潜在作物杂交种的研究设施；
（5）提高果树认证项目规模；
（6）建立种子技术研究培训机构；
（7）发展现代种子产业所需的立法和监管支持体系；
（8）发展村级种子企业、种子库和果树苗圃。

4.3.2.2 化肥

巴基斯坦土壤有机质含量低，土壤养分严重不足，土壤的酸碱度也很高。因此，人们对合成肥料的依赖性大大增加。然而，在过去年份里，由于价格上涨，化肥的使用量有所减少。农民不断要求降低化肥价格，以提高其负担能力。化肥部门面临的主要挑战是：①对化肥实行高税收制度；②缺乏确保向农民转移补贴的透明和有效机制；③缺乏有关化肥合理应用的说明信息及咨询；④地区间化肥的分配不合理；⑤各省指定的肥料检测实验室不足/有限；⑥省级肥料控制法案执行不力。

---

① 关于种子/种业内容，本书有专门章节介绍，此处不展开阐述。

政策措施如下：

（1）协调确保以可承受的价格提供适当的肥料；

（2）建立和加强各省认可的土壤肥力实验室，确保向农民和政策制定者提供最佳实践可持续的土壤管理信息；

（3）建立或加强省级化肥质量检验实验室；

（4）促进有机肥堆肥生产；

（5）引进高效利用化肥的创新技术；

（6）扩大生物肥料生产和使用规模；

（7）通过减税补贴钾肥和磷肥；

（8）2001 年国家化肥政策的修订。

4.3.2.3 杀虫剂/农药

最初，农药进口由联邦政府实施，并通过省级农业部门分配给农民。20 世纪 80 年代，农药业务转移到私营部门，导致作物生产力提高，农药使用呈指数增长。乱用农药，造成各种农产品的抗虫、化学残留严重，地下水污染和环境污染。农药的质量问题也影响了应用效果和环境的污染。联邦和省级农药进口和销售监管支持体系亟待建设。农药行业面临的主要挑战是：①DPP 中各类注册人力资源严重短缺，难以确保按照规定的标准/质量进口；②没有独立的认证实验室来把关农药进口；③取消农药进口的 GST；④有限的技术能力和基础设施（ICT、建筑、设备等）；⑤DPP 内的法律支持体系不健全；⑥缺乏废弃农药的处置机制；⑦废除现有的装运前检验（PSI）规则；⑧对进口农药的依赖性更高；⑨缺乏良好的监测农药质量、残留活动的实验室；⑩开普省、俾路支省和信德省缺乏害虫预警和质量控制部门；⑪食品供应链特别是水果和蔬菜中农药残留量超过最大残留限值；⑫较少关注病虫害的生物防治。

政策措施如下：

（1）加强和调整植物保护部农药进口登记处；

（2）在 DPP 内开发法律支持系统；

（3）分省建立农药分析实验室；

（4）促进危险废物和废弃农药焚烧设施的建设；

（5）促进害虫综合管理（IPM）方法的制度化；

（6）保育生物多样性和环境认证生物农药的本地生产；

（7）通过在公共和私营部门建立实验室基础设施大规模饲养食肉动物；

（8）提高农药安全使用意识；

（9）减少乱用农药，确保作物符合粮农组织/世卫组织食品法典委员会的安全标准。

4.3.2.4 改善信贷市场①

巴基斯坦对农业信贷的需求增长一直高于机构信贷的实际支付。因此，大多数农民被迫以非常高的成本从非正规渠道获得信贷。2016～2017 年，机构信贷支出目标提高到 7000 亿卢比，而信贷总需求为 10160 亿卢比。由于商业银行的参与增加，公共部门 Zarai Traqati Bank Limited（ZTBL）在信贷支付中的作用已从 2001～2002 年的 56% 降至 2015 年的 19%。借款人数量的增长速度远低于每年支付的信贷额增速。如何在适当的时间段支付适当的信贷额也是一个挑战。信贷市场的关键问题是：①贷款给小农户的交易成本高；②利率高；③贷款规模小；④烦琐的贷款程序；⑤缺乏抵押品；⑥不合适的贷款产品，尤其是对小农户而言。

食品安全和研究部将在以下方面为信贷机构提供便利，政策措施如下：

（1）创新区域特色金融产品，强化农村业务评价；

（2）为小农特定产品的试点试验建立必要的联系；

（3）根据全国 NARS 机构的建议，扩大参与社区之间的信贷推广；

（4）发展主要农牧产品价值链融资模式；

（5）通过一个窗口操作促进农村人口低成本小额信贷。

4.3.3 水土资源管理②

自然资源管理是一项应对资源退化的挑战，包括土壤健康、草原退化、地下水枯竭和水资源的快速消耗。由于城市化进程加快，土地利用由肥沃的土地向城市化的住宅和工业用地转变。农村向城市迁移是农村转型的主要动力。由于不断增长的人口对粮食的高需求，水资源也面临压力。人均可供水量从 20 世纪 50 年代的 5000 立方米急剧下降到目前的不足 1000 立方米。从总共 1.42 亿英亩英尺（MAF）的河流流量中，大约有 104 个 MAF 被分流到运河，其中约 57 个 MAF 到达了农场的源头。通过在巴国安装的超过 100 万个管井，运河水通过地下水抽取（50.3 MAF）进行补充，农场的可用水量约为 108 MAF。另外，27 个 MAF 在田间应用中消失，仅剩下 81 个 MAF 用于作物灌溉。管井水的过度使用导致地下水的枯竭和含水层中的盐分增加。

灌溉用水的可用性和使用面临的主要挑战是：①缺乏经批准的国家水政策；②人口压力增加；③水资源减少（淡水有限）；④农业用地减少；⑤水库储存和沉积不足；⑥灌溉系统损耗大（运输和田间应用）；⑦水和土地生产力低；⑧雨水利用效率未完全开发，特别是山洪系统；⑨电力短缺和柴油成本高；⑩缺乏制度安排地下水管理的环境和监管框架导致含水层开采；⑪盐水入侵导致的地下水水质恶化；⑫印度根据 1960 年印度水资源条约在分配给巴基斯坦的河流上修建水库。

---

① 关于农业信贷内容，本书有专门章节介绍，此处不展开阐述。

② 更多相关内容见本书第一章。

政策措施如下：

（1）协助制定长期国家计划，确保稀缺资源的可利用性和有效利用；

（2）通过使用替代能源促进有效利用，增强现有水资源基础的可持续性；

（3）在河流、小型水坝、池塘、河流和挖井等浅水区推广可持续的太阳能抽水系统；

（4）鼓励投资建设小水坝和小型水坝、水塘、农场蓄水和雨水补给区的集水；

（5）在 Rod - Kohi、FATA、Gilgit - Baltistan/Chitral、Balochistan、AJK、Po-tohar、Thar、Nara 和 Kohistan 等地区，通过雨水收集技术实现高附加值农业的开发潜力；

（6）支持各省推广成功的节水技术/模式；

（7）制定和执行必要的立法和监管框架，通过省级政府保护地下水资源；

（8）通过省级政府对受威胁含水层的人工补给等管理和技术措施保护地下水；

（9）采用高效灌溉系统、激光土地平整、河道整治等适当技术措施，促进土地和水资源的有效利用；

（10）与地区和其他国家建立知识共享网络，提高水资源利用率；

（11）促进各省加强水管理推广服务；

（12）利用遥感技术促进按需高效配水；

（13）以最大的水利用率促进种植模式和气候智能农业实践；

（14）制定应对城市化和农村转型的政策和监管要求，特别关注肥沃土地使用的变化；

（15）在保护水资源和防止耕地、森林、牧场等自然资源退化的同时，持续加强作物和牲畜系统；

（16）废水处理及其在农业中的应用；

（17）促进流域综合治理促进山区农民生计改善；

（18）农业洪水利用措施；

（19）控制土地退化（水土流失、水涝和盐碱）的战略措施；

（20）通过有机和无机来源促进植物养分综合管理，促进作物可持续生产；

（21）食品链重金属污染评价与控制；

（22）国家一级地下水调控系统、监测系统（含水费核算）；

（23）通过确保生物多样性保护，改善牧场生态系统服务；

（24）牧场所有权和社区权利政策；

（25）气候智能创新促进农业林业保护自然资源；

（26）审查水价和定价机制的政策。

4.3.4　农业机械化①

农业机械化主要限于农作物生产。巴基斯坦的农业用电量估计为 1.1 千瓦/公顷，而印度和中国的对应值估计分别为 2.0 千瓦/公顷、5.7 千瓦/公顷。巴基斯坦正在使用的拖拉机是基于 1960 年的技术，需要通过严格的监管制度以改进其制造技术。巴国的小麦生产基本实现了机械化，然而水稻、玉米、棉花、甘蔗、蔬菜和水果的生产仍然是部分机械化。小麦和水稻的收割是用进口的旧联合收割机完成的。旧联合收割机的效率低下，导致大约 10% 的谷物损失。农民没有条件使用现代机械，如水稻播种机、蔬菜播种机、水果采摘机、土豆挖掘机/振动筛、果园修剪设备等。当然，巴国部分地区采用了温室和其他先进的蔬菜生产技术。应该看到，利用太阳能进行水环境下的高效灌溉具有很大的应用潜力。

农业机械化的主要制约因素是：①拖拉机马力利用率低；②高效灌溉系统采用率低；③农机主要是小规模机械和机具；④低效率使用；⑤小规模奶牛场缺乏机械；⑥农具质量缺乏标准化。

政策措施如下：

（1）中短期进口农机关税和税收的降低；

（2）减少农机销售的商品及服务税，以加强农机化；

（3）发展高效的农业机械化和加工技术，降低生产成本，提高作业的及时性，增加农作物的价值，减少农业收获后的损失；

（4）促进精准农业生产效益化；

（5）对干草/青贮饲料、挤奶、乳制品和肉制品机械进口补助；

（6）集约化生产加工和冷链维护的水产机械化；

（7）与工业部区域/省级卫星机构建立“国家农业机械试验中心”（NC-TAM），并得到工程发展委员会的支持；

（8）发展国家农业机械化网络，协调农业机械化研发；

（9）推广使用替代能源和可再生能源；

（10）鼓励私营部门建立机械库作为农业服务中心；

（11）促进提高产量和土壤肥力（如精密/水培农业）的创新实践，实现有利可图的生产；

（12）激励工业生产优质农机；

（13）经济可行的农业机械化的本土化生产。

4.3.5　畜牧业

巴基斯坦的畜牧业正在快速增长，并且已经是巴国农村人民生计的核心内容，在国家粮食安全和农村经济发展中发挥着重要作用。畜牧业为 850 万小农户

---

① 关于农业机械化内容，本书有专门章节介绍，此处不展开阐述。

和无地家庭提供了现金收入。它还为贫困人口提供了安全网，为妇女提供了自营就业机会。巴基斯坦是主要的牛奶生产国之一，估计年产量为 5260 万吨。全国肉类产量约 390 万吨，其中，牛肉 201 万吨、羊肉 69 万吨，禽肉 120 万吨。有规模的奶制品加工单位很少，但商业乳品和饲养场育肥业务正在该国兴起。尽管有 7200 万头牛的存量，但巴基斯坦每年仍大量进口干牛奶和其他乳制品①。奶牛生产率低和牛奶生产季节性强是进口的主要原因。其中，总产奶量的 90% 来自自给自足的农民，有必要通过改进育种和饲养计划、利用本地和外来奶牛品种以及最大限度地提高饲料和饲料产量，来减少牛奶生产中的产量不足。

人口增长、城市化、人均收入增加和出口机会增加了对畜产品的需求。然而，由于生产力低下、畜牧业经营不善以及营养和健康问题，该部门的发展受到限制，利润较低。畜牧业面临的主要挑战是：①扩大联邦和省级畜牧业发展能力；②促进肉类作为本地消费和出口有利可图的业务；③动物传染性疾病的控制能力；④不符合国家和国际质量卫生标准；⑤由于人类和动物的密切接触而导致的动物传染病流行；⑥缺乏产生优质出口盈余的激励措施；⑦低质量和受污染的饲料；⑧出口标准和消费者信任的法律框架不足。

政策措施如下：

（1）改善当地动物品种提高奶肉生产能力的方案；

（2）私营部门投资于乳制品生产以供应纯乳制品的特殊激励措施；

（3）通过商业和企业畜牧业部门促进乳制品和饲养场育肥；

（4）鼓励畜禽产品增值产业进入全球清真食品市场；

（5）制定以风险防范为基础的跨境贸易和动物疾病渐进控制国家方案，包括口蹄疫（FMD）和 PPR；

（6）完善法律框架，解决立法空白、标准、等级、监测和执法问题，提高国家和国际质量合规性；

（7）鼓励各省和私营部门改善兽医卫生服务、游牧民族活动、无病分区和牲畜市场；

（8）加强对牛奶和肉类技术的培训，培养一批技术娴熟的人力资源，促进该部门的现代化；

（9）国家兽医实验室（NVL）、国家家禽疾病参考实验室（NRLPD）、动物检疫部门（AQD）、畜牧和乳制品发展委员会（LDDB）的升级和能力建设；

（10）协调实施一个卫生项目，管理动物源性疾病，遏制和根除动物源性疾病，控制死亡和疾病；

（11）建立药品监督管理机构，提高本地进口或生产的兽药和疫苗的质量；

（12）增加饲料面积和产量、改善牧场土地的策略；

---

① 请参见本书相关章节。

（13）调节无黄曲霉毒素等污染物的优质饲料的供应；

（14）通过开发冷链和可追溯性方面的基础设施促进动物和动物产品出口；

（15）为保护本地乳品业，加强进口廉价奶粉的关税；

（16）制定省政府管制成年动物和犊牛的计划；

（17）新鲜牛奶的价格可以是固定的，以激励乳品生产商；

（18）以青贮饲料和干草为原料，在寒冷环境中开发高产的外来动物示范农场；

（19）鼓励私营部门提高疫苗生产质量。

4.3.6 渔业

渔业部门也是支持大量养鱼农民和工人生计的最重要的经济活动之一。它在国家经济和粮食安全中发挥着重要作用。巴国近年每年约生产 74 万吨鱼，其中出口价值 3.49 亿美元。内陆水产养殖面临的挑战是：①内陆渔业资源的可持续性；②咸水水产养殖不足；③物种和系统缺乏多样性；④养殖中的鱼类物种数量有限；⑤生产性低的鱼类养殖系统；⑥推广集约化养殖缺乏经费；⑦缺乏养鱼活动的资金来源；⑧缺乏养鱼业的技术知识和推广服务；⑨投入成本高；⑩没有高价值鱼虾孵化场。

政策措施如下：

（1）加强温水地区高价值养鱼价值链开发；

（2）鳟鱼养殖协调发展；

（3）推动私营部门主导建立生产、冷链、拍卖等服务中心；

（4）促进对虾养殖和水产养殖，包括在信德省和俾路支省含盐内陆和贫瘠沿海地区；

（5）促进不同生态环境下高价值集约型水产养殖的发展；

（6）建立跨供应线冷链，满足国际贸易需求；

（7）建立鱼类饲料生产单位和鱼类孵化场；

（8）为水产养殖业提供低利率贷款；

（9）支持水产养殖生产和食品安全出口的监管框架。

4.3.7 家禽业

家禽业是一个动态部门，对国家 GDP 贡献为 1.3%，对农业贡献为 6.3%。巴基斯坦已成为世界第 11 大家禽生产国，每年生产超过 10.2 亿只家禽和大约 160 亿只鸡蛋。该部门在巴基斯坦发展良好，并建立了有效的监管体系。家禽业面临的挑战是：①商业家禽生产成本高，家禽产品（即活禽、家禽肉和蛋）市场价格波动；②国际市场竞争力低；③对家禽输入和产品征收高税收和关税；④廉价的农村家禽产品占比高；⑤对发展农村家禽品种的研究有限；⑥农村家禽的疫苗接种覆盖率低；⑦家禽疾病的流行；⑧消费者对家禽肉的负面看法。

政策措施如下：

（1）适当的家禽产业税收结构，确保与国外竞争对手的公平竞争；

（2）促进商业家禽生产的有利环境，减少对用于增值工业的进口家禽输入和加工机械的关税；

（3）鼓励并继续支持小型家禽养殖部门的措施；

（4）通过适当的激励，支持家禽产品增值；

（5）促进农村家禽业，持续改善粮食安全和生计。

4.4 巴基斯坦粮食可得性政策

今天的粮食不安全状况表明，人们之所以感到饥饿，并不是因为世界上总体上没有足够的粮食，而是因为他们负担不起粮食或没有生产足够粮食的手段。它是一个家庭通过生产、易货、借贷、食物援助等定期获得足够数量食物的能力。此外，它还涉及家庭内的食物分配。

4.4.1 国家零饥饿计划

巴基斯坦政府已承诺将实现可持续发展目标（SDG）作为国家议程，包括联邦和省级。在这一框架内，强调实现零饥饿是巴基斯坦的首要任务，致力于实现"结束饥饿、实现粮食安全和改善营养、促进可持续农业"的目标。

NFS&R 计划启动国家零饥饿计划。重点将是实现可持续粮食生产、改善粮食分配、改善营养和生计多样化等目标。该计划将与规划发展和改革部、财政部、卫生和服务部、教育部、Benazir 收入支持计划（BISP）、巴基斯坦农业研究委员会、巴基斯坦农业仓储和服务公司（Passco）合作制定和实施。国际发展伙伴将包括联合国粮食及农业组织（粮农组织）、联合国世界粮食计划署（粮食计划署）、联合国儿童及教育基金会（儿童基金会）、世界卫生组织（世卫组织）、联合国两性平等和赋予妇女权利实体。男性（联合国女性）和世界银行。

政策措施如下：

（1）根据政府对可持续发展目标的承诺，启动扶贫和饥饿专项计划（零饥饿、厨房园艺、农村家禽和其他企业）；

（2）减少生产和供应链的粮食损失，包括收获后损失；

（3）建立一个窗口操作，向农户提供支持；

（4）大多数粮食不安全地区的学校饮食计划；

（5）按 BISP 政策向粮食最不安全家庭进行转移支付；

（6）5 岁以下儿童、孕妇和哺乳期母亲的营养计划；

（7）食品营养教育和宣传活动；

（8）提供小麦粉食品补贴及其对偏远地区贫困人口的运输补贴。

4.4.2 中巴经济走廊（CPEC）农业开发区

中国是世界第二大进口国，但巴基斯坦在中国进口中的份额仅为 29.3 亿美元。中巴经济走廊（CPEC）在优势互补、互利共赢的原则下，为扩大贸易提供了机遇。充分考虑比较优势和合作需要，确定中巴农业经济技术合作的重点领域将有机会为不同的潜在市场生产符合国际标准的高技术增值农产品。可能出口到中国的商品包括谷物、奶制品、鸡蛋、蜂蜜、活动物、烟草、肉类、海鲜、水果和坚果。这些举措的基础是通过发展企业家精神、加工区、熟练劳动力和现代市场基础设施，为走廊内确定的 40 多种商品开发商业集群，以促进农村企业发展。这条走廊穿过九个农业生态系统，在这些农业生态系统的基础上，走廊分为 9 个部分，每个部分都有不同的机会建立不同的以农业为基础的企业。总的来说，与中国同行合作，沿着 CPEC 建立农业经济区有助于实现：①粮食自给；②惠及农民和农村社区；③生物多样性保护；④可持续的水土生态稳定；⑤生态害虫管理；⑥弹性食品系统。

将与中国研发和私营部门合作伙伴采取以下合作：

（1）各分区交易商品可行性报告编制；

（2）对已确定商品的农村企业进行试点，并协调走廊沿线商业区的发展；

（3）农村企业家和农业服务提供者的能力建设；

（4）引进质量生产、收获后处理和加工创新；

（5）发展公私合作投资组合，促进农村企业发展；

（6）粮食、水果、渔业、畜牧、畜产品现代化生产和市场基础设施建设；

（7）发展商业模式，以促进整个 CPEC 路线的增值农业。

4.4.3 市场支持

市场在农产品向消费者转移过程中起着关键作用。巴基斯坦市场标准差，缺乏基本卫生和可追溯性，分级做法不一致，运输服务效率低下。小农大多与市场隔绝，依靠中间商来销售他们的农产品，因此经常受到剥削。消费者在支付更高价格方面也会受到影响，这会影响他们的购买力，并对家庭食品安全产生负面影响。市场的关键问题是：①缺乏市场信息和知识；②缺乏冷藏渠道；③道路基础设施不足，导致收获后损失严重；④包装材料差；⑤小农缺乏进入高端市场的渠道；⑥缺乏高附加值农产品。

政策措施如下：

（1）提高市场智能，做出明智的决策；

（2）提高透明度和准入的市场法规；

（3）提供政策支持，加强现代化冷藏设施，减少收获后损失，提高出口质量；

（4）发展标准分级加工包装创业；

（5）与私营部门合作推进承包经营；

（6）确定面向海外市场的潜在关键食品，加强国际市场准入，营造有利的出口环境；

（7）促进使用信息通信技术向生产商传递市场信息；

（8）农商经营现代市场理念的发展；

（9）推进农民营销体系建设，建立食品电子营销体系。

4.5 巴基斯坦粮食稳定性政策

在粮食安全的可得性和利用方面，必须"始终"保持稳定。通过粮食商品的质量生产和贸易，可以保证国内粮食的稳定供应。通过对自然资源的利用和管理，实现可持续农业，使社会、经济和环境效益最大化。气候变化和灾后管理对维持灾区粮食供应也具有重要意义。需要通过研究系统不断地传播知识，以增加作物和牲畜的产量，稳定人们的营养水平。为了更快地发展，迫切需要达到国际食品安全、动植物健康和福利标准，以允许更多的贸易机会。

4.5.1 气候变化

气候变化和极端天气事件的增加对粮食稳定、粮食生产和农民与弱势群体的生计造成了负面影响。受威胁的生态系统服务正限制我们长期实现可持续农业的能力。由于气候变化的影响，几乎所有作物的全国平均产量都很低，生产率也随着时间的推移而下降。正在进行的育种项目不太注重利用气候适应性育种材料。重新定位育种项目，开发新品种，解决巴基斯坦不同生态环境中气候变化的情况，是国家农业研究系统面临的一个真正挑战。目前，在育种/遗传学、生物技术和模拟建模应用领域的进展增强了研究人员开发气候智能和有弹性的作物品种和牲畜品种的能力。在国家一级发展新品种和牲畜品种需要一个协调的制度安排。

政策措施如下：

（1）气候变化情景下适应策略的影响评估与优化；

（2）制定一个涉及国家和国际研究中心的协调良好的作物—牲畜育种计划；

（3）开展涉及联邦和省级研究体系、CGIAR 组织的基础、战略和预期研究；

（4）发展气候智能作物畜牧业，重点利用生物技术、资源保护和协调生产包，为国家的各种生态系统服务；

（5）评价环境目标种群（TPE）育种系的表现，确定适宜品种和动物品种的传播热点；

（6）在保持环境质量的同时，提高生产力和盈利能力；

（7）实施适应计划，以便更好地应对气候变化的影响；

（8）将农作物和牲畜保险计划作为风险应对战略，特别是在雨养地区；

（9）从国家和国际上获取和开发生物多样性和遗传资源；

（10）人力资源开发，应对气候变化机制下新的育种和作物牲畜生产挑战。

4.5.2 应急与灾害管理

紧急情况、自然灾害和移民是造成紧急情况的关键因素，这些情况会影响粮食安全和营养状况。区域性突发事件造成的人员内部流离失所、洪涝灾害等都会造成这种情况。全球气候变化分析显示，包括巴基斯坦在内的南亚经济体受到了不利影响。气候相关自然灾害在极端气候事件的频率和强度上增加了许多倍，包括洪水、干旱、疾病灾难、地震和滑坡。气候变化对巴基斯坦经济的影响不容忽视。为了全面应对气候变化中的灾害管理，巴基斯坦政府于 2011 年更名国家灾害管理部，成立了气候变化部，以应对全球变暖带来的威胁，保护国家环境。与气候变化有关的灾害是通过几个组织的协调努力来管理的，这些组织包括联邦部委、省政府、国际非政府组织、联合国机构、国际捐助者和民间社会。需要解决的领域包括：①为流离失所的人口提供食物；②牲畜饲料；③动物健康；④作物和牲畜的遗传改良；⑤保护自然资源。

灾前阶段政策措施如下：

（1）与国家灾害管理局（NDMA）的协调；

（2）制定粮食安全、农业和畜牧业应急准备计划；

（3）利用遥感作为预警工具，编制农牧业评估清单；

（4）与省政府合作，建立极端气候事件预警系统和农牧推广部门、农民应急预案；

（5）与粮食计划署合作确定易灾地区的粮食不安全地区；

（6）提高畜牧业主对牲畜饲料资源的认识，促进易灾地区的生产；

（7）制定牛场指南和最低标准；

（8）准备设备、车辆、农业投入、动物疫苗和药品供应商的清单。

应急响应阶段政策措施如下：

（1）指定 NDMA 代表协调；

（2）制定灾后早期恢复期农业部门计划；

（3）对农作物和牲畜损失进行初步快速评估；

（4）支持省畜牧部门在旱涝期间为动物提供饲料、除虫药品和疫苗；

（5）灾后农作物病虫害发生评价及防治措施；

（6）编制详细报告，记录未来规划的应对经验；

（7）为受影响社区的恢复制定替代作物牲畜生产计划；

（8）与国家和国际机构在受冲突影响和受灾地区的粮食和饲料生产方面开展合作。

4.5.3 创新与知识传播

信息和教育对于决策者、农民和消费者制定适当的政策、采用改进的农业做法和均衡饮食至关重要。该研究系统不断产生新技术，以增加国内消费和出口的作物和牲畜生产。技术和营养方面的信息流对生产者和消费者都是不足的。气候变化进一步强调了利用基于信息技术的信息共享快速调整生产计划的重要性。为了帮助农民做出合理的生产决策，经常需要更新全球粮食库存和贸易状况信息。消费者还需要经常了解均衡饮食和减少食用油、糖和粮食过度使用的好处。因此，有必要利用它与农村和城市社区分享技术和提高消费知识。同样，定期沟通对于向家庭和农场介绍有关农业、食品安全和营养信息的最佳做法，以及从受益人处获得有关计划的反馈至关重要。

政策措施如下：

（1）从可持续食品系统的角度，促进和评估创新在农业中的作用，包括精确农业、纳米技术和下一代生物技术；

（2）整合来自国家和国际系统的各种形式的知识，以促进技术变革和实践中的适应；

（3）政府支持为地面渠道持续共享创新分配时间；

（4）政府支持在不同地区开通新的广播频道，与当地社区频繁沟通；

（5）经常通过电子媒体分享天气预报信息；

（6）政府支持开放农业独家渠道；

（7）不同农业生态示范中心的发展；

（8）媒体宣传国家饮食指南、婴幼儿喂养、孕妇护理、食品安全、卫生和人类健康；

（9）通过在学校课程中增加食品和营养章节；

（10）最大限度地利用互联网通信技术，为解决农业问题提供具体解决方案；

（11）支持向弱势农民提供独立的私营部门推广服务，以满足害虫和疾病、土壤测试和肥料需求。

4.5.4 政策支持

政策落实需要大量的财政支持才能成功。然而，补贴可以使公平目标受益，鼓励采用改进技术，并支持公共投资。因此，这些政策工具只能在充分评估、明确目标、存在监测评估和退出结构后使用。有利的贸易条件促进了 20 世纪 90 年代巴基斯坦农业部门的增长。由于贸易条件恶化，增长率大幅下降（由 20 世纪 90 年代的 4.5% 到 2010 ~ 2017 年的 2.4%）。政府经常用于支持农业部门的政策工具，包括小麦的支持价格、化肥补贴、补贴信贷计划、降低进口关税和机械税以及管井补贴电价。最近，一些对农民的救济方案也被公布以抵消国际价格下跌对农村经济的影响。小麦的支持价格及其对消费者的补贴供应正在给国家财政造成大约 2000 亿美元的巨大支出（见表 4 - 1）。

表 4-1 巴基斯坦农产品支持价格　　　单位：卢比/40 千克

年份	小麦	籽棉	水稻		甘蔗			
			印度香米	国际水稻研究所	开普省	旁遮普省	信德省	俾路支省
2001～2002	300	780	385	205	42	42	43	43
2002～2003	300	800	385	205	42	42	43	43
2003～2004	350	850	400	215	42	40	41	—
2004～2005	400	925	415	230	42	40	43	43
2005～2006	415	975	460	300	48	45	60	
2006～2007	425	1025	—	306	65	60	67	—
2007～2008	625	1025			65	60	63	
2008～2009	950	1025	1250	700	80	80	81	
2009～2010	950	—	1000	600	100	100	102	
2010～2011	950				125	125	125	
2011～2012	1050	—	—	—	150	150	154	—
2012～2013	1200				170	170	172	
2013～2014	1200	—			170	170	172	
2014～2015	1300	3000	—	—	180	180	182	
2015～2016	1300	3000			180	180	172	
2016～2017	1300	—			180	180	182	
2017～2018	1300				180	180	182	

注：—表示农产品收购支持价格没有公布。Price of Basmati Super（Paddy）Rs. 1500/1540 kg for 2008 - 2009 and Rs. 1250 for 2009 - 2010.

资料来源：Pakistan Bureau of Statistics，Agriculture Policy Institute（API），Provincial Agriculture Departments，M/o National Food Security and Research.

关于食品安全和营养的国家数据库没有定期更新以反映国际库存、价格和贸易情况。土地租赁法还需要适当考虑以实现诸如整合农场以获得额外生产力收益等目标。可能的改革包括：改善土地继承、买卖法；通过为无地农民（佃农和劳动者）提供购买或接收一块土地的机会，逐步实现农业土地的再分配，以及农业规模化经营。

政策措施如下：

（1）加强农业政策研究所对饲料作物产量、库存、贸易条件、国内外价格的持续监测；

（2）定期收集信息，以准确衡量食品不安全状况，允许按性别、年龄、地点和其他因素进行分类，同时涵盖健康饮食对人类健康和生产力的影响和消费模式；

（3）使用现有数据集，如家庭收入和支出调查（HIES）、巴基斯坦社会和生活标准测量调查（PSLM）、人口与健康调查（DHS）、多指标聚类调查（MICS）和食品安全评估调查（FSA），分析食品安全状况；

（4）注重粮食和农业生产体系的可持续性，提高全要素生产率，有效利用生产资源，不实行投入补贴；

（5）重新审视当前小麦的采购政策和支持价格，并可能逐步取消；

（6）可以引入豆类、油料等进口粮食作物采购支持价，促进进口替代，不补贴小麦、糖类商品出口；

（7）提高粮食采购、储存和配送系统的效率，使之恢复以小农户和承租人为本的性质；

（8）通过提供大规模的非农就业机会，同时特别关注农村贫困人口和妇女，改善农村贫困人口的粮食供应；

（9）放宽土地收入制度，促进土地买卖，以维持规模经济的经济农场规模；

（10）制定土地利用政策规划，控制生产性农业用地转为城镇用地；

（11）有关农业投入和产出的定价和补贴政策需要更深入的研究，以确保农业部门在国家和国际层面的竞争力；

（12）为近300万户（2000万人）提供粮食安全保障，其中包括没有生活来源的妇女、儿童和老年人。

4.6 巴基斯坦粮食安全与政策要素之间的联系

如图4-1所示，粮食政策要素与国家农业发展和粮食安全旗舰计划之间的联系已经建立。这些政策要素将有助于实现该政策的四个目标，这四个目标有助于改善粮食安全的四大支柱（即可用性、可及性、利用和稳定），以及该政策的最终目标，即确保稳定和充足的营养。如下重要举措，以应对贫穷、饥饿、营养不良和发育迟缓的挑战。

（1）通过促进价值链驱动的农业多样化（乳制品开发、豆类、油籽、园艺、渔业和水产养殖）实现饮食多样性；

（2）利用政府的社会保护、补贴和采购计划，通过加强市场准入和进入价值链体系，帮助小农户摆脱贫困；

（3）边远和环境脆弱地区农业的恢复和可持续发展（牧场、雨水补给区、森林资源开发管理）；

（4）发展一批关键的技术服务提供商，使农产品、牲畜和渔业供应链上的农业基地现代化；

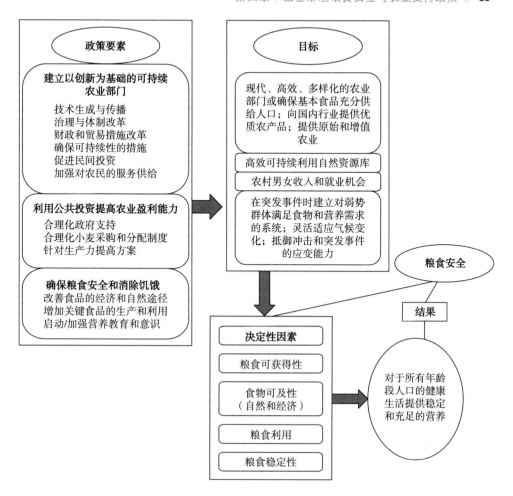

图 4-1 巴基斯坦粮食政策要素与粮食安全及国家农业发展之间的联系

（5）通过有针对性的食物分配计划、改善生计计划和社区管理急性营养不良以改善食物和营养状况；

（6）通过教育计划提高人民的营养意识，同时让媒体参与；

（7）国家零饥饿试点学校计划，家庭农业、创收和营养计划；

（8）在 CPEC 试点商业集群，实现农村工业化、创造就业、产品开发和贸易增强目标。

第五章 巴基斯坦的农业信贷和农业保险

5.1 巴基斯坦的农业信贷机构

巴基斯坦建国后至 1974 年银行国有化期间，国内商业银行被少数垄断财团所控制，为追求高额利润，它们只向有利可图的大工业和一些财团贷款，而急需资金的农业、中小工商业的发展受到极大限制①。1974 年 1 月，巴基斯坦商业银行实行私有化后，巴国中央银行开始实施有利于整个国民经济发展的信贷政策，增加了对农业生产的贷款支持。

首先，支持农村基础设施建设，发展公路交通、电力、通信、水利等耗资大、农民无力承担的大项目。此项支出从"一五"计划的 2.07 亿卢比增加到"五五"计划的 88 亿卢比和"六五"计划的 30 亿卢比。其次是增加对个体农民的贷款。20 世纪 70 年代初，政府要求商业银行必须向农民提供贷款，1976 年政府改组联邦合作银行，使合作银行向农业提供大量贷款；国家银行也向农业开发银行和联邦合作银行提供优惠贷款以支持其农贷活动，同时为商业银行发放的短期农业贷款实行担保（担保 50%）。需要指出的是，1972 年 9 月，巴国成立国家信贷咨询委员会，专门开展小额贷款计划，而且给不向农业提供贷款的商业银行下达指令性贷款计划，规定商业银行必须完成所分配的小额贷款计划（见表 5 - 1）。

表 5 - 1 巴基斯坦主要金融机构（不含外国银行）

银行属性	银行名称
中央银行	巴基斯坦国家银行（State Bank of Pakistan）
国有商业银行	①国民银行（National Bank of Pakistan） ②哈比卜银行（Habib Bank Ltd） ③第一妇女银行（First Women Bank Ltd）
已私有化银行	①巴基斯坦联合银行有限公司（Allied Bank of Pakistan Ltd） ②联合银行（United Bank Ltd） ③穆斯林商业银行（Muslim Commercial Bank）

---

① 杨翠柏，胡柳映，刘成琼. 巴基斯坦［M］. 北京：社会科学文献出版社，2018.

续表

银行属性	银行名称
专业银行	①农业发展银行（Agricultural Development Bank）（ADBP） ②工业发展银行（Industrial Development Bank of Pakistan）（IDBP） ③联邦合作银行（Federal Bank for Cooperatives） ④旁遮普省合作银行（Punjab Provincial Co – operative Bank Ltd）．（PPCB） ⑤中小企业银行（SME Bank Limited）
私营银行	①Askari Commercial Bank Ltd. ②Bank Al – Falah Ltd. ③Bank of Al – Habib Ltd ④Bolan Bank Ltd. ⑤Faysal Bank Ltd. ⑥Meezan Bank Ltd.
省级银行	①The Bank of Khyber ②The Bank of Punjab
投资银行	①Atlas Investment Bank Limited. ②Asset Investment Bank Limited. ③Al – Towfeeq Investment Bank Limited. Cresent Investment Bank Limited. Escorts Investment Bank Limited. First International Investment Bank Limited. Fidelity Investment Bank Limited. Franklin Investment Bank Limited. Islamic Investment Bank Limited. Jehangir Investment Bank Limited. Orix Investment Bank（Pak）Limited. Prudential Investment Bank Limited. Security Investment Bank Limited. Trust Investment Bank Limited
风险投资和贴现银行	First Credit & Discount Corporation（Pvt.）Ltd. Prodential Discount and Guarantee House Limited. National Discounting Services Limited. Speedway Fondmetal（Pak）Ltd. Pakistan Venture Capital Limited. Pak Emerging Venture Ltd.
小额贷款银行	Khushhali Bank. The First Micro Finance Bank Ltd.

资料来源：中华人民共和国驻巴基斯坦伊斯兰共和国大使馆经济商务参赞处，巴基斯坦金融机构，http：//pk. mofcom. gov. cn/article/jmjg/200308/20030800117786. shtml。

  巴基斯坦农业信贷机构的起源可以追溯到 1947 年启动的 Taccavi 贷款、合作社和合作银行的贷款支付。这种实践活动开始于巴基斯坦建国之前，是给农民提供基本农业投入的主要来源，农业信贷机构担当起与非正式农业信贷竞争的一种信贷来源（Qureshi & Shah，1992）。巴基斯坦的农业银行于 1952 年成立，根据巴基斯坦中央法令规定，其职责是提供金融设施和促进巴基斯坦的发展和农业现代化。1957 年，它建立先进的短期和长期贷款。1961 年，巴基斯坦农业发展银行（ADBP）建立，之后进行重组，催生了现在的 Zarai Taraqiati 银行（ZTBL）。巴基斯坦农业银行（Zarai Taraqiati Bank Limited）是巴基斯坦最大的公共部门金融发展机构[①]。2002 年 12 月 14 日，巴基斯坦联邦政府把巴基斯坦农业发展银行改

---

① http：//www. kguowai. com/html/24200. html.

名为巴基斯坦农业银行，并成为一家上市股份公司。作为一个单一的公共有限责任公司与一名独立董事会的新公司架构重新定义了巴基斯坦农业银行。巴基斯坦农业银行产品和服务包括：监督农业信贷计划、存款、小额信贷计划、妇女信用计划、窗口操作、循环融资计划/沙达巴哈尔计划和作物最大化项目等。ZTBL 为巴基斯坦农村提供负担得起的农村和农业金融/非金融服务，占总人口的 68%。通过全国 488 家分行的网络，每年为 50 万左右的客户和超过 100 万的累计账户持有人提供服务，平均贷款规模约为 162331 卢比，其中生活、经济和大型种植占比分别为 68%、29% 和 3%[①]。

表 5 - 2 2007 ~ 2016 年巴基斯坦农业银行（ZTBL）农业信贷情况

单位：百万卢比

年份	旁遮普省	信德省	开普省	俾路支省	ZTBL	ZTBL 占比（%）
2007 ~ 2008	53371	8461	4603	146	66584	31.47
2008 ~ 2009	60696	9266	4519	141	74522	31.98
2009 ~ 2010	64437	9941	3856	219	78455	31.62
2010 ~ 2011	52995	8093	3730	78	64897	24.67
2011 ~ 2012	54286	7616	3616	129	65649	22.34
2012 ~ 2013	54478	8559	3428	149	66616	19.81
2013 ~ 2014	62850	10668	3606	201	77326	19.75
2014 ~ 2015	78279	12522	4061	248	95111	18.44
2015 ~ 2016	74297	12197	3624	249	90368	15.10

注：表中数值 2 ~ 6 列源自 *Agricultural Statistics of Pakistan*，2016 - 2017，与表 5 - 2 "巴基斯坦各机构农业信贷发放情况" 略有差异。第 7 列为计算所得。

从表 5 - 2 数据可以看到，作为巴基斯坦的专业性农业银行，其在农业信贷方面在全国农业信贷总额中的占比呈逐年下降态势。2007 ~ 2008 年之前的占比在 40% 以上，到 2015 ~ 2016 年已下降至 15.10%。

自 1972 年以来，商业银行也开始向农民提供信贷。截至 20 世纪 90 年代初，由于 Zarai Taraqiati 银行和商业银行推出效率更高的信贷业务，合作社与合作银行提供的 Taccavi 贷款退出了历史舞台（Iqbal et al.，2003）。自 2001 年以来，在巴基斯坦国家银行的指导下，一些私人银行也开始推出农业信贷业务，如作物信用保险、作物高产计划、农业工具采购贷款、一站式操作、绿色革命贷款、白色革命贷款、农业再融资等，已被用于增加信贷可贷量和提高农民的可用性。几乎所有的这些金融计划都有附带功能——提高农民的技术知识[②]。

---

① https：//www.ztbl.com.pk/about/.

② Muhammad Qasim Manzoor，陈珏颖，唐亚楠，刘合光. 巴基斯坦的农业发展：政府干预措施和农产品增长模式 [J]. 世界农业，2013（7）.

表 5-3　巴基斯坦各机构农业信贷发放情况　　　单位：100 万卢比

年份	ZTBL	商业银行	私人银行	PPCBL	MFB	Islamic Banks	MFIs/RSPs	合计
2007～2008	66938	94749	43940	5931	—	—	—	211560
2008～2009	75138	110666	41626	5579	—	—	—	233010
2009～2010	79012	119608	43777	5721	—	—	—	248120
2010～2011	65361	140312	50187	7161	—	—	—	263022
2011～2012	66067	146271	60876	8520	12114	—	—	293849
2012～2013	67068	172832	69271	8304	18769	—	—	336246
2013～2014	77919	195487	84813	8808	22796	1527	—	391352
2014～2015	95826	262911	108708	10485	32950	4991	—	515874
2015～2016	90976	311400	123097	10334	53937	8540	—	598286
2016～2017	92450	342068	139060	10879	87771	12326	19930	704488

注：报告期参与农业信贷金融机构包括 MFB 10 家，Islamic Banks 14 家，MFIs/RSPs15 家，私人银行 15 家。

资料来源：State Bank of Pakistan；Agricultural Statistics of Pakistan，2016－2017.

从表 5-3 数据可以看到，5 大商业银行和国内私人银行在农业信贷方面的占比在逐年提高。商业银行的占比从 2007～2008 年的 44.78% 提升到 2015～2016 年的 52.05%，2016～2017 年为 48.56%。值得一提的是，同其他发展中国家类似，巴基斯坦官方的农村信贷项目效率低下。巴基斯坦有近 72% 的农户是土地持有量小于 5.5 英亩的小农户，他们生活窘困，以致没有足够的积蓄来维持农场的正常运行，他们必须求助于信贷。小型农户难以负担昂贵的非正规信贷，廉价的官方信贷被认为合理且易接受[①]。

国内私人银行的占比从 2007～2017 财年的占比则基本稳定在 20% 左右；PPCBL 的占比基本在 1%～2%；MFB、Islamic Banks、MFIs/RSPs 分别在 2011～2012 年、2013～2014 年、2016～2017 年开始提供农业信贷业务。

5.2　巴基斯坦的农业信贷发放

5.2.1　巴基斯坦农业信贷近期发放计划额度

根据政府对农业部门发展的优先权，巴国农业信贷咨询委员会（ACAC）已将 2018～2019 财年的农业信贷支出指标定为 12500 亿卢比。这个支出指标将分

[①] 农民对于债务和信贷的态度至关重要。农民的经济意识水平与他们有效利用信贷来促进自身发展的意愿和能力直接相关（Penny，2012）。农民的经济意识是其唯一的有利于资本形成和增加农业产出的行为动因。因此，所有的信贷政策都应该有一个内在的推动机制来增强农民以能够提高生产力的方式使用信贷的意愿与能力。政府应该根据农民的特点有针对性地制定信贷政策，即不应该让农民的贫困阻碍其通过信贷实现预期目标。

配至 50 家农业贷款机构，包括 19 家商业银行、2 家专业银行、5 家伊斯兰银行、11 家小额信贷银行和 13 家小额信贷机构/农村支助计划（MFI/RSP）。这一年农业信贷支出指标比上年 9726 亿卢比的支出额高出 28%。在 12500 亿卢比的总目标中，6510 亿卢比分配给了五大商业银行，1000 亿卢比分配给 ZTBL，2450 亿卢比分配给 14 家国内私人银行，500 亿卢比分配给五家伊斯兰银行。为了满足小农户的需求，2018～2019 年，PPCBL 分配了 130 亿卢比，11 家小额信贷银行分配了 1560 亿卢比，还有 350 亿卢比分配至 13 个小额信贷机构/农村支助计划（MFI/RSP）。

5.2.2 巴基斯坦农业信贷支出近期趋势

在 2018～2019 年前 9 个月（2018 年 7 月至 2019 年 3 月），尽管面临农业产品价格波动、低产量和气候变化的影响等各种挑战，农业贷款机构支付了 8050 亿卢比，占总年度目标 12500 亿卢比的 64.4%，比上年同期的 6662 亿卢比高出 20.8%。截至 2019 年 3 月底，未偿农业贷款组合较上年同期增加了 15.5%（至 707 亿卢比）[①]。同期，五大商业银行实际发放农业贷款 4500 亿卢比，完成年度计划 69%；作为农业信贷专业银行，ZTBL 发放了 451 亿卢比，而 PPCBL 发放了 54 亿卢比；14 家国内私人银行实际发放农业贷款 1432 亿卢比，完成年度计划 58.5%；11 家小微银行发放了 1147 亿卢比；13 个小额信贷机构/农村支助计划（MFI/RSP）发放了 241 亿卢比；5 家伊斯兰银行发放了 224 亿卢比，完成年度计划 44.7%。

2018～2019 年前 9 个月（2018 年 7 月至 2019 年 3 月），巴国农业信贷情况如表 5-4 所示。

表 5-4　巴基斯坦 2018～2019 年农业信贷情况　　单位：10 亿卢比

银行	2018～2019 年信贷指标	2018 年 7 月至 2019 年 3 月		2017～2018 年信贷指标	2017 年 7 月至 2018 年 3 月		同期变动（%）
		实际发放	完成比例		实际发放	完成比例	
商业银行	651.0	450.0	69.1	516.0	353.6	68.5	27.3
ZTBL	100.0	45.1	45.1	125.0	62.8	50.2	-28.2
PPCBL	13.0	5.4	41.9	15.0	6.7	44.5	-18.4
DPB	245.0	143.2	58.5	200.0	124.9	62.4	14.7
伊斯兰银行	50.0	22.4	44.7	20.0	10.3	51.3	118.1
MFB	156.0	114.7	73.5	100.0	88.4	88.4	29.7
MFI/RSP	35.0	24.1	68.8	25.0	19.5	78.0	23.4
合计	1250.0	804.9	64.4	1001.0	666.2	66.6	20.8

资料来源：State Bank of Pakistan.

[①]　Ministry of Finance. Economic survey of Pakistan [R]. Islamabad：Government of Pakistan，2019.

如表 5 - 5 所示，种植规模在 2.0 公顷以下农户占比为 49.78%，在总种植户信贷占比为 64.45%；种植规模在 2.0 ~ 10.0 公顷以下农户占比为 42.44%，在总种植户信贷占比为 31.69%；种植规模在 10.0 公顷以上农户占比为 7.78%，在总种植户信贷占比为 3.86%。结合土地所有权性质，自耕农、自耕 + 租佃农、佃农不同种植规模下的农户数量及信贷规模比例并未反映出明显差异，即种植规模和贷款金额并无明显线性相关，其中原因前文已有分析。

表 5 - 5　按土地所有权及规模的巴基斯坦农户信贷情况（2010 年调查数据）

单位：100 万卢比

农户类型	全部农户		自耕农		自耕 + 租佃农		佃农	
	金额	数量	金额	数量	金额	数量	金额	数量
全部	12334229	1565130	—	—	—	—	—	—
养殖户	3985644	483223	—	—	—	—	—	—
种植户	8348585	1081907	6811120	829691	616327	98536	924454	153693
<0.5Ha	2080626	154205	1915175	137064	29241	2516	136207	14620
0.5 ~ 1Ha	1533585	158631	1284868	122942	63527	5856	185205	29833
1.0 ~ 2.0Ha	1766305	225783	1399435	170025	127314	14908	239543	40848
以上占比（%）	64.45	49.78	67.53	51.83	35.71	23.63	60.68	55.50
2.0 ~ 3.0Ha	1143704	174891	886880	132743	113527	17454	143302	24703
3.0 ~ 5.0Ha	925989	164640	681632	121163	124218	21058	120125	22407
5.0 ~ 10.0Ha	576008	119641	409918	85102	95761	20784	70315	13757
以上占比（%）	31.69	42.44	29.05	40.86	54.11	60.18	36.10	39.60
10.0 ~ 20.0Ha	219917	58226	158410	41719	39074	10637	22430	5856
20.0 ~ 40.0Ha	71963	19492	53095	14772	13420	3440	5452	1268
40.0 ~ 60.0Ha	14429	3255	10358	2028	3203	1024	32	870
>60.0Ha	16098	3154	11373	2120	3730	840	23	997
以上占比（%）	3.86	7.78	3.42	7.31	9.64	16.18	3.02	5.85

资料来源：Census of agriculture - 2010/Agricultural statistics of Pakistan 2016 - 2017，占比为计算所得。

巴国各银行机构对于不同农户规模的贷款金额占比存在着差异。5 家主要商业银行农业贷款中，100 英亩以上规模的农户占比为 1.13%，而贷款额占比为 47.78%；5 英亩以下的农户占比为 27.70%，而贷款额占比为 8.68%；5 ~ 12.5 英亩的农户占比为 37.68%，而贷款额占比为 13.65%。数据显示，5 家主要商业银行农业贷款主要流向为小农户和 100 英亩以上大规模农户。ZTBL 作为农业专业性银行，25 英亩以下用户占比为 96.38%，而贷款额占比为 93.43%，这显示贷款主要流向中小农户。PPCBL 贷款则全部流向 25 英亩以下中小农户。DPB 的贷款流向和 5 家主要商业银行的农业贷款的农户流向相似。MFBs、MFIs/RSPs 的农业贷款金额较大，流向基本都是小农户。Islamic banks 的农业贷款金额较小，贷款农户数也少，流向主要集中在中小农户（见表 5 - 6）。

表 5 - 6 2015 ~ 2016 年巴基斯坦各金融机构农业贷款支付情况（按农户土地面积）

单位：100 万卢比

农户规模	5 家主要商业银行		ZTBL		PPCBL		DPB$_S$	
	农户数	贷款额	农户数	贷款额	农户数	贷款额	农户数	贷款额
5 英亩以下	62425	15128	115062	12695	56353	3783	4081	3761
5 ~ 12.5 英亩	84923	23797	143675	33076	78265	4805	3462	4195
12.5 ~ 25 英亩	41453	19772	42524	17025	4101	198	8543	8065
25 ~ 50 英亩	21369	15226	9407	3576	0	0	2306	6607
50 ~ 100 英亩	12658	17136	1618	727	0	0	1229	9095
100 英亩以上	2554	83302	265	110	0	0	1135	14846
小计	225382	174361	312551	67210	138719	8786	20756	46568

农户规模	MFBs		MFIs/RSPs		Islamic banks		All Pakistan	
	农户数	贷款额	农户数	贷款额	农户数	贷款额	农户数	贷款额
5 英亩以下	870745	49463	205356	7757	0	0	1314022	92588
5 ~ 12.5 英亩	1589	181	0	0	775	870	312689	66924
12.5 ~ 25 英亩	0	0	0	0	27	42	96648	45101
25 ~ 50 英亩	0	0	0	0	8	591	33090	26000
50 ~ 100 英亩	0	0	0	0	0	0	15505	26959
100 英亩以上	0	0	0	0	0	0	3954	98257
小计	872334	49644	205356	7757	810	1503	1775908	355829

资料来源：*Agricultural Statistics of Pakistan*，2016 - 2017。5 家主要商业银行包括 ABL、HBL、MCB、NBP 和 UBL，4 家 Islamic Banks 包括 Bankislami、Meezan 和 Burj Bank。

5.2.3 巴基斯坦农业信贷发放的细分行业结构

在农业信贷发放总额中，非种植业贷款份额不断增加，从 2008 年的 26.24%增长到 2017 年的 49.57%，这种农业内部贷款结构性变化，一方面反映出巴国农业生产结构的变化，另一方面对于减少风险和提高农民利润来说具有积极意义（见表 5 - 7）。

表 5 - 7 巴基斯坦农业信贷发放的细分行业结构 单位：10 亿卢比

年份	2008	2009	2010	2011	2012	2013	2014	2015	2016	2017
种植业	163	174	163	189	200	206	218	274	306	356
非种植业	58	65	81	97	109	149	174	242	292	349
畜牧、乳制品、肉	22	23	31	31	40	65	73	113	139	177

续表

年份	2008	2009	2010	2011	2012	2013	2014	2015	2016	2017
禽类	34	39	46	62	62	77	86	70	82	86
渔业	0.9	0.44	2.3	2.1	2.6	2.5	2.5	2.33	1.72	1.38
林业	0.001	0.001	0.039	0.074	—	0.017	0.174	0.131	0.117	0.108
其他	1.3	2.2	1.6	1.5	3.7	5.1	12.8	56	68.6	84.3
合计	221	240	243	287	309	355	391	516	598	704

资料来源：State Bank of Pakistan.

5.2.4 巴基斯坦农业生产性贷款主要流向

在大幅度增加农业财政支出的同时，政府还向公营和私营信贷机构提供大量的财政补贴及外汇信贷，鼓励它们扩大对农业生产者的信贷支持①。

实行农业信贷的初期，由于对贷款的使用缺乏指导和监督，很多农户往往将贷款用于生活消费，而直接用于发展生产的部分很小，因而信贷效果不佳。为了提高信贷效益，自 20 世纪 70 年代起，巴基斯坦农业发展署和巴基斯坦国家银行在全国各地设立了众多的农业技术咨询机构，并开设了农用监督性贷款。这些咨询机构负责选定扶持地区和服务项目，并有选择地向那些愿意采用先进耕作技术或种植新品种的农户提供由贷款和生产技术组成的一揽子信贷服务。农业生产者在得到贷款后，其生产经营必须接受有关机构的指导和监督。同时，为了帮助边远地区的农业生产者，巴基斯坦农业发展署还成立了拥有数千名工作人员的流动信贷社，通过上门服务的方式，向数万个边远村寨的农户提供了农用监督性贷款和各种技术服务。对那些条件较差的农业生产者，政府则提供一定数量的无息贷款。为进一步提高信贷效益，巴基斯坦银行委员会曾于 1986 年决定，今后向农业生产者提供的贷款将尽可能地以实物形式发放，以此杜绝专款挪用现象。表 5-8 为巴基斯坦各金融机构 2008~2017 年度农业生产型贷款主要流向情况。

表 5-8 巴基斯坦各金融机构农业生产型贷款主要流向情况（按农户土地面积）

单位：百万卢比

	管井	拖拉机（含机具）	果园	仓库/冷库	良种	总计
2008~2009 年	682.96	8761.02	162.530	726.650	571.980	117940
占比（%）	0.06	0.743	0.014	0.062	0.048	1.00
2009~2010 年	620.04	11441.51	182.420	718.230	899.050	14618.22
占比（%）	0.042	0.783	0.012	0.049	0.062	1.00
2010~2011 年	596.310	2699.93	169.010	1415.610	614.360	6224.19
占比（%）	0.096	0.434	0.027	0.227	0.099	1.00
2011~2012 年	543.21	3675.03	102.85	1114.98	1445.62	8760.77

---

① 陈明华. 巴基斯坦发展农业的措施 [J]. 世界农业，1992（3）.

续表

	管井	拖拉机（含机具）	果园	仓库/冷库	良种	总计
占比（%）	0.06	0.42	0.01	0.13	0.17	1.00
2012～2013 年	604.02	5330.52	1165.3	1542.15	749.67	11801.32
占比（%）	0.05	0.45	0.10	0.13	0.06	1.00
2013～2014 年	862.11	8311.64	1516.5	1766.46	1812.67	16135.85
占比（%）	0.05	0.52	0.09	0.11	0.11	1.00
2014～2015 年	353.76	9449.89	1393.2	1611.55	2247.97	16830.92
占比（%）	0.02	0.56	0.08	0.10	0.13	1.00
2015～2016 年	121.11	4854.77	1106.9	2224.60	5843.48	17151.25
占比（%）	0.01	0.28	0.06	0.13	0.34	1.00
2016～2017 年	131.17	4306.94	901.07	2555.28	7823.57	18357.50
占比（%）	0.01	0.23	0.05	0.14	0.43	1.00

资料来源：*Agricultural Statistics of Pakistan*，2016－2017，占比为计算所得。

巴基斯坦各金融机构农业生产型贷款主要流向为拖拉机（含机具）、仓库/冷库、果园、管井、良种等。其中，管井、拖拉机比重近年呈下降趋势，良种、果园、冷库/仓库占比呈现明显上升趋势。这也可从农户生产性投资角度印证巴国农业产业结构正处于积极调整中，用于经济作物的农户投资在加大，作物结构进一步优化升级，仓储设施投资提高，农业基础设施、农机贷款增速已为负值。

5.3　巴基斯坦的农业保险

农作物保险由农业生产者购买，并由联邦政府补贴，以防止因冰雹、干旱和洪水等自然灾害造成农作物损失，或因农产品价格下降而导致收入损失。农作物保险的两个一般类别被称为农作物产量保险和农作物收入保险。农民或种植者可能希望种植与特定定义属性相关的作物，该属性可能比类似商品作物、农产品或其衍生产品具有溢价。特定属性可能与作物的遗传组成、种植者的某些管理实践或两者都有关。然而，许多标准的作物保险政策并没有区分商品作物和具有特定属性的作物。因此，农民有必要购买农作物保险，以涵盖种植与特定属性相关的农作物的风险。

5.3.1　巴基斯坦的气候灾害与农业

农业一直是巴基斯坦经济的重要组成部分，但由于资源的日益紧张，生产成本的不断上升，农业用地扩张受限，气候模式变幻莫测，导致洪水、干旱和飓风等自然灾害对农业生产带来不同程度的影响。巴基斯坦易受雪崩、气旋/风暴、干旱、地震、流行病、洪水、冰川湖暴发、滑坡、虫害袭击、河流侵蚀和海啸等一系列灾害的危害。像 2005 年 10 月的地震一样，自然灾害造成的冲击威胁着经济的持续增长。地震造成 52 亿美元的损失，与 2006～2007 年的国家预算约 250 亿美元相比，这是令人震惊的。这一数额远远大于社会部门发展的分配总额。同样，自 1947 年至 2007 年 14 次大洪水造成的经济损失估计为 60 亿美元（NDMA，2007）。农业、畜牧业、水资源、粮食安全和环境部门的可持续发展受到旱灾的严重威胁，主要集中在俾路支省、旁遮普省南部、开普省的 Tharparkar 和 D. I. Khan 地区。2001 年的干旱使经济增长率降至 2.6%，而那几年经济平均增长率超过 6%（Sida，2010）。巴基斯坦在 2010 年和 2011 年连续两年遭遇洪灾，造成严重损失。2010 年 7 月，毁灭性的洪灾使巴基斯坦 2000 多万人流离失所，使这场灾难比 2004 年印度洋海啸、2005 年克什米尔地震和 2010 年海地地震的总和还要严重。五分之一（1700 万英亩）的国家总土地面积被淹没，190 万幢房屋被毁，2000 多人死亡。这场悲剧的经济影响估计超过 430 亿美元（RISE，2010）。2011 年 8 月和 9 月的暴雨在信德省和俾路支省的南部及北部造成了毁灭性的洪水，洪水影响了信德省 23 个地区和俾路支省 11 个地区，对公共和私人资产造成严重损害。已通报的灾害灾区受灾群众总数估计为 960 万人，房屋被毁约 100 万户，失踪 520 人。洪水造成的总损失估计为 37.3 亿美元，最小重建成本总计为 27.47 亿美元（Go P，2012）。

据巴基斯坦经济调查（Pakistan Economic Survey），2013～2014 年与 2012～2013 年的 2.9% 的增长率相比，农业部门的增长率下降了 2.1%，而这种下降正是由于极端天气条件造成的。在巴基斯坦，农民的收入和生产面临着多种风险，包括降雨量和水资源短缺波动带来的产量风险，竞争日益激烈的自由市场条件以及政府对投入和产出价格缺乏补贴带来的价格风险。这些来自经济、自然或社会政治环境的风险和不确定性导致粮食短缺、营养恶化和赤贫。大多数与农业有关的风险本质上都是系统性的，即使是单一的事件也可能导致高度相关的、多种作物的损失。巴基斯坦经济对这些直接影响粮食和能源安全的威胁非常敏感。

气候变化严重影响冰川融化速度，这是一个令人担忧的事实，因为灌溉土地可能缺乏淡水。与此同时，受雨水补给的地区已经很容易受到降雨频率和强度的影响。除了这些缓慢的环境变化之外，洪水、暴雨等极端气候事件，不仅对灌区是一个危险，而且国家经济也面临着严重的风险。在过去的一个世纪里，全球平均气温上升了 0.6℃，到 21 世纪末有可能会增加 1.1～6.5℃。与全球趋势一致的是，在巴国北部地区，巴基斯坦的年平均气温和全球一样多，但南部地区更容易受到全球变暖（0.8℃）的影响，一年降雨量不到 250 毫米。

在乐施会气候变化报告（2011）的另一项研究中，巴基斯坦极端天气的频率和强度增加了，超过 40% 的人可能直接受到这些灾害的影响。巴基斯坦分为干旱和半干旱地区，其气候参数在时间和空间上具有显著的变化。环境的变化对生产系统的影响最大，突发性洪水、干旱等自然灾害的风险越来越大。2009 年，巴基斯坦近 1/3 的家庭生活在贫困线以下，这意味着三分之一的家庭无法满足他们的营养需求（Mazhar Arif, 2007）。在食物的可获得性方面，62%的人口存在食物短缺（SDPI, 2003）。在干旱和半干旱地区，严重的水资源限制降低了农业生产，从而造成了粮食不安全的情况（GCISC, 2008）。目前，巴基斯坦近49%的人口极度缺乏粮食保障（Suleri, 2014）。巴基斯坦的农业面临着许多与气候、虫害、价格和市场波动以及国家和国际政策变化有关的风险。气候风险被认为是农业最大的风险之一，由于气候风险的存在，农民对自己的生产和收入感到不安全。降雨量、温度和降水的变化导致洪水及干旱，这是对巴基斯坦农业部门的威胁。为了应对这些风险，巴基斯坦仍在实施传统的风险管理战略，如农场和收入的多样化、储蓄、借款、信贷贷款、对冲等。巴基斯坦有正规的农业保险体系，但规模很小，农民因为经济状况不佳而不愿承担（见表5-9）。

表5-9 巴基斯坦自然灾害及损失情况（1976年以来）

年份	灾害原因	损失
1976	洪灾	农作物、牲畜、基础设施和人员损失
1978	洪灾	农作物、牲畜、基础设施和人员损失
1979	洪灾	农作物、牲畜、基础设施和人员损失
1998	洪灾	农作物、牲畜、基础设施和人员损失
1992	洪灾	公共基础设施、房屋、侵蚀、人员损失
1995	洪灾	农作物、牲畜、人员损失
1997~1998	暴雨	农作物、浸泡、公共建筑损失
1998~1999	干旱	农作物、地下水位下降、牲畜死亡
2001	洪灾	农作物和部分房屋受损
2002~2005	干旱	农作物、牲畜、地下水位下降和草地短缺
2001	冰雹	农作物和部分房屋受损
2003	洪灾	农作物、牲畜、人员损失
2004	暴雪	农作物、牲畜、房屋和人的生命损失
2004~2008	大风	农作物和部分房屋受损
2004	洪灾	农作物、牲畜、人员损失
2005	热浪	人员生命损失
2005	洪灾、冰雹	农作物、牲畜、人员生命损失
2007	冰雹	农作物、
2007	雪崩	农作物、畜牧业、基础设施和人员损失
2007	热浪	人员生命损失
2008	洪灾	农作物、房屋损失
2009~2010	洪灾	农作物、牲畜、基础设施和房屋损失
2011	洪灾	农作物、牲畜和房屋损失
2012	洪灾	农作物、牲畜和房屋损失

资料来源：Pakistan National Disaster Management Authority（PDMA）．

5.3.2　巴基斯坦的农作物保险体系和主要项目

风险管理被认为是发展中国家和世界经济中农业投资及金融领域的一个关键要素。虽然，农业保险通常被专家称为风险管理的有效机制，但它在发展中国家的渗透率仍然很低。发展中国家已经做出了许多努力，以制订完善和实施良好的农作物保险计划，但实施好的并不多。

巴基斯坦农作物保险引入已有几十年时间，为了在农民中普及农作物保险的概念，并保护他们在遭受损失时的收入，巴基斯坦政府已经启动了一项针对贫困农民的农作物贷款保险计划，私人银行和国有银行与保险机构合作，为贫困农民提供农作物贷款保险，但这只适用于那些从银行贷款的农民，其他不从银行贷款的农民也没有资格购买。保险费率为最低价格，政府不提供任何补贴。5 种主要作物，即水稻、小麦、棉花、玉米和甘蔗，均纳入农作物保险计划。不同的公私保险部门和金融部门正在通过农作物贷款保险计划为农民提供便利。

考虑到气候变化及其对农业的影响，巴基斯坦政府在 2008 年推出了农作物贷款保险计划，以保护农民免受生产和收入损失。虽然在巴基斯坦实行农作物保险并非新鲜事物，因为自 1947 年以来就一直在考虑这一问题。2000 年之前，巴国主要农作物保险计划包括：

（1）巴基斯坦农业发展银行（ADBP），1986～1988 年私营保险机构的试点项目。

（2）巴基斯坦保险协会（IAP），作物保险计划（1990 年）。

（3）巴基斯坦保险协会（IAP），SBP 提供的受灾作物保险计划（1990 年）。

（4）巴基斯坦保险协会（IAP），洪水或暴雨灾害作物保险计划（1996 年）。

（5）国家保险公司（NIC），综合农作物保险计划（1996 年）。

除最早的 ADBP 计划外，所有这些过去的计划都是试点计划，提供有限风险、高保费、特定作物和特定区域，以及政府以保费分享和再保险的形式为计划提供补贴。

目前，巴基斯坦正在实施两种主要的保险计划，包括农作物贷款保险计划和基于指数的作物保险计划。最有效的保险项目是农作物贷款保险，这是对所有从银行获得农业信贷的借款人的强制要求。公共和私人银行以及保险公司都在为贫困农民提供农作物贷款保险服务。

5.3.2.1　农作物贷款保险

不同的公共和私人保险部门和金融部门正在为农民提供农作物贷款保险计划。以下是巴基斯坦 2000 年之后，主要农作物保险项目/计划。

旁遮普银行（BOP）和阿斯克里（Askeri）银行有限公司（ABL）与联合保险公司及东西公司合作，为它们的借款人提供农作物贷款保险计划。2004 年，旁遮普省政府在旁遮普推出了这项保险计划，但仅限于旁遮普省中部的 8 个地区，这些地区拥有较高的识字率和良好的农民社交网络。

巴基斯坦国家银行行长在 2007 年 7 月组织了一个农作物贷款保险框架的特别工作组，涉及所有主要的银行，向商业可持续的"作物贷款保险计划"迈进。该项目于 2008 年实施。这个项目是一个公私合作项目，覆盖了巴基斯坦所有的农民。该计划包括所有在美国证券交易委员会（SEC）注册的私人和商业银行及保险公司。此外，这项提案有独特的特点使其与之前的农作物保险项目不同：该计划成本低廉，因为每一种作物的溢价约为 2%，相对于亚洲 9% ~ 13% 的溢价水平而言较低；这个计划涵盖了所有的农作物；根据巴基斯坦国家银行提出的框架工作，与多家私营保险公司合作，建立了多家公私银行的农作物贷款保险业务。

在公共部门，国家保险有限公司、巴基斯坦国家银行（NBP）和 Zarai 银行有限公司（ZTBL）正在向巴基斯坦贫困农民提供农业贷款保险计划。该计划于 2008 年推出，采用了 SBP 专责小组的既定框架工作。

另外，包括东部联邦保险（Eastern Federal Insurance）、联合保险（United Insurance）、亚当吉保险（Adamjee Insurance）、东西保险（East West Insurance）和新银禧保险（New Jubilee Insurance）在内的 5 家领先私人保险机构正在提供农作物保险，但规模有限。同时，NBP、ZTBL、ABL 和 HBL 在内的银行也计划按照 SBP 工作组的指示进行与私人及公共保险公司合作。

巴基斯坦国家银行（National Bank of Pakistan）与 ZTBL（Zari Taraqiati Bank Ltd.）共同启动了一项农作物贷款保险计划（CLIS），从雨季开始为甘蔗、棉花、小麦、水稻和玉米五种主要农作物提供保护。除了 NBP 和 ZTBL 之外，所有为 Rabi 季节作物提供农业信贷贷款的银行都首次提出了这一计划。ZTBL 根据 SBP 和巴基斯坦政府的指示提供该作物贷款保险计划（CLIS）。

5.3.2.2 基于指数的农作物保险

基于指数的农作物保险巴基斯坦扶贫基金（PPAF）在巴基斯坦推出了第一个混合和指数天气小额保险计划。赔偿金额（索赔）基于指数值。国际农业发展基金（FAD）和巴基斯坦扶贫基金与巴基斯坦证券交易委员会（SECP）。它们根据不断增长的可持续小额信贷计划（PRISM），制定了一个基于指数的牲畜和作物保险计划。这一步骤的目的是介绍一个基于可持续市场的牲畜和农作物保险模型的研究项目，以找出最适合他们的经济和社会需求，特别是满足边际和低收入农民需求的方案。巴基斯坦扶贫基金试点了两个产品，分别是：基于天气的指数作物保险和牲畜保险试点。这些计划由一个著名的国际再保险公司瑞士再保险公司进行再保险。联合保险公司和阿尔法拉正在这个项目中工作。Valley 和 Talagang 是本项目选择的区域，因为它们是 Barani 区域。本项目选择小麦作为保险作物。纺织业还提出了一项农作物保险政策，以提高农业产量和降低农业风险。因此，对巴基斯坦农作物保险状况的回顾表明，应该有更多对农民友好的农作物保险计划，因为气候改变了农民的心态，他们也认识到农作物保险对他们的未来和可持续性的重要性①。

5.3.3 巴基斯坦农民对于农作物保险的参与和投入意愿

巴基斯坦的农业系统主要是灌溉土地和大片降雨地区。由于气候变化，灌溉土地特别容易受到灌溉用水短缺的影响，而半干旱和干旱地区则易受季风降雨强度、数量和频率变化的影响。在巴基斯坦，气候变化对农业系统造成了许多威胁，包括作物产量的损失、作物生长期的缩短、蒸发量的增加、生殖生长阶段的高温敏感性增加、河流流量变化引起的缺水以及土壤盐渍化增加导致的土地退化增加（Iqbal，M. M. & Khan，2008）。因此，所有这些因素导致了农业生产和农业收入的下降，而这对巴基斯坦贫困农民的生计至关重要，因为农业部门主要由小农组成，他们占农民总数的90%。在这种情况下，对贫困农民来说，农作物保险是应对气候和生产波动的最佳选择，因为它在经济上是可行的，降低成本和分担风险的制度机制有助于规避风险的农民走向高风险和高利润的活动，并为他们提供灾后流动资金，以保障他们的生计和加快恢复进程。

然而，作物保险计划的成功取决于某些条件，包括农民对作物保险的可接受程度、农民满足保单的能力以及保险公司支付农民索赔的能力和意愿（Shaik et al.，2006）。因此，政府和保险公司必须了解影响农民参与意愿和支付农作物保险意愿的农民需求。

Sidra Ghazanfar（2015）的研究结果显示，信贷、预期产量、农场收入、土地持有、信贷或贷款、损失经验和土地保有制度对参与农作物保险的意愿有显著影响。土地持有和农场收入对农民的支付意愿有显著的正向影响，因为拥有更多农场收入和土地持有的农民可以很容易地负担保费，而拥有少量土地和低收入的小农户由于负担不起保单（保费）的价格而拒绝参与。预期产量和土地保有制度对农民的作物有显著的负面影响，这意味着预期产量最低的农民往往比预期产量较高的农民对作物保险更感兴趣。低产量的风险心理促使农民去寻求可能的解决方案，这就是为什么期望产量低的农民更愿意参与的原因。研究发现，土地保有制度对参与作物保险的意愿有负面影响。拥有自己土地的农民更愿意参加农作物保险，尽管他们拥有更多的财富和稳定性，不太可能面临财务风险。因此，与那些分享或借出土地并面临更大财务风险的农民相比，购买农作物保险的积极性较低，他们对农作物保险的兴趣似乎较低，尽管如果他们购买农作物保险，会有更多的动机②。佃农在巴基斯坦大多是贫穷的农民，通常面临金融资金短缺等问题，在参与农作物保险方面，他们往往犹豫不决，甚至拒绝参与。在巴基斯坦，所有从银行获得农业信贷/贷款的农民都要参加农作物贷款保险计划。这项计划对所有从银行获得农业信贷的农民是强制性的。与不从银行贷款的农民相比，获

①②Sidra Ghazanfar. An Analysis of the Current Status of Crop Insurance and Farmer's Preferences towards Crop Insurance in Pakistan ［D］. Northeast Agricultural University of China，2015.

得贷款的农民似乎更不愿意参加农作物保险计划。利用农业信贷的农民对农作物保险不感兴趣，因为他们已经根据农作物贷款保险计划投保，而且已经向金融机构支付保险费，因此他们不愿意为额外的农作物保险计划支付额外保险费。

通过对不愿意购买农作物保险的农民的数据进行分析，发现巴基斯坦农民的文化程度低、对农作物保险知识和保险费的不了解是影响其选择农作物保险市场的主要因素。

为保险市场的新来者（保险公司）和贫困农民提供支持必须是政府的首要任务，因为农作物保险是农民免受灾害对收入和产量损失的保护机制。稳定的保险市场也将为受过教育的人提供就业机会。保险公司的低税率和对贫困农民的保费补贴可以提高农民和金融投资者对农作物保险的参与和投入意愿。

第六章　巴基斯坦农产品
（食品）加工业发展

6.1　巴基斯坦农产品（食品）加工业的发展基础

巴基斯坦为传统农业经济社会，食品行业是巴基斯坦第二大产业，大型食品加工厂多达 1000 多家，该行业为制造业贡献了 16% 的就业机会。食品行业占巴基斯坦附加值产业比重的 3%～5%，巴基斯坦还是世界上食品相关农业作物产量最大的 15 个国家之一，每年生产种类丰富的农作物、水果、蔬菜，在满足国内需求的同时还能为国家出口创汇贡献力量。

巴基斯坦是世界第六大人口国，中等收入群体不断壮大。截至 2018 年，巴国约有 1700 万中等收入家庭和 1.02 亿中等收入群体[①]。食品和饮料加工业是巴基斯坦仅次于纺织业的第二大工业，占制造业增加值的 27%，就业率占比为 16%。2012～2018 年，食品加工业的外国直接投资流量年均为 2.235 亿美元。巴基斯坦央行最新统计数据显示，2018～2019 年巴国吸引外商直接投资 17.3 亿美元，较上年同期 34.7 亿美元降幅约 50%[②]。从行业领域看，多数行业均呈现减少或者撤资态势，但饮料、化工、汽车在内的其他行业逐渐受到外国投资者的关注，或会成为未来外商投资的新领域[③]。

资料显示，2014 年前 10 个月，巴基斯坦食品饮料业向银行贷款达 1160 亿卢比，远远超出传统支柱行业——纺织业的 590 亿卢比。分析认为，尽管纺织业在大型制造业中占比最大，同时也是出口创汇的主要力量，但目前扩张性和创新力不足，其向银行的贷款多用于劳动力成本支出。此外，食品饮料业虽然只占大型制造业的 17.6%，但在该年前 10 个月的增速达到 7.78%，而占比达到 29.7% 的

---

① https：//invest. gov. pk/food – processing#gallery.

② 目前中国是巴基斯坦最大投资来源国，截至 6 月 30 日中国对巴净投资额达 5.46 亿美元。美国排第二，净投资额为 1.85 亿美元。能源和电信行业资金流出，给外商直接投资造成很大冲击。同时，受卢比对美元汇率持续波动、国内宏观经济疲软以及惠誉国际信用评级调低等因素影响，也使投资者信心受挫。

③ 从行业领域看，石油和天然气开发本财年吸引净外商投资额 3.08 亿美元（上年同期 3.72 亿美元），金融业吸引外资 2.85 亿美元（上年同期 4 亿美元），燃煤发电行业本年度撤资 4.53 亿美元（上年同期吸引外资 7.69 亿美元）。

纺织业增速仅为 1.44%①。

当前，巴基斯坦消费人口达 2 亿人，消费者每年在食品上的支出占其家庭支出的 42%。食品加工零售，超市供货是主要销售渠道，目前，巴基斯坦还引进了西方快速消费产业链，巴食品加工产业面临诸多机遇。

巴基斯坦是世界第六人口大国和第 25 大经济体。在当前的全球经济形势下，巴基斯坦正被视为南亚最大的新兴市场经济体，正通过快速增长和工业化向更高级阶段迈进。巴基斯坦被列为未来 11 个（N-11）国家之一，这些国家有可能在 21 世纪成为世界上最大的经济体之一。近年来，巴国经济增长呈上升趋势，2017 年为 5.4%，2018 年为 5.8%，预计未来 3 年将超过 5%。政府完全致力于利用正在出现的增长趋势，并努力确保在正确方向上采取一切必要步骤，增加私营部门投资的流动。巴基斯坦的食品加工部门有能力在食品包装、装瓶、零售连锁店（超市）等多个其他行业产生溢出效应。

巴基斯坦是世界第四大牛奶生产国，为乳品行业的增值产品提供了巨大的机遇。在水果和蔬菜部门，有超过 25 个加工厂。其中大部分都是以柑橘为基础的，因为它有着丰富的种植面积。其次是芒果，在旁遮普省和信德省南部丰富。主要加工厂位于白沙瓦、拉合尔和卡拉奇。增值产品包括果酱、果冻、南瓜和水果罐头等。

巴基斯坦栽培的蔬菜有 20 多种，大约有 1400 家面粉厂。全国甘蔗种植面积居世界第五位，甘蔗产量居世界第九位。豆类是巴基斯坦最主要的蔬菜蛋白质来源，种植面积占总种植面积的 5%。

巴基斯坦是芒果、柑橘、菠萝等水果生产大国，近年来巴国随着浓缩果汁加工业不断发展食品饮料市场先后上市浓缩芒果汁、柑橘汁、橙汁、菠萝汁等各种饮料，因巴基斯坦果汁生产原料供应量大、价格便宜、质量好且保证长期稳定供应，生产果汁香甜多汁、味道浓烈、价格便宜市场供应大于需求。

巴基斯坦是南亚城市化水平最高的国家之一。到 2030 年，预计 50% 的人口将生活在城市中。加上人口增加，预计对乳制品及相关商品和服务的需求将增加。最近，乳制品行业吸引了大量外国直接投资。2016 年 12 月，荷兰快速消费品巨头皇家弗里斯兰（Royal Friesland）收购了巴基斯坦恩格罗食品（Engro Foods Pakistan）51% 的股权，恩格罗食品是巴基斯坦乳制品行业最大的私营部门外国直接投资之一，金额达 4.5 亿美元②。在过去的五年里，巴基斯坦在奶牛场和乳制品加工部门进行了大约 8 亿美元的外国和当地投资。

巴基斯坦是水稻和小麦等工业作物的最大生产国之一。这种作物可用于生产

---

① http://finance.ifeng.com/a/20140527/12419373_0.shtml.
② 根据新政和 2020 年战略安排，恩格罗食品将致力于提高牛奶质量、多种牛奶包装和产品以及农民能力建设，从而减少贫困。

各种不同的产品，如谷物、通心粉、意大利面、面条和面食等。一些发达国家正在利用挤压等良好的食品加工技术，现在也在向巴基斯坦发展。目前，挤压技术正在巴基斯坦用于加工谷类、面食、零食等食品。

巴基斯坦的乳品业在国民经济中发挥着重要作用，其价值超过了小麦和棉花部门的总和。仅乳制品和畜牧业就占巴基斯坦国内生产总值的11%，占农业增加值的49%，巴基斯坦目前的年牛奶产量接近540亿公升，是世界第四大牛奶生产国。在所有家庭食品支出中，近30%用于牛奶和乳制品。牛奶是巴基斯坦最受欢迎的食品之一，以新鲜、煮熟、粉状和加工形式食用，如酸奶、酥油、拉西（乳酪）、黄油、奶酪、冰激凌和其他糖果。事实上，乳制品行业为巴基斯坦从乳制品出口中赚取近300亿美元的收入提供了绝对的可能性。2007年，巴基斯坦政府制定了有史以来第一项畜牧业政策，在此基础上，许多公司在偏远乳制品产区开发冷链方面进行了大量投资。政府也开始对乳制品行业的发展给予鼓励。这些措施包括进口高产动物、杂交育种用精液和胚胎的监管措施、进口兽医用乳制品和牲畜机械/设备的免税措施以及免征加工产品零售税。

巴基斯坦是世界第五大牛肉生产国，但缺乏牛肉加工业，巴基斯坦也希望外资在巴设立合资企业，向巴基斯坦提供加工技术和设备，帮助巴基斯坦发展肉类加工业[①]。

在巴基斯坦，每个省都有自己的食品安全条例。在巴基斯坦设立工厂的投资者需要审查并遵守相关省份的规定。通过巴基斯坦标准和质量控制局（PSQCA），食品和食品级材料制造商也必须遵守某些标准。巴基斯坦政府采用了22070个ISO标准，制定了8857个巴基斯坦标准。由于巴基斯坦是伊斯兰国家，因此还需要遵守2016年的《清真食品管理局法》，适用于所有进出口、对外贸易和省际贸易。

就分省食品管理相应法规而言，旁遮普省主要是 Punjab Food Authority Act（2011），开普省是 Regulated by the KP Food Safety Authority Act（2016），信德省是 Sindh Food Authority Act（2016），俾路支省是 Balochistan Food Authority Act（2014）。

6.2 巴基斯坦食品加工业市场结构与动态

巴基斯坦的食品加工业大致可分为以下4个子行业：①增值和冷冻食品加工部门，包括罐头食品；②食用油和油脂制造/加工；③饮料生产；④面包和糖果业。

---

① 巴方建议合资企业选址巴基斯坦经济最发达的旁遮普省，位于巴基斯坦第二大城市、旁遮普省首府拉合尔附近。

食品加工部门按组织形态进一步分为非正规（家庭作坊）或正规（工厂/公司）。

巴国食品加工业的三大产业群是：①冷冻食品；②主要粮食作物的附加值生产；③水果、蔬菜及中间产品。在巴基斯坦，食品工业主要集中在旁遮普省（60%），其次是信德省（30%）、KPK（6%）、俾路支省（2%）和 ICT（2%）。巴基斯坦总共有 2500 多个食品加工单位。2014 年，欧盟授予巴基斯坦普惠制（GSP）地位（零关税至低关税），这大大提高了加工食品的出口。该行业的主要参与者包括百事可乐、可口可乐、联合利华、雀巢、Mitchells、Engro Foods、K&N's、Shezan、Shan Foods、Dawn Foods。

巴基斯坦食品加工业进出口均呈现季节性特点。2010～2018 年巴基斯坦食品加工业出口中动植物脂肪、油和蜡占比为 4%，熟食、饮料、烟草占比为 25%；蔬菜制品占比为 71%。出口中前三位的商品是谷类食品、糖和糖果、饮料和醋。进口中，动植物脂肪、油和蜡占比为 49%，熟食、饮料、酒、烟草占比为 15%；蔬菜制品占比为 36%。进口中前三位商品依次为动植物脂肪和食用油，含油子仁及果实，咖啡、茶和香料。

6.2.1 巴基斯坦食品加工中的不同类别

冷冻食品（水果、蔬菜和肉类）。为了更加适应城市化的生活方式，近年来冷冻食品市场发展迅速。随着人口的增长，特别是越来越多的人融入城市化的生活，冷冻食品的需求日益旺盛。购物中心、超市、Hyper Marts、Drug Marts，如麦德龙、法塔赫和超级星等购物中心的兴起，也极大促进了速冻食品的零售渠道。Dawn Foods、Season Foods、K&N's、Sabroso & Sufi 等国内公司的冷冻食品在市场上产生了重要影响。

2017 年，巴基斯坦冷冻食品市场价值为 4.8951 亿美元。2016 年 12 月的一份报告中说，中国当时已经超过欧盟和日本，成为巴基斯坦最大的海产品出口市场。

世界各地大量生产冷冻蔬菜和水果，这些产品的国际贸易日益增长。2015年，冷冻蔬菜出口总额为 60.7 亿美元。在这一类别下交易的常见产品包括冷冻豌豆、土豆、豆类、菠菜、草莓、甜玉米和各种其他蔬菜和水果。这为巴基斯坦的蔬菜和水果农民打开了一扇窗口，他们可以出售在生产旺季大量供应的剩余农产品。冷冻是影响新鲜农产品附加值的一个重要过程。用于此目的的技术称为快速冷冻（IQF）。对水果和蔬菜的 IQF 设施的投资有可能获得多重好处。

"速冻蔬菜"是世界园艺产品出口市场上的一个主要类别，巴基斯坦生产的蔬菜品种质量非常高，如果经过加工，这些蔬菜具有巨大的潜力。用于个人速冻的产品包括豌豆、土豆、胡萝卜、菠菜、苦瓜、秋葵和芒果。这些蔬菜和水果在生产高附加值冷冻产品方面有着丰富的可得性。蔬菜和水果的新鲜农产品主要在当地市场消费，但也有很大的出口潜力。

在巴基斯坦水果和蔬菜的供应中，豌豆是巴基斯坦生产丰富的蔬菜。2014～2015 年，全国豌豆总产量为 139233 吨。此外，马铃薯是巴基斯坦另一种产量丰富的蔬菜。2014～2015 年，全国马铃薯总产量为 399 万吨。旁遮普省所有地区也生产胡萝卜、苦瓜、秋葵、菠菜。这些蔬菜的较大生产中心大多位于旁遮普省中部及周边地区，其中谢胡普拉、古吉拉瓦拉、费萨拉巴德、卡苏尔、奥卡拉和拉合尔是关键地区。芒果是旁遮普省的主要水果。2014～2015 年，巴基斯坦芒果总产量为 172 万吨。

在冷冻肉领域，市场初步受到便利因素和对动物性产品（如烤羊肉串、意式食品、肉丸、香肠等）需求上升的推动。巴基斯坦的即食食品领域也出现了冷冻食品公司。在巴基斯坦，越来越多地迎合一级城市和企业区的需求。道恩食品（Dawn Foods）和 K&N's 等主要区域参与者也已开始提供方便食品，扩大了速冻副产品、速冻肉制品的组合。巴基斯坦的冷冻肉和海鲜制品都是切成块的。虾、沙丁鱼、龙虾尾等是国内常见的海产品。

巴基斯坦具有重要的地理位置，可进入中亚、中东和欧洲，2015 年肉类出口总额达 2.435 亿美元。一个需要考虑的因素是，与巴基斯坦的竞争对手相比，运往中亚的航运成本更低。巴基斯坦的中产阶级正在不断壮大，他们的生活方式也在发生变化。更重要的是，随着国际批发连锁店（Metro 和 Makro）和超大型超市（Hyperstar）的到来，预煮食品和加工食品的市场已经扩大，并有进一步迅速扩大的潜力。

包装食品的零售营销正逐步从大量的便利店或杂货店转变为百货商店和大型超市/超级市场。现代零售渠道在区域/全球品牌间广泛提供产品，已广受欢迎。这些超市促进了销售过程，简化了冷冻食品的多渠道营销过程。像 K&N 和 Meat One 这样的地区性公司已经推出了专门的零售店或在线渠道，以便独家销售他们的产品。

为了鼓励出口，罐头食品市场也必须进一步开拓。这将具有成本效益，因为不需要冷供应链，从而促进出口。巴基斯坦出口的目标地区是中国等邻国以及西方国家。这是巴基斯坦可能具有竞争优势的地方，因为其生产成本将大大低于西方国家。

6.2.2 粮食加工品

小麦、水稻等农作物产量丰富，主要用于生产谷类、面条、通心粉、面食、意大利面等产品。但与此同时，该行业也面临各种挑战。虽然巴基斯坦是小麦、大米、甘蔗、油菜籽等重要农产品的生产国，但据统计，受收割工具缺乏、储藏加工包装设备不足以及国际质量安全标准管理欠佳等因素影响，每年在食品加工和产品附加值领域的损失高达 100 亿美元。

6.2.3 食用油脂

食用油和脂肪部门包括植物油、酥油和人造黄油。国内食用油的来源是棉籽、向日葵、油菜和油菜籽。据估计，巴基斯坦所有来源的食用油总供应量约为300万吨。23%的油籽是国内生产的，其余大部分是进口的，这为国内生产的增长提供了巨大的机会。这些油籽广泛用于巴基斯坦的蔬菜酥油和食用油工业。作为巴基斯坦最大的制造业之一，巴基斯坦全国大约有160个中小型蔬菜酥油和食用油单位。

橄榄油提炼是需要优先关注的领域。

（1）差距和潜力。由于巴基斯坦人民的饮食习惯，对橄榄油的需求与日俱增。当地生产不能满足需求，这表明种植橄榄树的潜力巨大。食用油被认为是必需品，而不是奢侈品，因此其需求相对缺乏弹性，并随着时间的推移而增长。据估计，在旁遮普政府的帮助下，在未来10年内，该地区将种植316万棵树，占地23400英亩，可提供21000吨橄榄果，供市场进一步加工。该项目的长期目标是生产橄榄油出口，同时创造可持续的橄榄油经济，这也将有利于该地区的农村社区。巴基斯坦目前生产的食用油占国内消费量的34%，为了满足国内需求，巴基斯坦不得不在食用油进口上投入大量外汇。

（2）目标市场。巴基斯坦正在进口大量的橄榄油，据估计，在未来10年内，巴基斯坦将从世界进口大约5万吨橄榄油。这些橄榄油提取装置将有助于减少此类产品的进口，使巴基斯坦有能力向世界出口橄榄油及其相关产品。这些产品的目标客户是食品、鸡尾酒/果汁、农业/动物饲料和各种其他行业。巴基斯坦橄榄油的主要出口市场是阿富汗和其他邻国。然而，大部分农产品将在当地消费，因为当地的大部分需求目前由进口提供。这反映了巴基斯坦在橄榄油市场上的巨大潜力。

（3）潜在产品。相关设备从橄榄果实中提取橄榄油，提炼后的剩余物用于不同用途，如化妆品、药品、动物饲料等。一是初榨橄榄油，最受欢迎的品种，初榨橄榄油是一种著名的食用油，酸含量低得惊人；二是特级初榨橄榄油，"特级"是橄榄油的最高等级，由冷榨橄榄果制成；三是纯橄榄油，这种油实际上是精制橄榄油和初榨橄榄油的混合物；四是油灯油，这种油只用作燃料，不适合烹调。

（4）种植地域。波托哈尔是巴基斯坦东北部的一个大高原地区，面积8592平方英里。由于其良好的气候和理想的地形，被认为是适合橄榄生产的品种。锡亚尔科特、纳罗瓦尔、古吉拉特、杰卢姆、拉瓦尔品第、伊斯兰堡、阿托克、查夸尔和库沙布的气候、温度、土壤、平均降雨量和其他因素适合橄榄种植。旁遮普省政府宣布波托哈尔地区为"橄榄谷"。旁遮普省政府向农民分发了橄榄幼苗，并在该地区组织了橄榄种植者培训。

6.2.4 饮料加工

巴基斯坦的饮料工业分为两大类：①充气饮料；②果汁、糖浆。饮料加工业的主要产品包括脱水产品、水果产品，包括果汁/饮料、水果罐头和碳酸饮料。这两个部门都取得了令人印象深刻的增长，主要参与者包括百事可乐、可口可乐、雀巢、Mitchells、Shezan 等。它们的生产部门大多位于旁遮普省，特别是拉合尔、萨戈达和巴哈瓦尔普尔。

6.2.5 水果加工

巴基斯坦以其高品质的水果、蔬菜和奶制品而闻名。全国有超过 25 家水果、蔬菜和中间产品加工厂。柑橘是巴基斯坦最大的水果（世界第 11 位），其主要生产中心集中在旁遮普省。2016 年，全省柑橘产量为 234 万吨，占全国柑橘产量的 97%。萨戈达是最大的柑橘产区，2016 年占全省柑橘产量的 53.1%。2016 年，全球柑橘贸易总额的 36% 由橙汁产品构成，其中 32.5% 为冷冻浓缩橙汁。Kinnow 可以加工生产"冷冻浓缩 Kinnow 果汁"（FCKJ），这是生产即饮果汁和饮料的原料。FCKJ 制造业是一个具有吸引力的投资机会，其基本原理来源于丰富的原材料供应，本地 Kinnow 水果的独特性，高附加值潜力、大型出口和本地市场以及现有产业集群的存在。Kinnow 果皮油、Kinnow 果肉、冷压果皮和废果皮是生产 FCKJ 过程中的副产品。

当地的果汁加工部门也有很大的需求。柑橘类果汁和饮料是当地市场的一个重要产品类别。在过去的十年里，当地的"果汁、花蜜和蒸馏饮料"（JNSD）市场以 16% 左右的高速增长。据估计，2017 年当地饮料市场规模为 440 亿升。JNSD 市场约占该市场的 4%，2018 年估计为 20 亿升。果汁和花蜜市场约占 JNSD 总市场的 10%，这意味着 2018 年巴基斯坦当地果汁和花蜜市场的估计规模约为 2 亿升。

冷冻浓缩橙汁的主要进口市场如下：①美国；②德国；③日本；④中国；⑤印度尼西亚。

芒果在巴基斯坦有"水果之王"的美誉，也是巴基斯坦第二大水果作物。芒果总种植面积 16.75 万公顷，年产量 17.32 万吨。旁遮普省芒果种植的主要地区是木尔坦、巴哈瓦尔布尔、穆扎法尔加尔邦和拉希姆亚尔汗。信德省主要种植在米尔普尔汗、海得拉巴和塔塔，而 KPK 省主要种植在 D. I. Khan、白沙瓦和马尔丹。目前，巴基斯坦生产的芒果占世界芒果产量的 2% ~ 3%，这也使其成为世界第四大芒果生产国。总共有大约 250 种芒果。在出口方面，阿联酋一直是巴基斯坦芒果出口的主要目的地，其次是英国。目前，巴基斯坦只有 3% ~ 4% 的芒果产品被加工成附加值产品，如用于饮料和冰激凌的果肉、芒果罐头和芒果干。因此，芒果的增值投资机会巨大。具体来说，在以下几方面：一是芒果制浆设备。芒果浆是一种重要的附加值产品，在国内外市场都有巨大的需求。在过去的几年里，当地的果汁、花蜜和饮料市场一直以非常快的速度增长。二是芒果干制品。芒果干是全球许多国家加工的重要增值产品。在芒果干方面，信德省的芒果味道独特，考虑到米尔普尔哈斯、海得拉巴和萨塔等地生产丰富的芒果，可以将新鲜芒果转化为芒果干。三是新鲜芒果分级包装设施。四是芒果汁、花蜜、酸奶、果酱、果冻、冰激凌、芒果皮、酸辣酱、泡菜等。

6.2.6 蔬菜增值加工

巴基斯坦生产多达 35 种不同品种的蔬菜。蔬菜加工前景广阔。特别值得关注的是土豆粉及土豆片加工。

在巴基斯坦，土豆不仅在家里用作蔬菜，在餐馆也用作蔬菜。全球土豆作为一种食品的消费已经从新鲜土豆转向了增值产品。据估计，全世界种植的土豆只有不到 50% 是新鲜食用的。剩下的部分被加工成马铃薯食品和动物饲料等食品原料，加工成淀粉用于工业生产，再作为种子用于下一季的马铃薯种植。马铃薯粉片市场以每年 4.52% 的速度增长。2015 年，巴基斯坦进口马铃薯粉和马铃薯片 2764 吨，价值 378 万美元。巴基斯坦有大量未加工马铃薯，尤其是旁遮普省。然而，由于缺乏马铃薯加工设备，巴基斯坦许多公司正在进口马铃薯片和马铃薯粉以满足其需求。

巴基斯坦正在进口大量马铃薯粉和马铃薯片，据估计，在未来 10 年内，巴基斯坦将进口 45 万吨马铃薯粉和马铃薯片。马铃薯粉和薯片生产单位将有助于减少此类产品的进口，使巴基斯坦有能力向世界出口马铃薯粉和薯片。这些产品的目标客户是食品、面包房、农业/动物饲料和各种其他行业。巴基斯坦加工土豆的主要出口市场是中东、远东、中国、马来西亚和周边国家。除此之外，这些加工单位也将满足当地的需求。

脱水土豆片被用于零售土豆泥产品，作为零食的原料，甚至作为生产其他食品的辅助。土豆粉，另一种脱水产品，被食品工业用来结合肉类混合物和加厚的肉汁和汤。马铃薯粉是以马铃薯为原料制成的脱水蔬菜，它能吸收大量的水分。马铃薯粉的制备是在单滚筒干燥机上对去皮马铃薯进行高效脱水的基础上进行的。然后将干燥的薄片马铃薯固体磨成所需的细度。马铃薯粉是一种脱水蔬菜，可广泛应用于食品、饮料、农牧饲料等行业。薯片可以用作食品生产中的营养补充剂，烘焙中的面包改良剂，油炸食品的面包；冷冻炸鸡和海鲜制品，增稠剂；用于调味汁和婴儿食品的汤混合物，包括薯片类的油炸食品的基料；导管、制药和化妆品的成分配方；农业/动物饲料的营养补充。因此，薯片在糖果和加工业中被用来制作土豆零食、薯片、土豆泥和土豆派等。它们也用于零食、面包店和食品。土豆片最常用作零食或面包食品的配料。

土豆适宜在巴国境内广泛种植。按照目前的农业惯例，奥卡拉不仅是旁遮普省而且是巴基斯坦最大的土豆生产地。2014～2015 年，奥卡拉地区生产了 140 万吨土豆，占旁遮普省产量的 37%，占巴基斯坦土豆总产量的 34%。2014～2015 年，巴基斯坦的土豆总产量为 416 万吨，其中旁遮普省的土豆产量占 97%。

6.2.7　乳制品

巴基斯坦畜牧业较为发达，拥有世界第三大牲畜总量，产奶作业的牲畜数量约有 6300 万头，涉及超过 800 万个家庭。根据 FAO 的统计数据，2016 年，巴基斯坦乳制品产量为 5300 万吨，占全球产量的 6.5%，约占亚洲总产量的 15.8%，排名世界第四、亚洲第二。2016 年，中国乳制品产量约为 4092 万吨。

巴基斯坦奶牛养殖技术存在较大的短板。值得一提的是，虽然巴基斯坦牛奶总产量较高，但每头牛的平均产奶量却很低——哺乳期内每天产奶量只有 4 ~ 5 公升。相比作为全世界的产奶国的美国，其每头牛每天的平均产奶量可以达到 32 公升。造成如此大差距的原因主要是因为巴基斯坦过于落后的相关操作规范，当地农民依赖的还是几十年前的过时技术，诸如奶牛场监控等技术根本就没有得到应用，而这些技术在西方早已经得到了普及。

巴基斯坦牛奶产业的加工技术相对落后。由于缺乏增值方式和相关加工设备及加工厂，巴基斯坦每天有数以百万升的牛奶被浪费，奶产品出口量远低于同等产量的其他国家，每年仍需进口大量奶粉。

与此同时，巴基斯坦牛奶消费市场巨大，2016 年牛奶消费量已达到 4522.7 万吨，同比增长 3.2%①。巴基斯坦人年均消费乳制品量超 150 千克/人，大幅超过东亚韩、日、中三国并高于全球平均乳制品消费量水平。2017 年巴基斯坦乳制品市场规模为 3054 亿卢比（305 亿元人民币），8 年 CAGR 增速近 20%。

乳制品是巴基斯坦每个家庭饮食中的重要组成部分。巴基斯坦居民每天消费的是液体茶伴侣，份额占 45%，其实是 UHT 奶，份额占 35%，牛奶饮品排名第三，占比 9%；同时巴基斯坦居民有食用鲜奶的传统习惯，鲜奶消费量一直很大，占比约 6%，FAO 数据显示，2016 年巴基斯坦鲜奶产量是我的 1.3 倍，人均鲜奶产量是我国的 10 倍，供应城市居民鲜奶的主要来源是各大城市郊区的奶牛场；巴基斯坦居民还将原料奶等其他品类加工成各种糖果供日常用餐食用，约占 4%。

世界乳制品巨头菲仕兰、雀巢公司占据巴基斯坦乳制品市场主导地位，CR2

① 被称作"清真之国"的巴基斯坦，绝大多数国民信奉伊斯兰教，遵守教规，不饮酒。他们最喜欢的饮料就是牛奶红茶。巴基斯坦人平时的饮食以牛羊肉和乳类为主，果品、蔬菜吃较少，恰好可以用茶来消食除腻、解渴消暑、提神生津，因而饮茶便成为城乡居民的生活需求。由于巴基斯坦受到英国文化的影响较深，他们饮茶也像英国人一样喜欢饮用红茶，更喜欢饮用牛奶红茶。饮茶在他们每天的生活中是必不可少的项目。每天的早晨、中午和晚上作为就餐的辅佐食品，是必须有三次饮茶的。至于每天的工作时间，不论是在机关、企业、商铺或田间，也都有茶可饮。一般来说，每天饮茶五六次是极为平常的事。巴基斯坦人泡茶的方法都是用水壶烹煮。将水壶里的水煮沸后，加入红茶，再煮沸，将茶渣用过滤筛过滤掉，斟入茶杯，再加上牛奶、白糖，搅拌均匀后就可以饮用。一般在家里、机关、企业、田间，以及一些茶摊、饭店，大多是饮用这种牛奶红茶。但也有的地方通行饮用绿茶，加上白糖和几粒豆蔻，以增加清凉的滋味。巴基斯坦人使用的茶具很讲究，其茶具大多是铝制的。除了常用的水壶、茶壶、茶杯之外，还备有过滤器、糖罐、茶筒、奶杯。他们使用的茶杯没有盖，却有一个茶托，饮茶时端着茶托，并不直接端杯而饮。

达 60%，巴基斯坦本土企业 Haleeb 市场销售份额仅占 12.5%。

6.2.8 其他

枣：巴基斯坦是世界第五大产枣国，年产枣 55005 万吨。巴基斯坦的地理位置使其成为种植高质量枣的理想之地。巴基斯坦已经向印度（降低进口关税）和欧盟（零关税）出口了很大一部分红枣，由于这两个地区的进口枣需求广泛，巴基斯坦有可能大幅扩大这一出口规模。种植枣树的关键地区是海尔布尔和苏库尔。

鱼和鱼制品：巴基斯坦海洋渔业丰富，沿海地区有各种虾、章鱼、鱿鱼和鱼类。原有周边出口市场，如中国、印度和孟加拉国的需求在不断增长，其他国家也有很多的出口机会。鱼类加工厂在瞄准国内和国际市场方面将非常有利可图。

松子：巴基斯坦是世界上第三大松仁生产国，松仁产于开普省、俾路支省、北部地区、克什米尔和吉尔吉斯特。巴基斯坦每年生产约 6800 吨松子（占全球份额的 13%）。由于巴基斯坦可以生产出高质量的产品，增加这种产品的出口潜力很大。

6.3 巴基斯坦食品加工业相关产业发展

近几年来，巴基斯坦在塑料、包装、印刷及相关产业出现了显著的增长，外国塑料行业投资额占整个巴基斯坦境外投资额的 49%，塑料包装行业以年均 15% 的增长速度蓬勃发展。全国生产塑料的企业已超过 6500 家，每年人均塑料制品消耗 4.2 千克。而且几乎所有用于制造各类塑料、包装及印刷产品的机械设备都来源于进口，塑料原材料进口额 13 亿美元，塑料设备进口额达到 2.73 亿美元。

食品包装：巴基斯坦对于乳制品、果汁、饮料和纯净水的需求近年来一直保持稳定的增长，增幅在 15% 左右。越来越多的城市市民和年轻消费者，以及新兴的中产阶级正在改变巴基斯坦的食品和饮料行业，他们需要新的、更安全的、更便利的产品[①]。

食品加工设备：烘焙和糖果休闲食品加工和包装技术；冷冻乳品加工包装；清洁、卫生和卫生技术；冷链设备；色素、香料和芳香剂；食品谷物加工及包装；屠宰设备[②]。

饮料加工和包装：灌装、封盖、流体技术设备；牛奶巴氏灭菌技术；UHT

---

① 2011 年，中国利乐公司在巴基斯坦拉合尔建设投资的包装材料公司正式投运，项目一期投资 9200 万欧元，占地 15 公顷，拥有初始年产能 80 亿件包装，主要生产无菌利乐砖、无菌利乐枕和无菌利乐传统包装等流行的饮料包装。该公司定位服务巴基斯坦果汁和乳制品工业对于无菌包装不断增长的需求，同时考虑对其他国家出口。该公司已获得 WCM 认证（世界级制造），说明能够以较低成本、较少的消耗和较高的效率生产优良的产品。

② 巴基斯坦政府已全面禁止活体动物出口；同时，为促进国内肉类工业发展，允许免税进口肉类加工设备。

处理技术；制冷与温度控制技术及设备；食品饮料包装材料；标签和条形码，检测机。

　　酒店和食品服务：清洁卫生设备；食品饮料产品；食品冷藏柜；冷链设备食品保温柜；油炸锅；烤架；冰激凌机；厨具；混合器/处理器；烤箱；切片机；蒸笼；自动售货机；食品罐头；烘焙及糖果休闲食品，水果和蔬菜；配料和添加剂；果汁和饮料；肉类、家禽和海鲜。

　　食品配料和添加剂：食品着色剂、酵母制品、低聚糖、蛋白类、膳食纤维、馅料、香辛料及调味料、动植物提取物、饮料浓缩液。

6.4　巴基斯坦食品加工业主要企业

　　（1）K&N 公司。K&N 集团于 1964 年涉足家禽业务。今天，K&N 是一家现代化的、垂直整合的家禽企业，经营范围从种畜生产到零售商店。该集团从事饲料加工、孵化、肉鸡生产和加工。K&N 有 6 个肉鸡养殖厂，每个厂可饲养 25万 ~ 30 万只鸡。该公司在冷冻和高附加值鸡肉产品中占有 60% 以上的市场份额。这些产品的主要销路是通过 K&N 的鸡肉连锁店，在巴基斯坦 15 个最大的城市销售鸡肉和增值产品。2014 年 1 月 3 日，K&N 在纽约福顿建立了第一家家禽加工厂，并走向国际。公司以 "K&N's Foods USA, LLC" 品牌在美国和加拿大销售清真鸡肉产品。从 2013 年春季开始，该公司投资 500 多万美元，收购并翻新了一家在富尔顿地区雇用近 200 人的工厂。今天，K&N 是一个跨国品牌，从事家禽综合经营，包括饲养、孵化、饲料加工、肉鸡生长、家禽加工和清真即食和全熟鸡肉产品的生产。

　　（2）Dawn Foods（道恩食品）从 1981 年 10 月在卡拉奇投产的第一家工厂开始，Dawn 面包以新鲜、优质和口感而闻名。公司于 1985 年 1 月在伊斯兰堡建立了工厂，在全国范围内树立了对面包产品的知名度和需求。1987 年 1 月在海得拉巴建立了工厂，同年 11 月又在拉合尔建立了另一家工厂。1989 年，该公司在木尔坦建立了第五家工厂。扩建后，第六个工厂于 1992 年 2 月在费萨拉巴德投产。在成立十年内，道恩食品公司在巴基斯坦所有面包产品的综合市场份额中占据了很大一部分。德国道恩食品公司于 2008 年进入冷冻食品领域，此后在公众心目中脱颖而出，这体现在其显著且不断增长的市场份额上。在质量和新鲜度方面，道恩冷冻食品公司与母公司一流的道恩面包（Dawn Bread）如出一辙。该公司冷冻食品的一个显著特点是其不断扩大的产品范围，这也获得了它在国内外的普遍好评。从冷冻面团产品开始，道恩冷冻食品公司现在提供了一个健康的系列产品，结合了本地和国际美食，包括即食鸡肉、牛肉、鱼、蔬菜和小麦产品。

　　（3）Shezan 国际有限公司。Shezan 国际有限公司是一家巴基斯坦公共饮料制造商，成立于 1964 年 5 月 30 日；1964 年，由巴基斯坦 Shahnawaz 集团和美国

Alliance Industrial Development Corporation 合资成立。巴基斯坦最大的饮料公司之一，自 1964 年成立以来，Shezan 生产了各种产品，包括软饮料、果汁、番茄酱和果酱。该公司也是巴基斯坦最大的芒果种植商，拥有约 1000 名员工。它以其商标产品"Shezan Mango"而闻名，"Shezan Mango"是一种在巴基斯坦很受欢迎的芒果汁饮料。该公司向德国、加拿大、英国、美国、澳大利亚、德国等 40 多个国家出口食品。

在开伯尔—普赫图赫瓦的哈特有一家果汁厂，在拉合尔有一家灌装厂，大大提高了生产效率。它还拥有和经营一家独立的利乐布里克工厂。公司总部位于拉合尔，在英国和加拿大设有分销办事处。多年来，Shezan 已发展成为一个国际知名的顶级食品品牌，因其无可挑剔的品质而独树一帜。Shezan 以其果园中最新鲜的水果和蔬菜为原料，生产各种各样的产品。尽管该公司以芒果汁闻名，但它也是泡菜、果酱和番茄酱的主要生产商和出口商，并不断地向国内和国际市场扩张。

（4）雀巢公司。自 1988 年以来，雀巢①在巴基斯坦与 Milk Pak Ltd. 合资经营，位于瑞士的雀巢公司持有巴基斯坦公司 59.05% 的股份。公司总部位于拉合尔，在全国拥有四家生产工厂。目前，该公司是巴国证券交易所上市公司。Sheikhupura 和 Kabirwala 的工厂是多种产品，而伊斯兰堡和卡拉奇的工厂是水厂。雀巢巴基斯坦有限公司是雀巢公司的子公司，雀巢公司总部位于瑞士维维。近年来，巴基斯坦数以百万计的消费者关注对营养的重视，意识到食物的选择影响到他们的健康和生活质量。在过去几年中，雀巢巴基斯坦一直被列为 PSE 的顶级公司之一。目前，它是巴基斯坦领先的食品和饮料公司之一，重点关注营养健康及推广②。

---

① 雀巢是全球最大的食品和饮料公司，在 191 个国家/地区拥有业务，员工总数超过 32 万。

② 尽管 2019 年上半年在巴基斯坦的销售收入和利润双双下降，但雀巢公司还是继续扩大在巴的生产规模。投资 2200 万美元新建的一座果汁饮料生产车间 10 月 8 日在旁遮普省的谢胡布尔举行开工仪式。新的车间设备先进，每小时生产能力为 2.4 万瓶（罐）。2019 年 8 月刚刚从雀巢沙特阿拉伯公司调巴基斯坦公司任首席执行官 Samer Chedid 表示："这项投资表明雀巢看好巴基斯坦的增长潜力。"据 Samer Chedid 透露，雀巢正在巴基斯坦整合芒果产品链条，目前已从 110 个农场中采购芒果，并帮助果农提高产量和质量。据雀巢巴基斯坦公司发布的财务报告显示，上年上半年，公司收入 577 亿巴基斯坦卢比，比上年同期的 625 亿卢比下降了 7.7%，而税后净利润则从上年同期的 63 亿卢比下降到 45 亿卢比（按当前汇价，每 1 亿卢比约相当于 65 万美元），降幅高达 29%。因为过去一年出现了较大幅度卢比贬值，如果以美元计价，上半年的收入和利润下降幅度还要大出更多。雀巢将这种下降归因于经济总体不景气和成本价格上升。2018 年，雀巢巴基斯坦公司的总收入比前一年增长了 2%，但利润则出现了幅度较大的下降。而从 2013 年到 2017 年，雀巢在巴基斯坦无论是收入还是利润都是连续大幅增长，税后纯利率也从 7% 增长到了 12%，但 2018 年下降到了 9%。2019 年上半年，雀巢全球收入增长 3.6%，而巴基斯坦是为数极少收入明显下降的市场之一。参见 http://news.eastday.com/w/20191011/u1ai20058209.html。

（5）Egro Foods 和 Fauji Foods。Egro Foods 是巴基斯坦第二大乳制品公司[1]，Fauji Foods 是巴基斯坦第四大乳制品公司。FaujiFoods 于 1966 年 9 月在巴基斯坦注册为股份有限公司，现为巴基斯坦一家上市公司，主营业务为乳制品的生产和销售。公司主营乳制品（Nurpur 牛奶、Dostea 奶茶）、果汁（MUST）、果酱的制作和销售，普通白奶和液体茶伴侣两类产品为公司旗下主推产品。目前总市值大约为 173 亿巴基斯坦卢比，折合人民币约为 9.5 亿元。2016 年公司实现年营收 33.71 亿卢比（约合人民币 3.37 亿元），同比增长 105%，2017 年收入 70 亿卢比（7 亿元人民币），同比增长 108%，毛利率 7.5%，销售费用率达 34.5%；受巴基斯坦市场上存在大量非正式机构提供的低价散装牛奶影响，公司仍处于持续亏损状态，2015~2017 年，公司累积亏损达 43.14 亿卢比（约合 2.37 亿元人民币）[2]。

6.5 巴基斯坦对于中巴经济走廊（CPEC）沿线农产品加工业发展的关注

中巴经济走廊（CPEC）的长期战略[3]已经将食品加工确定为一个关键的重点领域，目前正在规划以下项目。这些都表明，在这一领域有巨大的进一步投资潜力。阿萨达巴德、伊斯兰堡、拉合尔和瓜达尔将建成年产量 2 万吨的蔬菜加工厂、1 万吨的果汁和果酱加工厂和 100 万吨的粮食加工厂。规划苏库尔肉类加工厂，年产量 20 万吨，2 个示范厂，年加工牛奶 20 万吨。在作物方面，将建立 6500 多英亩的高产种子和灌溉示范项目，主要在旁遮普省。在运输和仓储方面，该计划旨在建立"全国性物流网络，扩大巴基斯坦主要城市之间的仓储和配送网络"。一期工程将首先在伊斯兰堡和瓜达尔建立仓储基地。

利用中巴经济走廊，使巴国出口最大化。费萨拉巴德商会的一项研究表明，中国主要农作物如小麦、水稻、甘蔗、棉花和玉米的产量几乎是巴基斯坦的两倍，因此，在巴基斯坦采用中国的做法和技术并加以实施具有巨大的潜力。

到 2025 年，如果巴基斯坦能够成功地提高产量，使其与中国的产量相匹配，那么巴基斯坦不仅将大幅减少粮食进口，而且还将有剩余的作物，这些作物可以

---

① 2016 年底，国际乳企巨头荷兰菲仕兰以 4.4681 亿美元（按当下汇率计算，约合 30.42 亿元人民币）的代价收购了巴基斯坦第二大乳制品公司 Egro Foods 公司 51% 股权。

② 2019 年 4 月，中国乳品企业伊利宣布收购 Fauji Foods Limited 计划失败。已相继在亚洲、大洋洲、美洲等地进行海外布局的伊利，是想借助巴基斯坦来开拓印度、巴基斯坦乃至整个西亚和南亚市场。伊利再度无缘巴基斯坦上市乳企 Fauji Foods Limited。巴基斯坦拥有优质的奶源，因此其奶制品进入中国市场，也符合当下的消费需求。随着中国乳企的快速成长，国际化布局是必然选择，国际化策略也正在从抢占资源转向抢占市场。就目前来看，伊利虽暂时与 Fauji Foods Limited 说再见，但这并不等于伊利就放弃了巴基斯坦乃至中东地区的发展前景。见 http://www.5888.tv/news/108464。

③ 中巴经济走廊长期规划（2017—2030 年）[R].2016.

加工以创造附加值产品，然后利用中巴经济走廊改良后的运输系统出口到邻国。

据巴基斯坦国家农业研究中心和食品安全研究部的报告，中巴经济走廊沿线农产品加工业发展潜力巨大，两部门的专家和官员已初步完成了8个农产品加工中心的选址工作，目前已将有关规划蓝图提交巴计划发展部审议。巴国家农业研究中心主任穆哈马德·阿奇姆表示，在中巴经济走廊沿线多个农业生态区内共生长着20余种农作物，可在经过加工后出口至中国市场。巴方初步选定的8个农产品加工中心分别是北部地区高山农业区、湿润山地农业区、博德瓦尔农业区、塔尔沙漠农业区、北部灌溉农业区、南部灌溉农业区、苏莱曼褶皱带农业区以及西部干燥山地农业区。湿润山地农业区主要涵盖阿伯塔巴德、哈里布尔、曼塞赫拉及周边地区，农产品类型包括果蔬、牲畜、家禽和奶制品；北部高山农业区的农产品种类包括干鲜果、牲畜、鱼类、谷物以及草药。但是，长期以来公共投资不足导致灌溉技术落后，在果蔬苗圃、采后减损等方面也存在技术不足。上述计划将吸引私人投资者在当地建立小规模的加工、仓储和包装企业，解决资金和技术问题，通过提供税收减免等优惠财税措施鼓励在当地扩大果树种植，同时分批次在当地建立冷藏设施和包装服务，从种植到加工，全方位提升中巴经济走廊沿线农产品加工业的竞争力。

巴方希望中国在巴设立合资企业，向巴方提供加工技术和设备，帮助巴基斯坦发展肉类加工业。中国企业投资巴基斯坦牛肉加工业可行性强，市场前景广阔。一方面，巴基斯坦拥有1.6亿穆斯林人口，国内市场本身就很大；另一方面，合资企业不仅可以将产品出口到中国，更可利用巴基斯坦特殊的地理位置，向西亚、中亚、南亚等伊斯兰国家出口。通过近20年的发展，中国的肉类加工技术已有很大提高，特别是产品的加工工艺已接近世界先进水平，积累了一定的经验。对肉类加工机械制造厂家来说，也从肉类加工工艺的要求中学到了很多专业知识，理解了肉类加工机械必须满足肉类加工工艺要求的原理，了解了国际先进设备的技术原理，也就是说已具备了进一步开发肉类加工机械的基础条件①。

巴基斯坦是世界知名的芒果和柑橘等水果产地，芒果的颜色、香味、口感以及营养价值在国际市场有较高评价。所以巴方特别希望它们的水果能打入中国市场。巴基斯坦每年芒果种植面积达到9.3万公顷，产量在91.5万吨左右，出口量约为6万吨，出口获利达2400万美元，成为巴主要出口创汇水果之一。巴基斯坦也是世界第五大芒果生产国和第三大芒果出口国。近年来巴国随着浓缩果汁加工业不断发展，饮料市场先后上市，且巴基斯坦国内果汁生产原料供应量大、价格便宜、质量好，生产果汁香甜多汁、味道浓烈、价格便宜。2006年12月，

---

① 中国近200家专业制造厂能生产90%以上的肉类加工设备，几乎覆盖了屠宰、分割、肉制品、调理食品、综合利用等所有加工领域，而且所制造的设备已开始接近国外同类产品。例如，斩拌机、盐水注射机、连续式真空包装机、油炸机等。

中国新疆喀什一家外贸公司代理的国内饮料销售商从红其拉甫口岸进口一批数量1446 件、重量 16039 千克、货值 4127. 7 美元的巴基斯坦产纸盒装浓缩芒果汁。这是中国与巴基斯坦边境红其拉甫陆路口岸正式对外开放以来首次从巴基斯坦进口的纸盒装浓缩饮料①。据进口商介绍，中国西北地区食品饮料市场消费者冬季喜欢饮食芒果汁等浓缩饮料，而西北地区冬季食品饮料市场浓缩芒果汁流通价格比巴基斯坦进口后的浓缩芒果汁价格还高，从初步市场调研情况来看，消费者对巴基斯坦产浓缩芒果汁等饮料较青睐。

———————————

① 为确保首批巴产饮料快速通关进入我国食品市场红其拉甫口岸检验检疫部门对该批饮料实行优先办理受理报检、优先现场查验、优先出证放行，按照进口食品标签审核有关规定最快速度审核标签相关内容，确保进口货物在口岸"时间零等待、货物零滞留、沟通零距离、服务零代价"保证了首批进口食品饮料快速通关及时到达目的地。

第七章 巴基斯坦棉花种植业发展

　　巴基斯坦是世界第四大棉花生产国、第三大消费国和第二大纱线出口国。棉花和纺织品出口是巴基斯坦经济的支柱。巴基斯坦棉花主要种植在东部与印度接壤的旁遮普省、信德省和西北边区省。两省属典型的大陆性气候，无霜期长，且印度河流域良好的灌溉条件，加上棉花生长期间70%~90%为晴朗好天气，成熟与收花期基本无雨，优越的自然条件有利于棉花生长，无霜后花、青铃花纤维品质好。

7.1 巴基斯坦棉花种植概况

7.1.1 巴基斯坦棉花播种面积变动

　　（1）巴基斯坦棉花播种面积自建国后至21世纪初呈现持续增长态势。巴国棉花播种面积从1960~1961年的1293千公顷到2004~2005年的历史最高3193千公顷。之后，巴国棉花播种面积波动中有下降趋势①。巴基斯坦1960~2017年棉花种植面积如图7-1所示，数据源自巴国中央棉花委员会（PCCC）QSS BOOK2016-17。

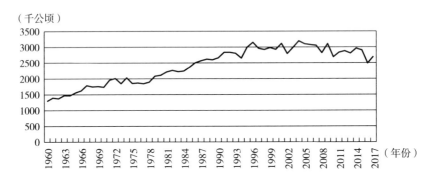

（千公顷）

图7-1　巴基斯坦棉花种植面积（1960~2017年）

---

　　① 据统计，2019~2020年巴基斯坦植棉面积为265.8万公顷，低于278.5万公顷的目标，原因是棉田改种甘蔗的面积增加、小米收获延迟和供水不足。根据CCAC的预测，今年旁遮普省棉花面积为214.5万公顷，产量1020万包，信德省面积64万公顷，产量460万包，其他地区11万公顷，产量20万包。信德省棉花产量减少30%，旁遮普省产量减少15%。

（2）巴基斯坦棉花种植集中在旁遮普省和信德省，约占全国种植面积的 98.47%（2016～2017 年）。其中旁遮普省占比为 72.94%，信德省占比为 25.58%。在旁遮普省，棉花种植又主要分布在木尔坦（Multan）专区（22.07%）、德利加兹汗（Dera Ghazi Khan）专区（15.51%）、巴哈瓦尔布尔（Bahawalpur）专区（24.80%）。在信德省，棉花种植则主要分布在苏库尔专区（Sukkur）（12.74%）、海德拉巴专区（Hyderabad）（5.18%）、米尔布尔哈斯专区（Mirpur Khas）（7.52%）。巴基斯坦棉花种植分布如图 7-2 所示。

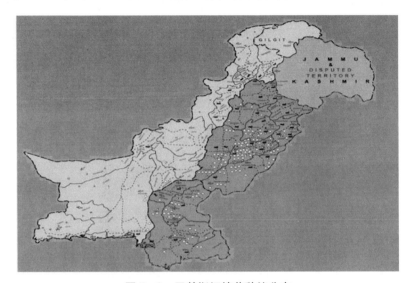

图 7-2 巴基斯坦棉花种植分布

资料来源：巴基斯坦中央棉花委员会（PCCC）QSS BOOK2016-17。图中棉花主产区用白色棉花图案标识。

巴基斯坦棉花主产区种植面积如表 7-1 所示。

表 7-1　巴基斯坦棉花主产区种植面积（全国/省/专区）　单位：千公顷

省/专区	2013～2014 年	2014～2015 年	2015～2016 年	2016～2017 年	2017～2018 年
巴基斯坦全国	2805.65	2958.30	2901.98	2488.97	2700.27
旁遮普省	2199.02	2322.85	2242.72	1815.34	2052.93
木尔坦专区（Multan）	747.03	744.21	738.13	549.05	712.23
德利加兹汗专区（Dera Ghazi Khan）	391.73	448.38	427.33	386.87	413.99
巴哈瓦尔布尔专区（Bahawalpur）	702.12	737.73	699.28	617.54	665.31
信德省	567.98	596.21	621.25	636.65	611.68
苏库尔专区（Sukkur）	246.83	264.43	304.13	317.60	312.86
海德拉巴专区（Hyderabad）	129.12	134.12	122.72	129.61	118.39
米尔布尔哈斯专区（Mirpur Khas）	189.85	195.39	193.95	187.24	178.22

续表

省/专区	2013~2014 年	2014~2015 年	2015~2016 年	2016~2017 年	2017~2018 年
开普省	0.26	2.95	0.40	0.20	0.17
俾路支省	8.39	41.24	37.61	36.78	35.49

资料来源：巴基斯坦中央棉花委员会《2017~2018 年棉花统计公报》（Cotistics）。

（3）巴基斯坦棉花种植面积在全球棉花种植中的占比情况。巴基斯坦是世界第四大棉花生产国，平均种植面积也居于第四位。

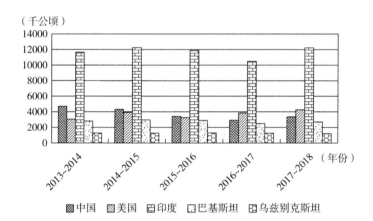

图 7-3　全球主要产棉国种植面积比较（2013~2017 年）

资料来源：*Cotton This Month Auqust*, 2018；巴基斯坦 2017~2018 数据为暂估值 Provisional, 巴基斯坦数据来自 Pakistan Central Cotton Committee。

从图 7-3 可以看到，全球主要产棉国平均种植面积近年排序由大到小依次为印度、美国、中国、巴基斯坦和乌兹别克斯坦。2016~2017 年全球棉花种植面积为 29867 千公顷，印度占比为 35.16%，美国占比为 12.88%，中国占比为 9.79%，巴基斯坦占比为 8.33%，乌兹别克斯坦占比为 4.19%。

7.1.2　巴基斯坦棉花产量变动情况

（1）巴基斯坦棉花产量同播种面积趋势近似，但波动幅度相对较大，产量历史最高值为 2014~2015 年的 2373 千吨。近年来，巴国棉花产量有所下降[①]。巴基斯坦 1960~2017 年棉花产量如图 7-4 所示。

---

① 据巴基斯坦轧花厂协会的统计，截至 2019 年 10 月 1 日，巴基斯坦新棉上市量同比减少 27%，市场推测本年度巴基斯坦棉花产量可能远低于预期。另外，美国农业部 2019 年 10 月供需预测，巴基斯坦 2019~2020 年棉花产量由 174.2 万吨调减到 165.5 万吨，环比减少 8.7 万吨。目前巴基斯坦棉花作物评估委员会（CCAC）将 2019/2020 年棉花产量由 1500 万包调减至 1020 万包（173.4 万吨），下调幅度达到 33%，并表示今年的棉花质量也远不如上年。棉花大幅减产的原因是播种面积未达标、虫害严重和天气不佳。

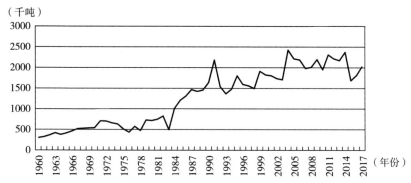

图 7 - 4 巴基斯坦棉花产量变动（1960 ~ 2017 年）
资料来源：巴基斯坦中央棉花委员会（PCCC）QSS BOOK2016 - 17。

（2）巴基斯坦旁遮普省棉花产量最多，约占全国产量的 65.38%，信德省约占 33.68%，其他棉区约为 1%（2016 ~ 2017 年）。在旁遮普省，棉花产量占比为木尔坦（Multan）专区（19.79%）、德利加兹汗（Dera Ghazi Khan）专区（13.45%）、巴哈瓦尔布尔（Bahawalpur）专区（24.92%）；在信德省，棉花种植则主要分布在苏库尔（Sukkur）专区（14.65%）、海德拉巴（Hyderabad）专区（6.67%）、米尔布尔哈斯（Mirpur Khas）专区（10.20%）。

巴基斯坦棉花主产区种植产量如表 7 - 2 所示。

表 7 - 2 巴基斯坦棉花主产区种植产量（全国/省/专区） 单位：千吨

省/专区	2013 ~ 2014 年	2014 ~ 2015 年	2015 ~ 2016 年	2016 ~ 2017 年	2017 ~ 2018 年
巴基斯坦全国	2170.71	2373.13	1685.96	1814.07	2030.75
旁遮普省	1554.65	1747.09	1078.31	1186.26	1373.09
木尔坦专区（Multan）	567.72	579.90	289.54	359.02	490.60
德利加兹汗专区（Dera Ghazi Khan）	250.08	335.59	227.79	244.02	307.62
巴哈瓦尔布尔专区（Bahawalpur）	535.08	584.79	417.97	452.01	442.47
信德省	598.98	607.33	590.85	611.47	641.88
苏库尔专区（Sukkur）	229.50	252.24	295.28	302.21	331.18
海德拉巴专区（Hyderabad）	141.93	136.35	110.39	121.54	120.11
米尔布尔哈斯专区（Mirpur Khas）	225.86	216.87	184.81	185.71	188.70
开普省	0.13	0.50	0.21	0.10	0.09
俾路支省	16.95	18.20	16.59	16.17	15.69

资料来源：巴基斯坦中央棉花委员会《2017 ~ 2018 年棉花统计公报》（Cotistics）。

（3）巴基斯坦棉花产量在全球棉花种植产量中的占比情况。巴基斯坦是世界第四大棉花生产国，在全球棉花产量中占比为 7.5% ~ 9.8%（见表 7 - 3）。

表7-3 巴基斯坦棉花产量在世界棉花产量中的占比

年份	棉花产量（百万吨）		巴国占比（%）	年份	棉花产量（百万吨）		巴国占比（%）
	世界	巴基斯坦			世界	巴基斯坦	
2006~2007	26.83	2.18	8.12	2012~2013	26.70	2.22	8.23
2007~2008	26.15	1.98	7.57	2013~2014	26.29	2.17	7.87
2008~2009	23.62	2.01	8.51	2014~2015	26.12	2.37	8.84
2009~2010	22.37	2.19	9.79	2015~2016	21.48	1.68	7.82
2010~2011	25.45	1.95	7.66	2016~2017	23.07	1.81	7.85
2011~2012	27.84	2.31	8.29	2017~2018	26.86	2.03	7.56

资料来源：CottonThis Month Auqust, 2018；巴基斯坦2017~2018年数据为暂估值Provisional，巴基斯坦数据来自Pakistan Central Cotton Committee。

如图7-5所示，全球主要产棉国平均产量近年排序由大到小依次为印度、中国、美国、巴基斯坦和乌兹别克斯坦。2016~2017年全球棉花产量为23075千吨，印度占比为25.03%，美国占比为16.20%，中国占比为21.24%，巴基斯坦占比为7.85%，乌兹别克斯坦占比为3.42%。

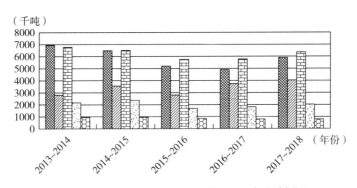

图7-5 全球主要产棉国产量比较（2013~2017年）

资料来源：Cotton This Month Auqust, 2018；巴基斯坦2017~2018年数据为暂估值Provisional，巴基斯坦数据来自Pakistan Central Cotton Committee。

7.1.3 巴基斯坦棉花单产变动情况

（1）巴基斯坦棉花单产情况同产量趋势近似，波动幅度也相对较大，单产历史最高值为2011~2012年的816千克/公顷。近年来，巴国棉花单产有所下降。巴基斯坦1960~2017年棉花单产如图7-6所示。

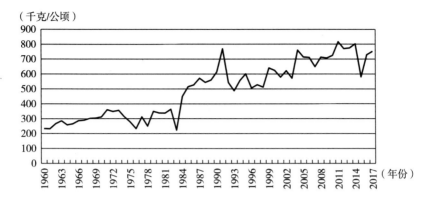

图 7-6 巴基斯坦棉花单产变动（1960～2017 年）
资料来源：巴基斯坦中央棉花委员会（PCCC）QSS BOOK2016-17。

（2）巴基斯坦棉花单产中，信德省单产最多，其中，海德拉巴（Hyderabad）专区单产达到 938 千克/公顷（2016～2017 年）。旁遮普省单产次之，开普省平均单产为 502 千克/公顷，俾路支省平均单产为 440 千克/公顷。

巴基斯坦棉花主产区单产如表 7-4 所示。

表 7-4 巴基斯坦棉花主产区单产（全国/省/专区）单位：千克/公顷

省/专区	2013～2014 年	2014～2015 年	2015～2016 年	2016～2017 年	2017～2018 年
巴基斯坦全国	774	802	581	729	752
旁遮普省	707	752	481	653	669
木尔坦专区（Multan）	760	779	392	653	689
德利加兹汗专区（Dera Ghazi Khan）	638	748	533	631	743
巴哈瓦尔布尔专区（Bahawalpur）	762	793	598	732	665
信德省	1055	1019	951	960	1049
苏库尔专区（Sukkur）	930	954	971	952	1059
海德拉巴专区（Hyderabad）	1099	1017	900	938	1015
米尔布尔哈斯专区（Mirpur Khas）	1190	1110	953	992	1059
开普省	490	522	519	502	530
俾路支省	441	474	441	440	442

资料来源：巴基斯坦中央棉花委员会《2017～2018 年棉花统计公报》（cotistics）。

（3）从全球棉花主产国看，巴基斯坦棉花单产和乌兹别克斯坦差异不大，和世界平均水平接近。与中国棉花单产相比，则差距明显（2016～2017 年中国棉花单产为 1676 千克/公顷，巴基斯坦棉花单产为 729 千克/公顷）（见图 7-7）。

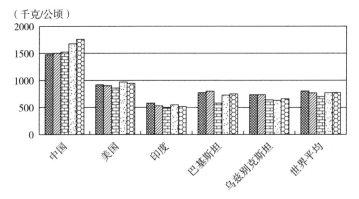

图 7 – 7　全球主要产棉国单产比较（2013 ～ 2017 年）

资料来源：*Cotton This Month August*，2018；巴基斯坦 2017 ～ 2018 年数据为暂估值 Provisional，巴基斯坦数据来自 Pakistan Central Cotton Committee。

7.2　巴基斯坦棉花供给、需求和进出口

7.2.1　巴基斯坦棉花供销形势

巴基斯坦棉花供销形势如表 7 – 5 所示。

表 7 – 5　巴基斯坦棉花供销形势（2013 ～ 2017 年）　　　　单位：千吨

年份	2013 ～ 2014	2014 ～ 2015	2015 ～ 2016	2016 ～ 2017	2017 ～ 2018
上年结转	278	119	93	0	75
本季棉花产量	2171	2379	1686	1814	2030
进口	251	155	417	506	610
合计	2700	2653	2196	2320	2715
工厂消耗量	2467	2465	2147	2220	2507
出口	114	95	49	25	35
季末库存	119	93	0	75	173

注：2017 ～ 2018 年数据为 Provisional；进出口数据为本年 7 月至次年 6 月。

资料来源：Textile Commissioner's Organization（Mill Consumption Aug，2017 – June，2018）；Pakistan Bureau of Statistics（Imports & Exports）；Provincial Agriculture departments（Production）.

　　巴基斯坦自 2001 年以来一直是棉花净进口国，其国内棉花主要是中长短纤维品种，为生产高支纱线产品，则需进口长纤维高质量棉花。2013 ～ 2017 年棉

花进口数据显示出较明显增长趋势①，出口则呈现减少态势。纺织业是巴最重要的支柱产业和最大的出口行业，过去棉花进口一直保持免税状态，截至 2014～2015 年免税政策被取消，征收 1% 关税与 5% 销售税。近年来，巴纺织业受到经营成本高、产品竞争力下降和国际市场需求不振等问题的困扰，发展遭遇瓶颈。为提振纺织业，2019 年 1 月巴国政府批准了自 2019 年 2 月 1 日至 6 月 30 日对进口棉花免征关税、附加税、销售税②。

巴国棉花进口国主要包括印度、美国、阿富汗、巴西等国，其中 2016～2017 年从印度进口（11.8341 万吨）和从美国进口（18.0443 万吨）占据了巴国进口（50.6 万吨）的 59.05%③。巴国棉花出口目的国主要包括孟加拉、印度、印度尼西亚、越南等。

7.2.2 巴基斯坦棉花需求

近年来巴基斯坦棉花需求及在世界棉花需求占比情况如表 7－6 所示。

表 7－6 巴基斯坦棉花需求在世界棉花需求中的占比　　单位：百万吨

年份	世界	巴基斯坦	巴占比（%）	年份	世界	巴基斯坦	巴占比（%）
2006～2007	26.47	2.65	10.00	2012～2013	23.52	2.42	10.24
2007～2008	26.54	2.66	10.00	2013～2014	23.73	2.03	8.76
2008～2009	23.69	2.61	11.02	2014～2015	24.18	2.50	10.38
2009～2010	25.24	2.40	9.50	2015～2016	24.18	2.14	8.85
2010～2011	24.49	2.44	9.96	2016～2017	24.46	2.22	9.08
2011～2012	22.78	2.41	10.14	2017～2018	26.37	2.50	9.48

资料来源：*Cotton This Month Auqust*，2018；巴基斯坦 2017～2018 年数据为暂估值 Provisional（Mill Consumption Aug, 2017－June, 2018），巴基斯坦数据来自 Pakistan Central Cotton Committee。

对比巴基斯坦棉花产量在世界中占比，需求占比相对高出 1～2 个百分点。

7.3　巴基斯坦棉花纤维品质

7.3.1　巴基斯坦棉花分级标准

巴基斯坦棉花一般分为陆地棉和德西（Desi，即粗绒）棉两大类别。两类棉花的品级标准由巴基斯坦卡拉奇棉花协会制定，如表 7－7 所示。

---

① 进口量的大小取决于本季棉花产量、国内价格、消耗量及库存，还要考虑棉花进口结构。
② 本次免税前棉花进口需征收 3% 关税、2% 附加税、5% 销售税。
③ 资料来源：*Cotton This Month Auqust*，2018。巴基斯坦数据来自 Pakistan Central Cotton Committee。

表 7 - 7 巴基斯坦棉花品级标准符号

陆地棉		信德德西棉	巴哈瓦尔普德西棉	旁遮普德西棉
Super Fine	SF（简称）	Choice		
Fine To Super Fine	FSF（简称）	＊Super Fine	Super Fine	Super Fine
＊Fine	F（简称）	Fine To Super Fine	＊Fine	＊Fine
Fully Good to Fine	FGF（简称）	—	Fully Good to Fine	Fully Good to Fine
Fully Good	FG（简称）	—	—	—
Good to Fully Good	GFG（简称）	—	—	—
Good	G（简称）	—	—	—

资料来源：巴基斯坦卡拉奇棉花协会。＊为标准级，高于 SF 等级为 Choice，低于 G 等级为 Fair。

巴棉协会的品级标准制定相对复杂，陆地棉按品种（ACI34、BS 和 NT 等）、轧工（R、G 或 S、G）分别制定。德西棉则是分区制定。表 7 - 7 中标准可用于评定期货交易的交货依据，可用作巴棉协会会员之间的现货交易依据，但不适用于对外贸易①。

截至目前，巴国陆地棉品种主要有 MNH - 93、B557、NT、K68 - 9 等在外销中占有主要比重。

7.3.2 巴基斯坦棉花纤维品质评估指标

巴基斯坦棉花纤维品质检测指标由巴基斯坦卡拉奇棉花技术研究中心制定，由巴基斯坦质量调查所和巴基斯坦卡拉奇棉花技术研究中心每年进行这项调查并定期发表报告。棉花纤维检验指标主要包括 UHML、U. I. %、MIKE 值、棉纤维强度、短纤维率、废棉率、Rd%、+ b% 等指标。

巴基斯坦棉花按纤维长度（UHML）② 分为短绒（20.6 毫米以下或 13/16 英寸以下）、中绒（20.6 ~ 25.4 毫米或 13/16 ~ 1 英寸）、中长绒（26.2 ~ 27.8 毫米或 1 ~ 1/32 至 1 ~ 3/32 英寸）、长绒（28.6 ~ 33.3 毫米或 1 ~ 1/8 至 1 ~ 5/16 英寸）四类。

巴基斯坦棉花按纤维长度整齐度（U. I. %）分为很低（小于77）、低（78 ~ 79）、中等（80 ~ 82）、高（83 ~ 85）、很高（大于85）五级③。

---

① 之所以不用于对外贸易使用，是因为从 1973 年起，巴基斯坦成立了国营性质的棉花出口公司（CEC），专营棉花收购和出口贸易，不承认巴棉协会制定的分级标准。

② 棉纤维长度整齐度是棉纤维品质指标之一，此值越高说明纤维越整齐，在纺纱过程中游离纤维越少纱线中露出的纤维头就越少，使成纱的表面光洁，纱的强度提高。它对成纱强力、纺纱工艺以及制成率都有影响。

③ 熊伟等（2004）的研究指出，棉纤维长度整齐度不仅影响半成品、成品的短绒率、条干 CV%、粗节、细节、强力 CV%、伸长率等质量指标，而且对强度的影响更为明显。棉纤维的整齐度是改善梳棉条、精梳条质量、减少落棉率的重要因素。

巴基斯坦棉花按纤维强度①分为很低（23 及以下）、低（24～25）、中等（26～28）、高（29～30）、很高（31 及以上）五级。

巴基斯坦棉花按纤维马克隆值②分为精细（小于3.0）、细（3.0～3.9）、正常值（4.0～4.9）、粗（5.0～5.9）、粗糙（6 及以上）五级。

7.3.3 巴基斯坦棉花纤维品质特性

考虑到巴国棉花种植主要集中在旁遮普省和信德省，故下文主要介绍旁遮普省和信德省的棉花纤维品质特性，并利用旁遮普省和信德省的合并数据作为巴基斯坦全国数据并处理。

7.3.3.1 巴基斯坦旁遮普省棉花纤维品质特性

巴基斯坦旁遮普省棉花纤维品质特性如表7-8 所示。

表7-8　巴基斯坦旁遮普省棉花纤维品质特性（2016～2017 年种植季）

UHML 分布				U. I. % 分布			马克隆值分布		
UHML		占比（%）	品质等级	U. I. %	占比（%）	品质等级	MIKE 值	占比（%）	品质等级
毫米	Inch								
25.4	1.0	3.6	中等	<77.0	0.0	很低	<3.0	0.2	精细
26.2	(1～1/32)	6.2	中长	77.0～78.0	0.5		3.0～3.4	6.7	细
27.0	(1～2/32)	42.1	中长	小计	0.5		3.5～3.9	41.9	
27.8	(1～3/32)	37.1		78.1～79.0	1.7	低	小计	48.6	
小计		85.4		80.0～81.0	13.1	正常	4.0～4.4	42.6	正常
28.6	(1～1/8)	10.8	长	81.1～82.0	23.7		4.5～4.9	8.1	
29.4	(1～5/32)	0.2		小计	36.8		小计	50.7	
33.3	(1～5/16)	0.0		83.0～84.0	53.1	高	5.0～5.8	0.5	粗
小计		11.0		84.1～85.0	6.7				
				小计	59.8				
总计		100.0		>85.0	1.2	很高			
				总计	100.0		总计	100.0	
UHML 均值		27.0		U. I. % 均值	82.2		Mike 均值	3.9	

---

① 棉纤维强度单位为（g/tex）。

② 马克隆值是棉花细度和成熟度的综合反映。因此，它与成纱质量和纺纱工艺都有密切的关系。马克隆值高的棉纤维能经受机械打击，易清除杂质，成纱条干均匀，外观光洁，疵点少，成品的制成率高。但马克隆值过高，会影响成纱强力。马克隆值过低的棉纤维往往成熟度差，容易产生有害疵点，染色性能差。所以，只有马克隆值适中的棉花，才能兼顾两个方面，获得较全面的经济效果。所以，国际上将马克隆值介于3.5～4.9 的棉花，作为正常马克隆值棉花。特别是马克隆值在3.7～4.2 的棉花从价格上还要加价。这也就是新标准中将3.7～4.2 马克隆值的棉花定为 A 级，而3.4 以下和5.0 以上的定为 C 级的原因。

续表

棉纤维强度分布			Rd%分布		+b分布	
强度（g/tex）	占比（%）	品质	Rd%	占比（%）	+b%	占比（%）
23.0及以下	0.0	很低	56.1~59.0	0.7	6.6~8.0	1.2
24.0~25.0	1.4	低	59.1~61.0	1.5	8.1~8.5	1.4
26.0~27.0	18.7	正常	61.1~63.0	2.8	8.6~9.0	1.7
27.1~28.0	20.1		63.1~65.0	14.6	9.1~9.5	12.4
小计	38.3		65.1~67.0	18.7	9.6~10.0	25.9
29.0~30.0	57.4	高	67.1~69.0	21.3	10.1~10.5	24.1
31.0及以上	2.4	很高	69.1~71.0	22.5	10.6~11.0	18.9
			71.1~73.0	14.6	11.1~11.5	8.7
			73.1~75.0	2.6	11.6~12.0	3.5
			75.1~77.0	0.7	12.1~12.9	2.2
总计	100.0		总计	100.0	总计	100.0
强度均值	28.0		Rd均值	67.9	+b均值	10.2

资料来源：Quality Survey of Pakistan Cottons Statistical Analysis of Cotton Fibre Tests Results（2016－2017）整理得到。

表7-9 旁遮普省棉纤维测试简单相关分析结果（2016~2017年）

	纤维长度		马克隆值	纤维强度	短纤维%	废棉%	色度	
	UHML	U.I.%					Rd%	+b%
UHML	1							
U.I.%	0.623**	1						
马克隆值	0.115*	0.322**	1					
纤维强度	0.612**	0.447**	−0.133**	1				
短纤维%	−0.732**	−0.952**	−0.343**	−0.501**	1			
废棉%	−0.052	−0.118*	−0.499**	0.078	0.155**	1		
Rd%	0.140**	0.202**	0.485**	−0.038	−0.249**	−0.680**	1	
+b%	−0.006	−0.154**	−0.436**	0.060	0.151**	0.347**	−0.463**	1

注：**表示相关系数在0.01水平上显著（双尾），*表示相关系数在0.05水平上显著（双尾）。

表7-9显示：UHML与U.I.%、纤维强度、短纤维%相关程度较高；U.I.%与UHML、短纤维%相关程度较高；马克隆值与U.I.%相关程度较高；纤维强度与UHML、马克隆值、短纤维%相关程度较高；短纤维%与UHML、U.I.%相关程度较高；废棉%与Rd%相关程度较高；Rd%与废棉%相关程度较高。

7.3.3.2 巴基斯坦信德省棉花纤维品质特性

巴基斯坦信德省棉花纤维品质特性如表 7 – 10 所示。

表 7 – 10 巴基斯坦信德省棉花纤维品质特性（2016～2017 年种植季）

UHML 分布				U. I. % 分布			马克隆值分布		
UHML		占比（%）	品质等级	U. I. %	占比（%）	品质等级	MIKE 值	占比（%）	品质等级
mm	Inch								
25.4	1.0	4.2	中等	<77.0	0.0	很低	<3.0	0.0	精细
26.2	(1～1/32)	9.4	中长	77.0～78.0	0.9		3.0～3.4	8.0	细
27.0	(1～2/32)	23.6		小计	0.9		3.5～3.9	28.9	
27.8	(1～3/32)	29.6		78.1～79.0	1.5	低	小计	36.9	
小计		62.6		80.0～81.0	16.7	正常	4.0～4.4	44.0	正常
28.6	(1～1/8)	30.6	长	81.1～82.0	21.6		4.5～4.9	19.1	
29.4	(1～5/32)	2.6		小计	38.3		小计	63.1	
33.3	(1～5/16)	0.0		83.0～84.0	50.1	高	5.0～5.4	0.0	粗
小计		33.2		84.1～85.0	8.0				
				小计	58.1				
总计		100.0		>85.0	1.2	很高			
				总计	100.0		总计	100.0	
UHML 均值		27.3		U. I. % 均值	82.2		Mike 均值	4.0	

棉纤维强度分布			Rd% 分布		+ b 分布	
强度（g/tex）	占比（%）	品质	Rd%	占比（%）	+ b%	占比（%）
23.0 及以下	0.0	很低	57.1～59.0	2.6	6.6～8.0	0
24.0～25.0	0.7	低	59.1～61.0	7.0	8.1～8.5	0.7
26.0～27.0	18.1	正常	61.1～63.0	9.5	8.6～9.0	2.8
27.1～28.0	12.7		63.1～65.0	14.1	9.1～9.5	5.7
小计	30.8		65.1～67.0	21.4	9.6～10.0	11.0
29.0～30.0	48.0	高	67.1～69.0	21.2	10.1～10.5	25.7
31.0 及以上	20.5	很高	69.1～71.0	9.6	10.6～11.0	31.7
			71.1～73.0	11.1	11.1～11.5	16.5
			73.1～75.0	3.3	11.6～12.0	4.5
			75.1～77.0	0.2	12.1～12.9	1.4
总计	100.0		总计	100.0	总计	100.0
强度均值	28.5		Rd 均值	66.5	+ b 均值	10.5

资料来源：Quality Survey of Pakistan Cottons Statistical Analysis of Cotton Fibre Tests Results（2016 – 2017）整理得到。

表 7 – 11 信德省棉纤维测试简单相关分析结果（2016 ~ 2017 年）

	纤维长度		马克隆值	纤维强度	短纤维%	废棉%	色度	
	UHML	U. I. %					Rd%	+ b%
UHML	1							
U. I. %	0.783 **	1						
马克隆值	0.735 **	0.710 **	1					
纤维强度	0.734 **	0.638 **	0.545 **	1				
短纤维%	− 0.844 **	− 0.968 **	− 0.735 **	− 0.675 **	1			
废棉%	− 0.602 **	− 0.565 **	− 0.655 **	− 0.352 **	0.533 **	1		
Rd%	0.580 **	0.487 **	0.655 **	0.257 **	− 0.509 **	− 0.699 **	1	
+ b%	− 0.388 **	− 0.324 **	− 0.384 **	− 0.146 **	0.341 **	0.445 **	− 0.538 **	1

注：＊＊表示相关系数在 0.01 水平上显著（双尾）。

表 7 – 11 显示，UHML 与 U. I. %、马克隆值、纤维强度、短纤维%、废棉%、Rd% 相关程度较高；U. I. % 与 UHML、马克隆值、纤维强度、短纤维%、废棉% 相关程度较高；马克隆值与 U. I. %、纤维强度、短纤维%、废棉%、Rd% 相关程度较高；纤维强度与 UHML、U. I. %、马克隆值、短纤维% 相关程度较高；短纤维% 与 UHML、U. I. %、马克隆值、纤维强度、废棉%、Rd% 相关程度较高；废棉% 与 UHML、U. I. %、马克隆值、纤维强度、短纤维%、Rd% 相关程度较高；Rd% 与 UHML、马克隆值、短纤维%、废棉%、+ b% 相关程度较高；+ b% 与 Rd% 相关程度较高。

7.3.3.3 巴基斯坦棉花纤维品质特性

巴基斯坦棉花纤维品质特性如表 7 – 12 所示。

表 7 – 12 巴基斯坦棉花纤维品质特性①（2016 ~ 2017 年种植季）

UHML 分布				U. I. % 分布			马克隆值分布		
UHML		占比（%）	品质等级	U. I. %	占比（%）	品质等级	MIKE 值	占比（%）	品质等级
mm	Inch								
25.4	1.0	3.9	中等	<77.0	0.0	很低	<3.0	0.1	精细
26.2	(1 ~ 1/32)	7.8	中长	77.0 ~ 78.0	0.7		3.0 ~ 3.4	7.4	细
27.0	(1 ~ 2/32)	32.8		小计	0.7		3.5 ~ 3.9	35.3	
27.8	(1 ~ 3/32)	33.3		78.1 ~ 79.0	1.6	低	小计	42.7	
小计		73.9		80.0 ~ 81.0	14.9	正常	4.0 ~ 4.4	43.3	正常
28.6	(1 ~ 1/8)	20.8	长	81.1 ~ 82.0	22.7		5 ~ 4.9	13.7	
29.4	(1 ~ 5/32)	1.4		小计	37.6		小计	57.0	
33.3	(1 ~ 5/16)	0.0		83.0 ~ 84.0	51.6	高	5.0 ~ 5.8	0.2	粗
小计		22.2		84.1 ~ 85.0	7.3				

① 因为旁遮普省和信德省的棉花产量几乎接近巴国全国产量，故此处用旁遮普省＋信德省合并数据并处理。

UHML 分布			U. I. % 分布			马克隆值分布		
UHML	占比（%）	品质等级	U. I. %	占比（%）	品质等级	MIKE 值	占比（%）	品质等级
毫米　Inch								
			小计	58.9				
总计	100.0		>85.0	1.2	很高			
			总计	100.0		总计	100.0	
UHML 均值	27.1		U. I. % 均值	82.2		Mike 均值	4.0	

棉纤维强度分布			Rd% 分布		+b 分布	
强度（g/tex）	占比（%）	品质	Rd%	占比（%）	+b%	占比（%）
23.0 及以下	0.0	很低	57.1 ~ 59.0	1.7	6.6 ~ 8.0	0.6
24.0 ~ 25.0	1.1	低	59.1 ~ 61.0	4.2	8.1 ~ 8.5	1.1
26.0 ~ 27.0	18.4	正常	61.1 ~ 63.0	6.2	8.6 ~ 9.0	2.2
27.1 ~ 28.0	16.3		63.1 ~ 65.0	14.4	9.1 ~ 9.5	9.0
小计	34.7		65.1 ~ 67.0	20.0	9.6 ~ 10.0	18.4
29.0 ~ 30.0	52.7	高	67.1 ~ 69.0	21.2	10.1 ~ 10.5	24.9
31.0 及以上	11.5	很高	69.1 ~ 71.0	16.0	10.6 ~ 11.0	25.4
			71.1 ~ 73.0	12.9	11.1 ~ 11.5	12.6
			73.1 ~ 75.0	2.9	11.6 ~ 12.0	4.0
			75.1 ~ 77.0	0.5	12.1 ~ 12.9	1.8
总计	100.0		总计	100.0	总计	100.0
强度均值	28.3		Rd 均值	67.2	+b 均值	10.3

资料来源：Quality Survey of Pakistan Cottons Statistical Analysis of Cotton Fibre Tests Results（2016 – 2017）整理得到。

7.4　巴基斯坦与中国棉花纤维品质比较

7.4.1　中国棉花纤维品质评估指标

根据中国纤维质量监测中心《年度新体制棉花加工企业公证检验统计》，棉花纤维检验指标主要包括检验量、长度（锯齿细绒）、马克隆值（锯齿细绒）、长度整齐度（锯齿细绒）、断裂比强度（锯齿细绒）、颜色级（锯齿细绒）、轧工质量（锯齿细绒）、长度（皮辊细绒）、马克隆值（皮辊细绒）、长度整齐度（皮辊细绒）、断裂比强度（皮辊细绒）、颜色级（皮辊细绒）、轧工质量（皮辊细绒）、品级（皮辊）等项（见表 7 – 13 至表 7 – 16）。

表7－13 中国棉花纤维长度级分布情况（2018 年 9 月至 2019 年 7 月）（锯齿细绒）

单位:%，mm

	32	31	30	29	28	27	26	25	实际平均长度值	加权平均长度值
中国	0.04	0.73	11.16	46.92	35.5	5.29	0.34	0.02	29.10	28.66
中国新疆	0.04	0.76	11.56	48.29	35.18	4.05	0.1	0.01	29.14	28.70

资料来源:中国纤维质量监测中心《公检质量汇总表20190731》整理得到。

表 7－13 中，中国棉花纤维长度在 30～32 毫米占比为 11.93%，28～32 毫米占比为 94.35%，最大值为 36 毫米，最小值为 22.50 毫米。中国新疆棉花纤维长度在 30～32 毫米占比为 12.36%，28～32 毫米占比为 95.83%，最大值为 36 毫米，最小值为 23.40 毫米。

表7－14 中国棉花纤维马克隆值分布情况（2018 年 9 月至 2019 年 7 月）（锯齿细绒）

单位:%

	A 级	A 档 (3.7～4.2)	B 级	B1 档 (3.5～3.6)	B2 档 (4.3～4.9)	C 级	C1 档 (≤3.4)	C2 档 (≥5.0)	A＋B 级
中国	27.96	27.96	59.36	1.33	58.03	12.68	0.9	11.78	87.32
中国新疆	28.63	28.63	60.19	1.36	58.83	11.18	0.92	10.26	88.82

资料来源:中国纤维质量监测中心《公检质量汇总表20190731》整理得到。

表7－15 中国棉花纤维长度整齐度分布情况（2018 年 9 月至 2019 年 7 月）（锯齿细绒）

单位:%

	很低 (<77.0)	低 (77.0～79.9)	中等 (80.0～82.9)	高 (83.0～85.9)	很高 (≥86.0)	平均长度整齐度值	高级及以上	中等级及以上
中国	0.02	1.46	64.49	33.98	0.05	82.49	34.03	98.52
中国新疆	0.02	1.42	64.10	34.42	0.05	82.50	34.47	98.57

资料来源:中国纤维质量监测中心《公检质量汇总表20190731》整理得到。

表7－16 中国棉花纤维断裂比强度分布情况（2018 年 9 月至 2019 年 7 月）（锯齿细绒）

单位:%

	很差 (≤23.9)	差 (24.0～25.9)	中等 (26.0～28.9)	强 (29.0～30.9)	很强 (≥31.0)	平均断裂比强度值	强级及以上	中等级及以上
中国	0.14	4.51	59.81	30.62	4.92	28.41	35.54	95.35
中国新疆	0.15	4.67	61.02	29.68	4.48	28.36	34.16	95.18

资料来源:中国纤维质量监测中心《公检质量汇总表20190731》整理得到。

7.4.2 中国和巴基斯坦棉花纤维品质比较

由于棉花纤维品质指标繁杂，且中国和巴基斯坦两国间的标准也存在差异，故选取以下一些基本品质指标进行比较。

（1）纤维长度。巴基斯坦棉花纤维长度均值为 27.1 毫米，中国为 29.1 毫米[1]。巴棉纤维长度 28.6 ~ 33.3 毫米的占比为 22.2%，中国棉花纤维长度 28 ~ 32 毫米占比则为 94.35%。

（2）纤维长度整齐度。巴基斯坦棉花纤维长度整齐度均值为 82.2%，中国为 82.49%。巴棉花纤维长度整齐度在中等级以上（大于 80.0%）占比则为 96.5%，中国棉花纤维长度整齐度在中等级以上（大于 80.0%）占比则为 98.52%。

（3）纤维马克隆值。巴基斯坦棉花纤维马克隆值在 3.5 ~ 4.9 的占比为 92.3%，中国为 87.72%[2]。

（4）纤维断裂比强度。巴基斯坦棉花纤维断裂比强度均值为 28.36，中国为 28.41%[3]。巴棉花纤维断裂比强度在中等级以上（大于 26.0）占比则为 98.9%，中国棉花纤维断裂比强度在中等级以上（大于 26.0）占比则为 95.35%。

从上述基本指标比较可以看出：纤维长度指标，中国棉花优于巴基斯坦；在纤维长度整齐度、纤维断裂比强度指标两国差异不大；纤维马克隆值指标，巴国则优于中国。

巴基斯坦棉花实行自由种植，农民手工采摘，绝大部分棉花直接给附近的轧花厂，收购价格由市场调节。巴国棉花加工工艺改造进度不快，目前皮辊机加工占加工总量的近一半[4]。由于农民卖棉花没有分级销售的习惯，对棉花加工质量影响较大，再加上轧花中的清僵排杂设备不配套，加工质量水平偏低，皮棉一致性差，杂质含量较高。

---

① 纤维长度以新疆地方的最长，高出全国均值 0.20 毫米。新疆棉花长度在 27 毫米级的比例虽有所降低，但 29mm 级比例逐年降低且波动较大。

② 马克隆值以新疆最优，但近几年呈明显升高的趋势。

③ 断裂比强度则以新疆生产建设兵团和新疆地方的最低，仅为 28cN · tex – 1。断裂比强度的"强级"和"很强级"所占比例全国最低，仅占 20% 和 3.0% 左右，"差级"比例则是全国最高，约占 10%。

④ 从棉花中采得的是籽棉，无法直接进行纺织加工，必须先进行初加工，即将籽棉中的棉籽除去，得到皮棉。该初加工又称轧花。籽棉经轧花后，所得皮棉的重量占原来籽棉重量的百分率称衣分率。衣分率一般为 30% ~ 40%。按初加工方法不同，棉花可分为锯齿棉和皮辊棉。锯齿棉是采用锯齿轧棉机加工得到的皮棉，棉含杂、含短绒少，纤维长度较整齐，产量高。但纤维长度偏短，轧工疵点多，细绒棉大都采用锯齿轧棉。皮辊棉是采用皮辊轧棉机加工得到的皮棉，其棉含杂、含短绒多，纤维长度整齐度差，产量低。但纤维长度操作小，轧工疵点少，但有黄根。皮轧棉适宜长绒棉、低级棉等。

下篇　中国和巴基斯坦农业合作

　　两国间的经济合作通常以贸易和投资形式体现。从贸易量、贸易结构、贸易水平等指标可大致反映出两国各自的发展现状，即贸易的"镜像"效应。在贸易分析的基础上，特别是在利用前期贸易增长成因分析的基础上，再研究双边合作（包括投资），逻辑上则更为顺畅。

第八章　中国和巴基斯坦农业贸易合作及潜力

8.1　中巴自贸协定运行前后双边农产品贸易概况

自中巴建交以来，两国之间的贸易往来一直处于向好态势，特别是从 2006 年中巴自由贸易协定签订并实施后，中巴经贸关系则以更快的速度发展，双边贸易额处于大幅上升态势。由于农业在中国和巴基斯坦都是占有重要地位的产业，所以中巴农产品贸易一直在两国双边贸易中扮演着不可或缺的角色，占有较大比例。近年来，特别是在中巴自贸协定签订后，农产品贸易取得了更快的增长。2015 年中国农产品对巴基斯坦的进出口总额约为 10 亿美元。2012 年之前，中国与巴基斯坦的农产品贸易所呈现态势是连续顺差，但自 2012 年开始呈现逆差并延续至今。在双边农产品出口增速方面，巴基斯坦对中国的出口增速明显快于中国对巴基斯坦的出口增速。中巴两国农产品贸易的双边统计量状况如图 8-1、图 8-2 所示，因中与巴海关的统计口径存在差异，特将中国与巴基斯坦的官方统计数据分别绘出，数据来源均为 ITC 数据库[1]。

关于农产品的分类和统计口径，WTO 农业协议、联合国粮农组织（FAO）以及许多国家的统计机构都有不同的划分。为了本书数据不存在差异并且完整，农产品的分类标准是根据乌拉圭回合农业协议界定的农产品（HS 产品径）和水产品构成，共 20 个大类[2]。

---

① 陈军等. 中巴农产品贸易增长成因——基于 CMS 模型和边际产业内贸易指数的分析 [J]. 赣南师范大学学报, 2018（2）.

② 谷物：1001 - 1008，1101 - 1104，1904（4 位 HS 编码）。棉麻丝：0511，1404，5001 - 5003，5201 - 5203，5301 - 5305。油籽：1201，1202，1204 - 1208，2008。植物油：1507 - 1515。糖料及糖类：1209，1212，1701 - 1704。饮品类：0901 - 0903，1801 - 1806，2101，2201 - 2206，2208，2209。蔬菜：0701 - 0712，0714，0904，0910，1209，1212，2001 - 2005，2008，2009，2013。水果：0801，0803 - 0814，1203，2006 - 2009，2106，2204。坚果：0801，0802，0811，1207，1212，2008。花卉：0601 - 0604。饼粕：2304 - 2306。干豆（不含大豆）：0713，1106。水产品：0106，0208，0210，0301 - 0308，0508，0511，1212，1504，1603 - 1605，2008，2301，2801，3913，7101。畜产品：0101 - 0106，0201 - 0210，0401 - 0410，0502 - 0507，0510，0511，1501 - 1503，1505，1506，1601，1602，2301，4101 - 4103，4301，5101 - 5103。调味香料：0905 - 0910。精油：3301。粮食制品：1107 - 1109，1902 - 1905。粮食（薯类）：0714，1105。药材：1211。其他农产品：0501，0509，0602，1106，1108，1209 - 1214，1301，1302，1401 - 1404，1516 - 1522，1901，2008，2101 - 2106，2207，2302，2303，2307 - 2309，2401 - 2403，2905，3501 - 3505，3809，3823，3824，3913。

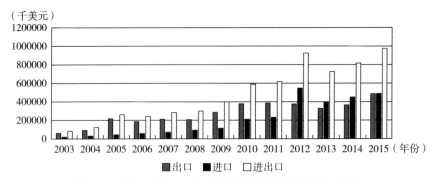

图 8 - 1　2003～2015 年中国对巴基斯坦农产品进出口情况

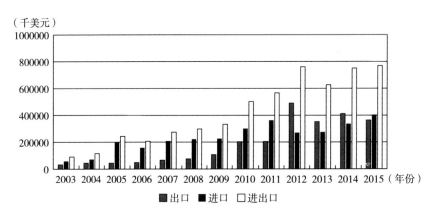

图 8 - 2　2003～2015 年巴基斯坦对中国农产品进出口贸易情况

　　2015 年，巴基斯坦农产品对中国出口、从中国进口额分别为 4.2 亿美元、3.2 亿美元，2010～2015 年，年均分别增长 18.4%、3.2%；2015 年巴基斯坦顺差为 1 亿美元。当年巴国对中国主要出口农产品及其比重分别是：谷物占 38.5%，饮品类占 26.1%，坚果占 15.7%，水产品占 14%；从中国主要进口农产品及其比重分别是：蔬菜占 43.7%，调料香味占 6.9%，饮品类占 6.8%，谷物占 6%，油籽占 3.1%[①]。表 8 - 1、表 8 - 2 分别列出中巴双边 2015 年出口前十位农产品的进口占比情况。

表 8 -1　2015 年中国出口巴基斯坦前十位农产品（HS 编码 4 位）

单位：亿美元,%

HS 编码	编码描述	中国出口巴基斯坦金额	巴此商品全球进口额	占比
3824	铸造模具或芯用黏合剂；化工产品和化学制剂	0.7835	2.2578	34.70
0703	洋葱、青葱、大蒜、韭菜等葱属蔬菜，生鲜或冷藏	0.5675	0.7889	71.94

---

　　① 编委会．中国农产品贸易发展报告（2016）［M］．北京：中国农业出版社，2016.

续表

HS 编码	编码描述	中国出口巴基斯坦金额	巴此商品全球进口额	占比
0910	姜、藏红花、姜黄"姜黄"、百里香、月桂叶、咖喱等香料（不含胡椒粉）	0.5237	0.6591	79.46
1006	稻谷、大米	0.2052	0.2122	96.70
3913	天然聚合物及改性天然聚合物	0.1708	0.1979	86.31
2309	配制的动物饲料	0.1405	0.5713	24.59
2905	无环醇及其卤化、磺化、硝化或亚硝化衍生物	0.1073	3.2843	3.27
3809	整理剂，染料载体，加速染料或染料等产品	0.0589	0.3924	15.01
1702	其他固体糖；糖浆；人造蜜；焦糖	0.0589	0.2476	23.79
2106	食品配制剂	0.0508	0.5127	9.91

资料来源：根据（ITC）数据库计算整理所得。

表 8 - 2　2015 年巴基斯坦出口中国前十位农产品（HS 编码 4 位）

单位：亿美元，%

HS 编码	编码描述	巴基斯坦出口中国金额	中国此商品全球进口额	占比
1006	稻谷、大米	1.6234	14.7241	11.03
2207	乙醇和其他烈酒；未变性酒精的酒精强度 ≧ 80%	1.0978	3.6056	30.45
0802	鲜或干的其他坚果	0.5629	5.7648	9.76
0303	鲜或干的香蕉，包括芭蕉	0.2156	30.8048	0.70
0306	甲壳动物：供人食用的甲壳动物的细粗粉及团粒	0.1839	18.5267	0.99
2301	不适于供人食用的动物渣粉及团粒；油渣	0.1459	19.3829	0.75
2008	果实水果、坚果及其他植物可食用部分，储备或保藏	0.0968	3.7839	2.56
1302	植物液汁及浸膏；果胶、果胶酸盐及果胶酸酯	0.0740	1.9084	3.88
5202	废棉（包括废棉纱线及回收纤维）	0.0665	0.8214	8.10
0713	脱荚的干豆	0.0541	4.5829	1.18

资料来源：根据（ITC）数据库计算整理所得。

8.2　基于恒定市场份额模型的中巴农产品双边贸易增长的成因分析

8.2.1　恒定市场份额模型

恒定市场份额模型（Constant Market Share Model，CMS），是国际贸易研究领域中一个具有较好解释力的重要计量分析方法。1951 年 Tyszynski 提出此模型。主要用于学界评价一个国家出口的竞争力，之后许多研究者又对该模型进行了改进，提出了多种形式的扩展模型，Jepma（1986）提出了更为完善和具有代表意义的改进扩展模型，并将它应用于研究出口贸易增长的成因。此方面，国内的研究主要集中在我国的农产品出口增长成因分析（师传敏等，2003；栾敬东等，2006；陆文聪等，2007；何树全等，2009；张复宏，2011；赵亮等，2012；张兵等，2012；蒋兴红等，2013；夏咏等，2013；陈军，2012，2013；龚新蜀等，2014；谢国娥等，2015；王文君，2016）。

结构因素的分离与量化，并将其作为增长的一个独立变量，是 CMS 模型所特有的地方。其结构分析方法主要基于如下考虑：出口国的出口是否主要集中于别国或地区需求增长较快的产品上，出口去向是否主要是那些需求快速增长的国家或地区以及能否同其他供给国进行有效的竞争。由此，"进口需求效应""出口竞争力效应"和"产品结构交叉效应"的共同贡献成为出口国或地区对别国或地区的出口增长的结构成因（见表8－3、表8－4）。

CMS 模型的基本表述为：

$$\Delta Q = \sum_i p_i(0)\Delta q_i + \sum_i \Delta p_i q_i(0) + \sum_i \Delta p_i \Delta q_i \tag{8-1}$$

而 Jepma 的扩展形式为：

$$\Delta Q = p(0)\Delta q + \left[\sum_i p_i(0)\Delta q_i - p(0)\Delta q\right] + q(0)\Delta p +$$

$$\left[\sum_i \Delta p_i q_i(0) - q(0)\Delta p\right] + [q(t)/q(0) - 1]\sum_i \Delta p_i q_i(0) +$$

$$\left\{\sum_i \Delta p_i \Delta q_i - [q(t)/q(0) - 1]\sum_i \Delta p_i q_i(0)\right\} \tag{8-2}$$

式（8－1）、式（8－2）中各变量和因素分解的解释如表8－3和表8－4所示：

表8－3 CMS 模型中各变量解释

变量	变量解释
ΔQ	t 时期出口国对进口国的出口总额变化
$P_i(0)$	基期出口国在进口国 i 类产品进口中所占的份额
Δq_i	t 时期进口国 i 类产品的进口变化
Δp_i	t 时期出口国在进口国 i 类产品进口额中所占份额的变化
$q_i(0)$	基期进口国 i 类产品的进口总额
$q(0)$	基期进口国的进口总额
$P(0)$	基期出口国在进口国进口总额中所占的份额
Δ_p	t 时期出口国在进口国进口总额中所占份额的变化
Δ_q	进口国在两个时期内的进口总额变化

表8－4 CMS 基本模型及 Jepma 扩展形式的因素分解解释

因素分解	因素解释
$\sum_i p_i(0)\Delta q_i$	进口需求/结构效应：由于进口国进口规模及结构变化而引致出口国出口的变化

续表

因素分解	因素解释
$p\ (0)\ \Delta q$	需求规模效应：表示 A 国或地区因进口需求规模变化而导致 B 国或地区出口的变动，若该值大于零，说明进口国对出口国需求规模呈扩大态势
$\sum_i p_i\ (0)\ \Delta q_i - p\ (0)\ \Delta q$	需求结构效应：表示由于 A 国或地区的进口结构变动引致的 B 国或地区出口的变化，该值大于零，说明出口国对进口国需求结构变化的适应能力为正
$\sum_i \Delta p_i q_i\ (0)$	出口竞争力效应：表示因为竞争力的变化而引起的一国出口额的变动，该值的大小反映出口国在进口国市场中竞争力的水平
$q\ (0)\ \Delta p$	综合竞争力效应：表示由于 A 国或地区向 B 国或地区的出口在 B 国或地区进口总额中所占比例的变动所引起的其出口的变动
$\sum_i \Delta p_i q_i\ (0)\ -q\ (0)\ \Delta p$	产品竞争力效应：表示由于 A 国或地区对 B 国或地区的产品出口在 B 国或地区的进口总额中所占比例的变动所引起的其出口的变动
$\sum_i \Delta p_i \Delta q_i$	次结构效应：表明因 B 国进口的规模、结构的变化和 A 国的出口的结构变化的交叉作用所引起的 A 国出口额的变动
$[q\ (t)\ /q\ (0)\ -1]\ \sum_i \Delta p_i q_i\ (0)$	净交叉效应：表示 A 国或地区的出口结构和 B 国或地区进口规模的交叉变动所引致 A 国出口的变动
$\sum_i \Delta p_i \Delta q_i - [q\ (t)\ /q\ (0)\ -1]$ $\sum_i \Delta p_i q_i\ (0)$	动态交叉效应：表示 A 国或地区的出口结构和 B 国或地区的进口结构的交叉变动所引致的 A 国或地区的出口变化，如果其大于零，说明 A 国或地区在 B 国的进口需求增长较快的产品的出口市场上占有比较大的比重

8.2.2 模型计算结果及分析

利用 CMS 模型对中国和巴基斯坦双边贸易增长成因进行分析，计算结果及分析如下。

8.2.2.1 模型计算结果利用上文中 CMS 模型进行测算，得到以下结果：

表 8 - 5 中国—巴基斯坦双边农产品贸易增长分析

单位：亿美元,%

指标	中国对巴基斯坦出口				巴基斯坦对中国出口			
	2003~2006 年		2007~2015 年		2003~2006 年		2007~2015 年	
	绝对额	比重	绝对额	比重	绝对额	比重	绝对额	比重
实际贸易增长	0.9742	—	1.9618	—	0.3652	—	4.1809	—
测算贸易增长	0.9742	100	1.9618	100	0.4472	100	4.1809	100
实际和测算差值	0.00	—	0.00	—	0.0820	—	0.00	—
进口需求效应	1.0537	108.17	1.9534	99.57	0.1359	30.38	0.9356	22.38
需求规模效应	0.5440	55.84	1.1087	56.52	0.1571	35.13	1.1650	27.87
需求结构效应	0.5098	52.33	0.8447	43.06	-0.0212	-4.74	-0.2294	-5.49
出口竞争力效应	0.0007	0.07	0.0853	4.35	0.1483	33.16	0.2664	6.37

续表

指标	中国对巴基斯坦出口				巴基斯坦对中国出口			
	2003～2006 年		2007～2015 年		2003～2006 年		2007～2015 年	
	绝对额	比重	绝对额	比重	绝对额	比重	绝对额	比重
综合竞争力效应	0.2208	22.66	0.5566	28.37	0.1199	26.81	1.1346	27.14
产品竞争力效应	0.2201	-22.59	-0.4713	-24.02	0.0284	6.35	-0.8622	-20.77
次结构效应	-0.0803	-8.24	-0.0769	-3.92	0.1630	36.46	2.9789	71.25
净交叉效应	0.0007	0.07	0.0454	2.32	0.1092	24.42	0.4417	10.56
动态交叉效应	-0.0809	-8.31	-0.1223	-6.24	0.0538	12.04	2.5372	60.69

资料来源：根据 ITC 数据库的数据计算得来（中间数据处理结果附后）。上表数据在计算应用时，中巴双方的出口数据都应用的是对方国家官方统计的从本国进口的数据。从而避免了因两国在数据统计口径上不一致，致使 CMS 模型中所有变量的不具有一致性的取值来源。

8.2.2.2 模型计算结果分析

（1）中国农产品出口巴基斯坦。表 8-5 数据显示，在增长构成中，进口需求效应的贡献率 2007～2015 年为 99.57%，较中巴自贸协定前的 2003～2006 年的 108.17% 下降并不是太多，说明中国商品在满足巴基斯坦进口商品的需求规模和需求结构方面是中国出口增长的主要成因。其中，2007～2015 年需求规模效应的贡献程度为 56.52%，较 2003～2006 年的 55.84% 有所增长，表明巴基斯坦对中国商品的进口需求规模有进一步扩大态势；而进口需求结构效应的贡献程度由相应时期的 52.33% 转变为 43.06%，表明中国出口商品适应巴基斯坦市场需求程度略微下降。

由表数据可知中对巴的出口竞争力效应，2007～2015 年的贡献率为 4.35%，较 2003～2006 年 0.07% 有一定程度的上升，说明中国出口巴基斯坦商品的综合竞争力效应的贡献在上升，其中综合竞争力效应 2007～2015 年较 2003～2006 年上升 5.71%，有所回升，得到改善。但产品竞争力效应则是进一步下降至 -24.02%。

对次结构效应而言，2007～2015 年为 -3.92%，较 2003～2006 年的 -8.24% 呈现出上升态势。这表明中国商品出口结构适应巴基斯坦市场变化的能力在转好。其中，2007～2015 年的动态交叉效应以及净交叉差效应较 2003～2006 年都呈现进一步的上升。

（2）巴基斯坦出口中国。根据数据，2007～2015 年巴基斯坦对中国出口较签署中巴自贸协定前增速明显。在增长构成中，两个时间段的进口需求效应、出口竞争力效应、次结构效应的贡献率构成发生了一定变化：进口需求效应的贡献率呈现一定程度下降，由之前的 30.38% 下降至 22.38%。其中，需求规模效应虽有所下降但仍大于 0，说明巴基斯坦对中国的需求规模仍呈扩大态势；而需求结构效应进一步下降，说明巴基斯坦商品在适应中国的市场需求能力进一步下降。

就巴基斯坦对中国出口竞争力效应而言，自贸协定后的贡献率较之前贡献程度呈现下降态势，表明巴基斯坦出口竞争力在中国市场上呈现下降态势。其中产品竞争力效应 2007 ~ 2015 年为 - 20.77% 较 2003 ~ 2006 年的 6.35% 下降尤为明显，说明巴基斯坦农产品在中国市场的竞争力在下降。

对次结构效应而言，自贸协定后较之前的贡献率升幅明显，这表明巴基斯坦农产品出口结构对于中国需求市场变化（进口规模及结构）的适应能力的进一步增强。同时，也表明次结构效应提供了巴基斯坦对中国农产品出口增长的最大贡献。从表 8 - 5 可以看出，动态交叉效应贡献较为显著竟达 60.69%，表明巴基斯坦对中国那些进口需求增长较快的商品进口份额较之前进一步增强。

8.3 基于边际产业内贸易指数的中巴农产品 贸易增长成因分析

中巴农产品贸易中，中国还是以进口大宗农产品为主，符合中国是个农业大国、人口大国、可耕土地有限的基本国情。农产品贸易的良好发展，能有助于中巴两国贸易关系的长期稳定发展。许多学者运用产业内贸易理论来分析农产品贸易，并且取得了不少成果。

李淑敏（2008）研究发现，我国绝大农产品贸易以垂直型为主。梁雪（2009）研究指出，中韩、中日的产业内贸易水平低于韩日。张晓燕（2010）研究得出，中国和巴西农产品贸易增加量主要以产业间贸易为主。张清（2010）研究发现，中欧贸易中垂直型产业内贸易居主导地位。张娜（2012）分析了我国农产品产业内贸易，得出影响我国农产品产业贸易的影响因子。吴学君（2012）分析了中国和巴西农产品贸易水平，得出中巴农产品贸易中产业间贸易贡献较大。赵晶（2012）研究得出，我国蔬菜产业内贸易水平低，而且主要以垂直型的产业内贸易为主。周志鹏（2013）研究发现，我国茶产品产业内贸易与产业间贸易并存。但利用产业内贸易指数来分析中国与巴基斯坦农产品贸易增长的相关文件很少。

两国之间贸易的不断加强，必然会影响到农产品贸易格局的变化，分析贸易增长成因中，较为常用的是恒定市场份额模型（CMS），就是站在产业贸易角度来分析贸易增长问题。一般有动态和静态的分析方法，但是较为常用的是动态指数（Brulhart 指数或者 Thom & McDowell 指数）[①]。

近年来，对于农产品贸易的研究也开始引入产业内贸易理论。在分析一定时期内贸易增量的成因时，常用 Bruelhart 边际产业内贸易指数和 Thom & McDowell

---

① 王娜娜，陈军. 中巴农产品贸易格局变化及其产业内贸易增长的实证分析［J］. 克拉玛依学刊，2016（5）.

指数进行实际计算分析。前者用于计算一定时期内贸易增量的产业内贸易水平，计算公式为：

$$B_i = 1 - \frac{|\Delta X_i - \Delta M_i|}{|\Delta X_i| + |\Delta M_i|}$$ (8-3)

式中，B_i 代表的是第 i 类产品在一定时间跨度内的 Bruelhart 边际产业内贸易指数；ΔX_i、ΔM_i 分别代表第 i 类产品在一定时间跨度内的进口、出口贸易额增量。用加权法对全部产品的边际产业内贸易指数进行加权计算，其计算公式为：

$$B = \sum W_i B_i (i = 1, \cdots, n)$$ (8-4)

式中，W_i 表示第 i 类产品的贸易额增量在总贸易增额中所占的比重，即：

$$W_i = \frac{|\Delta X_i| + |\Delta M_i|}{\sum (|\Delta X_i| + |\Delta M_i|)}$$ (8-5)

该指数的取值范围在 [0, 1]。如果指数大于 0.5，说明在这一时间段内产品贸易的增量主要由产业内贸易引致；如果指数小于 0.5，则说明主要是由产业间贸易引致。

Thom & McDowell 指数则可进一步分析由产业内贸易引致的贸易增量是以水平型产业内贸易为主还是垂直型产业内贸易为主。如式 8-6 所示，A_h 表示水平型产业内贸易指数：

$$A_h = \sum W_i A_i$$ (8-6)

式中，A_i 为式（1-3）中的 Bruelhart 边际产业内贸易指数，W_i 的计算公式同式（1-4），A_v 表示垂直型产业内贸易指数，其表达式为：$A_v = (A_t - A_h)$，A_t 表示边际总产业内贸易指数：

$$A_t = 1 - \frac{|\Delta X_t - \Delta M_t|}{\sum |\Delta X_i| + \sum |\Delta M_i|}$$ (8-7)

式中，$\Delta X_t = \sum \Delta X_i, \Delta M_t = \sum \Delta M_i$。如果计算结果 $A_h < A_v$，说明贸易引致的贸易增量是以垂直型产业内贸易为主；否则，说明以水平型产业内贸易为主。

为避免中巴贸易数据在统计口径和方法上存在不同，减小误差。方便分析计算，本书特采用中国官方统计的进出口数据进行分析计算，具体结果如表 8-6 所示。

表 8-6　2003~2014 年中国出口巴基斯坦农产品分类 Bruelhart 边际产业内指数

年份	大宗农产品	初级加工品	园艺产品	加工产品	水产品	全部农产品
2003~3004	0.111	0.000	0.000	0.241	0.000	0.003
2004~2005	0.349	0.023	0.000	0.000	0.000	0.007
2005~2006	0.000	0.000	0.049	0.000	0.318	0.010

年份	大宗农产品	初级加工品	园艺产品	加工产品	水产品	全部农产品
2006～2007	0.698	0.060	0.035	0.128	0.000	0.006
2007～2008	0.318	0.213	0.000	0.000	0.018	0.017
2008～2009	0.000	0.649	0.021	0.000	0.000	0.009
2009～2010	0.176	0.646	0.280	0.006	0.079	0.075
2010～2011	0.000	0.000	0.000	0.342	0.000	0.009
2011～2012	0.110	0.000	0.000	0.561	0.022	0.056
2012～2013	0.067	0.183	0.000	0.559	0.013	0.027
2013～2014	0.000	0.000	0.487	0.996	0.006	0.037

从表 8-7 中可以看出，引起中国出口巴基斯坦农产品贸易增量的主要贸易类型是产业间贸易。其中大宗农产品增量在 2003～2007 年由产业间贸易给的贡献逐渐减少，之后又增加；2010 年以后，初级加工品增量由产业间所引起的趋势越来越大；加工产品和园艺产品增量逐渐变成由产业内贸易引起，其中 2010年以后，加工产品增量以很快的速度变成由产业内贸易引起；水产品的增量没有大的波动，依旧是产业间贸易。2006～2007 年大宗农产品、2008～2010 年初级加工品和 2011～2014 年加工产品贸易增量是由产业内贸易引起的，其他年份的农产品贸易增量都是由产业间贸易引起的。大宗产品、初级加工品、园艺产品和水产品贸易增量主要还是产业间贸易引起的。加工产品 2003～2011 年贸易增量一直都是呈现产业间贸易引起的，只有在 2011～2014 年贸易增量是由产业内贸易引起的，2014 年产业内指数已经达到 0.996，快接近于 1 状态，预计可能 2015年贸易增量完全是由产业内贸易引起的。从表中可以发现，2003～2005 年、2007～2011 年和 2012～2014 年贸易增量主要是垂直型产业内贸易，说明垂直型产业内贸易逐渐增强，两国的产品能互相的交换，贸易摩擦不再那么尖锐。总体来说，中国与巴基斯坦的贸易增量是由产业间贸易，产业内贸易水平很低。

表 8-7　2003～2014 年中国出口巴基斯坦农产品产业内贸易结构

年份	边际总产业间贸易	水平产业内贸易	垂直产业内贸易	边际总产业内贸易
2003～3004	0.407	0.003	0.590	0.593
2004～2005	0.880	0.007	0.113	0.120
2005～2006	1.000	0.010	-0.010	0.000
2006～2007	1.000	0.006	-0.006	0.000
2007～2008	0.103	0.017	0.880	0.897
2008～2009	0.499	0.009	0.492	0.501
2009～2010	0.159	0.075	0.765	0.841
2010～2011	0.605	0.009	0.386	0.395

续表

年份	边际总产业间贸易	水平产业内贸易	垂直产业内贸易	边际总产业内贸易
2011 ~ 2012	1.000	0.056	-0.056	0.000
2012 ~ 2013	0.802	0.027	0.170	0.198
2013 ~ 2014	0.411	0.037	0.553	0.589

从表 8 - 8 中所展示的中国向巴国农产品出口的边际产业内贸易指数可以明显地观察到，其值均小于 0.5，可见在 2003 ~ 2015 年均由产业间贸易引致中巴间整体农产品贸易增长。就分类农产品而言，谷物、油籽、棉麻丝、糖类、饼粕、水果、畜产品、粮食制品在个别年份呈现产业内贸易，除上述外的其他大类农产品均表现出明显的产业间贸易增长。

表 8 - 8　2003 ~ 2014 年中国出口巴基斯坦农产品分类 Bruelhart 边际产业内指数

年份 / 类别	2003 ~ 2004	2004 ~ 2005	2005 ~ 2006	2006 ~ 2007	2007 ~ 2008	2008 ~ 2009	2009 ~ 2010	2010 ~ 2011	2011 ~ 2012	2012 ~ 2013	2013 ~ 2014	2014 ~ 2015
谷物	0.00	0.06	0.00	0.00	0.47	0.00	0.40	**0.92**	0.08	0.18	0.00	0.00
棉麻丝	0.00	0.00	0.00	**0.85**	0.00	0.00	0.01	0.00	0.13	0.05	0.23	0.00
油籽	**0.79**	0.38	0.24	0.00	0.28	0.11	0.44	0.00	**0.72**	**0.59**	0.20	0.22
植物油	0.00	0.00	0.03	0.02	0.00	0.02	0.00	0.00	0.00	0.00	0.00	0.00
糖料、类	0.00	0.00	0.00	0.00	**0.89**	0.33	0.00	0.00	0.00	0.00	0.00	0.12
饮品类	0.00	0.00	0.00	0.04	0.00	0.03	0.00	0.00	0.00	0.00	0.21	0.01
蔬菜	0.19	0.00	0.00	0.01	0.00	0.08	0.00	0.00	0.00	0.03	0.04	0.14
水果	0.38	0.00	0.00	0.08	**0.51**	**0.97**	**0.82**	0.19	0.00	0.28	0.00	0.00
坚果	0.09	0.00	0.00	0.00	0.00	0.13	0.00	0.24	0.00	0.01	0.17	0.27
花卉	0.00	0.00	0.00	0.00	0.00	0.00	0.00	0.00	0.09	0.00	0.00	0.00
饼粕	0.00	0.00	0.20	0.19	0.00	0.00	0.00	0.00	**0.87**	0.00	0.01	0.00
干豆	0.00	0.01	0.00	0.00	0.00	0.00	0.07	0.02	0.00	0.40	0.10	0.00
水产品	0.12	0.40	0.00	0.41	0.32	0.32	0.00	0.00	0.00	0.00	0.37	0.00
畜产品	0.11	0.00	**0.99**	**0.88**	0.00	0.07	0.08	0.60	0.00	**0.73**	0.00	0.75
调味香料	0.00	0.00	0.00	0.00	0.00	0.07	0.00	0.01	0.00	**0.71**	0.00	0.00
精油	0.00	0.00	0.00	0.00	0.00	0.00	0.00	0.00	0.00	0.00	0.00	0.00
粮食制品	0.00	0.26	**0.67**	**0.58**	0.00	0.03	0.29	0.00	0.00	**0.97**	0.46	0.00
粮食（薯）	0.00	0.00	0.00	0.00	0.00	0.00	0.00	0.00	0.00	0.00	0.00	0.00
药材	0.06	**0.81**	0.24	0.00	0.00	0.00	0.02	0.00	0.00	0.00	0.00	0.00
其他农产品	0.32	0.00	0.00	0.00	0.00	0.04	0.00	0.06	0.02	0.00	0.08	0.34
全部农产品	**0.14**	**0.02**	**0.03**	**0.09**	**0.12**	**0.11**	**0.05**	**0.13**	**0.08**	**0.13**	**0.08**	**0.18**

8.4 中巴两国双边农产品贸易的格局变化

2003~2014年，中国进口巴基斯坦农产品中加工品①的平均增长率最大，平均增长率达到52%，其他四类农产品平均增长率依次是大宗农产品②（40%）、初级加工品③（38%）、园艺产品④（37%）、水产品⑤（16%）。中国农产品出口巴基斯坦中平均增长率最大的也是初级加工品，平均增长率为44%，其他四类农产品平均增长率是加工品（27%）、大宗农产品（21%）、园艺产品（15%）、水产品（-7%）。以上数据说明两国贸易格局的差异很大，巴基斯坦对中国农产品可能将持续顺差且呈现扩大的趋势。

根据上述对农产品的界定，表8-9、表8-10分别列出了中国对巴基斯坦农产品出口、进口的资源禀赋特征。图8-3至图8-6反映了表8-9和表8-10的数据变化。

表8-9 2003~2014年中国农产品出口巴基斯坦的资源禀赋特征

单位：万美元,%

年份	2003	2004	2005	2006	2007	2008	2009	2010	2011	2012	2013	2014
出口额												
大宗农产品	576	610	750	767	979	2713	2633	3050	2572	4096	3596	4639
初级加工品	1164	1077	9324	3392	3406	4956	5594	7282	8871	7607	7445	65230
园艺产品	2272	3686	6159	7106	7489	5830	10603	14024	12986	8353	7421	10536
加工品	351	545	7560	2222	1589	1338	2192	3205	3826	4626	4519	5013
水产品	0	0	0	40	10	20	18	44	21	20	15	20
土地密集型	1740	1687	10074	4159	4385	7669	8227	10332	11443	11703	11041	69869
资本密集型	2623	4231	13719	9368	9088	7188	12813	17273	16833	12999	11955	15569
总计	4363	5918	23793	13527	13473	14857	21040	27605	28276	24702	22996	85438

① 包括 HS 税号：0201~0208，0210，0401~0410，0710~0712，0811~0812，0814，09012，09014，1104~1107，1212，1504，1517，1601~1603，1701~1704，1806，1901~1905，2001~2009，2101~2106，2201~2209，2402~2403，3502。

② 包括 HS 税号：09011，0902~0903，1001~1008，1201~1202，1204~1207，14042，1801，24011~24013，5201~5203，5302。

③ 包括 HS 税号：0101~0106，0209，0501~0511，0713，09019，1101~1103，11081~11082，1109，1203，1208~1209，1211，1213，1214，1301~1302，1401~1404，1501~1503，1505~1506，1507~1516，1518，1520~1522，17011，1802~1806，2301~2306，2308~2309，2905，33011~33013，33019，3501~3505，5101~5103，530。

④ 包括 HS 税号：0601~0604，0701~0709，0714，08011~08013，8021~08025，08029，0803~0810，08119，08131~08135，09041~09042，0905，09061~09062，0907，09081~09083，09091~09095，09101~09105，091091，091099，12101~12102，12123，121291~121292。

⑤ Regmi 等（2005）文章未包括水产品，现将其加入，指 HS 税号 0301~0307 和 1604~1605 产品。

年份	2003	2004	2005	2006	2007	2008	2009	2010	2011	2012	2013	2014
比重												
大宗农产品	0.1320	0.1031	0.0315	0.0567	0.0727	0.1826	0.1251	0.1105	0.0910	0.1658	0.1564	0.0543
初级加工品	0.2668	0.1820	0.3919	0.2508	0.2528	0.3336	0.2659	0.2638	0.3137	0.3080	0.3238	0.7635
园艺产品	0.5207	0.6228	0.2589	0.5253	0.5559	0.3924	0.5039	0.5080	0.4593	0.3382	0.3227	0.1233
加工品	0.0804	0.0921	0.3177	0.1643	0.1179	0.0901	0.1042	0.1161	0.1353	0.1873	0.1965	0.0587
水产品	0.0000	0.0000	0.0000	0.0030	0.0007	0.0013	0.0009	0.0016	0.0007	0.0008	0.0007	0.0002
土地密集型	0.3988	0.2851	0.4234	0.3075	0.3255	0.5162	0.3910	0.3743	0.4047	0.4738	0.4801	0.8178
资本密集型	0.6012	0.7149	0.5766	0.6925	0.6745	0.4838	0.6090	0.6257	0.5953	0.5262	0.5199	0.1822

表 8 - 10　2001~2014 年中国进口巴基斯坦农产品的资源禀赋特征

单位：万美元,%

年份	2003	2004	2005	2006	2007	2008	2009	2010	2011	2012	2013	2014
进口额												
大宗农产品	471	1056	1721	1619	1732	2060	3676	8004	10986	37074	22679	18762
初级加工品	330	668	764	1534	1990	2175	2482	6021	5253	10534	8928	11390
园艺产品	102	34	21	45	52	102	153	710	716	899	2368	3370
加工产品	7	34	16	60	16	80	25	28	156	468	192	690
水产品	958	731	1148	1359	1870	2946	3092	3715	4093	4011	3244	4760
土地密集型	801	1724	2485	3153	3722	4235	6158	14025	16239	47608	31607	30152
资本密集型	1067	799	1185	1464	1938	3128	3270	4453	4965	5378	5804	8820
总计	1868	2523	3670	4617	5660	7363	9428	18478	21204	52986	37411	38972
比重												
大宗农产品	0.2521	0.4185	0.4689	0.3507	0.3060	0.2798	0.3899	0.4332	0.5181	0.6997	0.6062	0.4814
初级加工品	0.1767	0.2648	0.2082	0.3323	0.3516	0.2954	0.2633	0.3258	0.2477	0.1988	0.2386	0.2923
园艺产品	0.0546	0.0135	0.0057	0.0097	0.0092	0.0139	0.0162	0.0384	0.0338	0.0170	0.0633	0.0865
加工产品	0.0037	0.0135	0.0044	0.0130	0.0028	0.0109	0.0027	0.0015	0.0074	0.0088	0.0051	0.0177
水产品	0.5128	0.2897	0.3128	0.2943	0.3304	0.4001	0.3280	0.2010	0.1930	0.0757	0.0867	0.1221
土地密集型	0.4288	0.6833	0.6771	0.6829	0.6576	0.5752	0.6532	0.7590	0.7658	0.8985	0.8449	0.7737
资本密集型	0.5712	0.3167	0.3229	0.3171	0.3424	0.4248	0.3468	0.2410	0.2342	0.1015	0.1551	0.2263

可以看出，2003~2014 年，中国农产品出口巴基斯坦过程中，农产品资本密集型所占比重明显大于土地密集型，但是随着时间的推移和巴基斯坦经济的发展，出口到巴基斯坦的资本密集型农产品呈现下降趋势。具体来看五大农产品：大宗产品整体波动不大，但最终呈现下降的趋势；初级加工产品整体波动也不大，在 2004~2006 年有大的起伏，2013 年以后有了大幅度的上升。这也说明了 2014 年土地密集型所占比重达到 82%，初级产品为其贡献最大；园艺产品整体波动

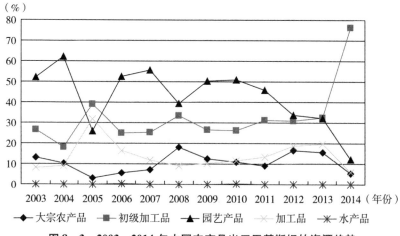

图 8-3　2003～2014 年中国农产品出口巴基斯坦的资源趋势

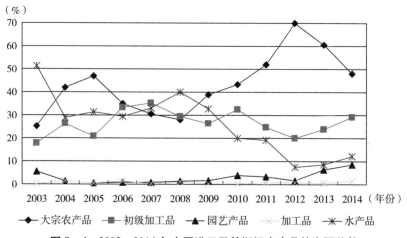

图 8-4　2003～2014 年中国进口巴基斯坦农产品的资源趋势

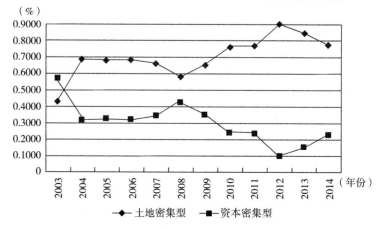

图 8-5　2003～2014 年中国土地密集型和资本密集型农产品出口巴基斯坦的趋势

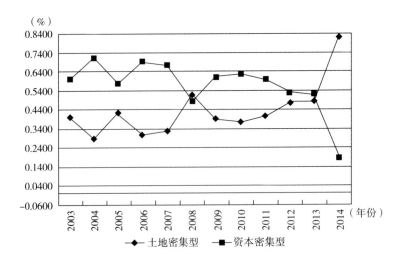

图8-6 2003~2014年中国进口巴基斯坦资本密集型和土地密集型农产品趋势

较大，最终具有下降趋势。2004~2005年有较大的波动，2004年占农产品比例为62.28%，可是2005年下降了36.39%；加工产品整体波动性不大，2004~2006年，和园艺产品、初级加工品一样有着很大的波动。与初级加工品具有相同变化方向，都是先增加后减少的趋势；水产品的波动性很小，所占比重未能超过3%。

2003~2014年，中国在进口巴基斯坦农产品过程中，土地密集型农产品一直是大于资本密集型农产品，2010年以后，资本密集型农产品比重减少超过一半。具体来看五大农产品：大宗农产品整体波动较大，2003~2005年和2008~2012年都呈现持续的上升趋势，2012年是最大增长年，在其后两年内有较大的下降；初级加工品整体趋势是上升，其波动性不大，其平均占比为29.05%，占比最高值发生在2007年，其占比为35.16%，最低占比是2003年，其占比为17.67%，两者相差不到9%；园艺产品和加工产品在自贸协定实施以后有所波动，其他年份没有较大波动；水产品整体波动不大，可是整体趋势是下降的，2008~2012年一直都是下降趋势，其下降速率为29.95%[①]。

中国土地密集型和资本密集型农产品出口到巴基斯坦的过程中，二者都具有很大的波动性，且彼此呈现反方向关系。资本密集型农产品出口到巴基斯坦的趋势是下降的，11年中，7年都是下降的，2014年是最低年份，其值为18.22%，与最高年份相差53.27个百分点。说明巴基斯坦的经济有了很大的改善，农产品技术有了很大的进步，逐渐对国外高附加值农产品依赖减弱。同时也给我国一个

---

① 王娜娜，陈军. 中巴农产品贸易格局变化及其产业内贸易增长的实证分析［J］. 克拉玛依学刊，2016（5）.

警示，需要不断地提升本国资本密集型农产的质量和种类，从而创造更多的国外市场。土地密集型农产品变化与之呈现反方向变化，其波动最大的发生在 2013 ~ 2014 年。纵观整体的变化趋势，自 2007 自贸协定实施以后，中国向巴基斯坦出口的农产品主要还是资本密集型，但是下降趋势可能导致贸易绝对优势的减弱。

中国进口巴基斯坦土地密集型和资本密集型农产品过程中，两者也呈现反方向的关系，但其整体波动性大于中国出口到巴基斯坦的波动性。资本密集型农产品整体呈现下降趋势，土地密集型反方向。2003 ~ 2012 年整体呈现持续的下降趋势，2012 ~ 2014 年才有了较大幅度的增加，土地密集型与之反方向变化，其波动最大发生在 2003 ~ 2004 年。在 2014 年中国出口和进口土地密集型农产品的比重只相差 4.49%，说明两国形成了各自土地密集型农产品的比较优势，存在一定的互补性，形成良好的双向贸易形式，为两国友好进行贸易提供一定的保障。

贸易协定实施以后，促进了双边贸易额的增加。总体来看，中国进口巴基斯坦的农产品主要是土地密集型，中国出口巴基斯坦的农产品主要是资本密集型。

8.5 汇率变动对巴基斯坦农产品进出口贸易的影响

巴基斯坦对外贸易近年呈现持续逆差情形，农产品贸易除少数年份顺差外，多数年份呈现逆差状况。为降低逆差和促进出口，有巴基斯坦学者提出通过汇率调整来解决问题。下面利用巴国整体进出口及相关宏观变量数据进行分析，来讨论汇率变动对巴基斯坦进出口贸易的影响，进而分析对巴国农产品贸易的影响[①]。

8.5.1 模型建立

根据 Goldstein（1985）的不完全替代理论，建立进出口模型。这一理论以一个国家的进出口商品和国内生产商品不可完全替代为假设。根据国际经济学理论，一个国家进口需求的影响因素有本国国民收入、进口商品价格、国内商品价格和汇率。从而我们得到巴基斯坦进口需求（QM）与巴基斯坦国民收入（GDPP）、进口商品价格（WPIW）、巴基斯坦国内商品价格（WPIP）和卢比汇率（XR）有关。

一个国家出口需求的影响因素有贸易伙伴国的国民收入、出口商品价格、国外商品价格和汇率。因此，巴基斯坦出口需求（QX）与贸易伙伴国的国民收入（GDPW）、国外商品价格（WPIW）、巴基斯坦国内商品价格（WPIP）和卢比汇率（XR）有关。国内外研究表明，分析这方面问题使用 C - D 形式的函数较符合实际情况。从而本书也采用 C - D 形式的函数。因此，巴基斯坦进出口商品的需求函数如式（8 - 8）、式（8 - 9）所示：

① 白京磊，陈军. 卢比汇率变动对巴基斯坦进出口贸易影响 ——基于向量自回归模型［J］. 福建金融管理干部学院学报，2019（1）。

$$QX = A \times (GDPW)^{\alpha 1} \times (WPIP)^{\alpha 2} \times (WPIW)^{\alpha 3} \times (XR)^{\alpha 4} \times eu \qquad (8-8)$$

$$QM = B \times (GDPP)^{\beta 1} \times (WPIP)^{\beta 2} \times (WPIW)^{\beta 3} \times (XR)^{\beta 4} \times eu \qquad (8-9)$$

对式（8-8）、式（8-9），分别取对数 $\log(QX) = \log(A) + \alpha 1 \log(GDPW) + \alpha 2 \log(WPIP) + \alpha 3 \log(WPIW) + \alpha 4 \log(XR) + e_u$

其中，$\alpha 1 > 0$，$\alpha 2 < 0$，$\alpha 3 > 0$，$\alpha 4 > 0$。

$\log(QM) = \log(B) + \beta 1 \log(GDPP) + \beta 2 \log(WPIP) + \beta 3 \log(WPIW) + \beta 4 \log(XR) + e_u$

其中，$\beta 1 > 0$，$\beta 2 > 0$，$\beta 3 < 0$，$\beta 4 < 0$。

通过弹性的定义，$\beta 1$、$\alpha 1$ 分别为进出口商品的需求收入弹性；$\beta 4$、$\alpha 4$ 分别为进出口商品需求的汇率弹性。进出口商品的国内价格弹性分别为 $\beta 2$、$\alpha 2$；进出口商品的世界价格弹性分别为 $\beta 3$、$\alpha 3$。

8.5.2 实证分析

8.5.2.1 数据选取

本书使用巴基斯坦 2000～2016 年的数据进行研究。巴基斯坦出口需求（QX）用巴基斯坦的出口额表示。巴基斯坦进口需求（QM）用巴基斯坦的进口额表示。巴基斯坦的国民收入（GDPP）用巴基斯坦的国内生产总值表示。在 2000～2016 年，美国和中国是巴基斯坦最大的两个贸易伙伴国。因此，贸易伙伴国的收入（GDPW）用美国和中国的国内生产总值相加再简单求平均数来得到。巴基斯坦商品的国内价格（WPIP）用批发价格指数表示。贸易伙伴国商品的世界价格（WPIW）由两大贸易伙伴美国和中国的消费价格指数加以简单平均计算而得到。汇率（XR）选取卢比对美元的汇率，采用直接标价法，表示每 1 美元可以兑换卢比的数量。

QX、QM、$GDPP$、$WPIP$、XR 的原始数据来源于 UN comtrade 和有关各期的《巴基斯坦统计局》，美国和中国的原始数据来源于有关各期的《国际统计年鉴》。

对上述变量分别取对数形式，记 $\ln QX = \log(QX)$，$\ln QM = \log(QM)$，$\ln GDPP = \log(GDPP)$，$\ln GDPW = \log(GDPW)$，$\ln WPIP = \log(WPIP)$，$\ln WPIW = \log(WPIW)$，$\ln XR = \log(XR)$。本书使用的计量软件为 Eviews8。

8.5.2.2 单位根检验

由于传统计量方法要求时间序列数据各时刻的期望与协方差、时间无关。因此在进行定量分析前，先对模型的数据进行平稳性检验，以免产生"虚假回归"。所以，在进行定量分析过程中对各变量进行单位根检验，确定变量的平稳性。一般地，进行单位根检验的方法包括 DF 检验法、ADF 检验法、PP 检验法等，而 ADF 检验方法相对于其他方法更好一点。从而本书使用大家都常用的 ADF 检验法来检验出口、进口方程中所用的变量是不是平稳。检验结果如表 8-11 所示。

表 8 – 11 单位根检验结果

变量	检验形式	ADF 统计值	大小比较	临界值	是否平稳
$\ln QX$	C, 0, 0	1.677	>	– 1.605 *	不平稳
$\Delta\ln QX$	C, 0, 0	– 2.922	<	– 2.728 ***	平稳
$\ln QM$	C, 0, 0	1.907	>	– 1.605 *	不平稳
$\Delta\ln QM$	C, 0, 0	– 2.998	<	– 2.728 ***	平稳
$\ln GDPP$	C, 0, 0	4.445	>	– 1.605 *	不平稳
$\Delta\ln GDPP$	C, 0, 0	– 1.611	<	– 1.605 *	平稳
$\ln GDPW$	C, 0, 0	10.175	>	– 1.605 *	不平稳
$\Delta\ln GDPW$	C, 0, 1	– 2.863	<	– 2.681 *	平稳
$\ln WPIP$	C, 0, 0	– 0.505	>	– 1.605 *	不平稳
$\Delta\ln WPIP$	C, 0, 0	– 4.523	<	– 2.728 ***	平稳
$\ln WPIW$	C, 1, 1	– 2.896	>	– 3.310 *	不平稳
$\Delta\ln WPIW$	C, 0, 1	– 5.603	<	– 4.004 ***	平稳
$\ln XR$	C, 0, 0	1.552	>	– 1.605 *	不平稳
$\Delta\ln XR$	C, 0, 0	– 4.728	<	– 2.728 ***	平稳

注：检验形式（C，T，N）分别表示含常数项，时间趋势项和滞后阶数。＊表示在10%水平显著，＊＊表示在5%水平显著，＊＊＊表示在1%水平显著。

资料来源：根据 Eviews8 软件得出的结果。

由表 8 – 11 可以看出，$\ln QX$、$\ln QM$、$\ln GDPP$、$\ln GDPW$、$\ln WPIP$、$\ln WPIW$、$\ln XR$ 的水平值都是不平稳的，都存在单位根。经过一阶差分后，这几个变量都具有平稳性，不存在单位根。所以，它们都是一阶单整序列，即 I (1)。进一步地，再分别检验 $\ln QX$ 与 $\ln GDPW$、$\ln WPIP$、$\ln WPIW$、$\ln XR$ 以及 $\ln QM$ 与 $\ln GDPP$、$\ln WPIP$、$\ln WPIW$、$\ln XR$ 之间是否存在协整关系。

8.5.2.3 协整检验

做计量分析时，具有一阶单整的变量不适合用普通最小二乘法，而适合用 Engel 与 Granger 提出的协整方法。协整方法认为，生活中很多不平稳的时间序列变量组合在一起却有可能存在一种平稳的线性组合，而这些非平稳的变量之间则具有协整关系。检验是否存在协整关系的方法有很多，包括 EG 检验和 JJ 检验等。一般来说，第一种方法不如第二种方法，尤其是在变量个数超过两个的情况下。因此本文的协整检验使用 JJ 检验法。首先，对出口方程进行协整检验，检验结果如表 8 – 12、表 8 – 13 所示。

表 8 – 12 出口的协整检验

Hypothesized No. of CE（s）	Eigenvalue	Trace Statistic	0.05 Critical Value	Prob. **
None *	0.990980	170.1329	60.06141	0.0000

Hypothesized No. of CE（s）	Eigenvalue	Trace Statistic	0.05 Critical Value	Prob. **
At most 1 *	0.958629	99.50790	40.17493	0.0000
At most 2 *	0.880269	51.73042	24.27596	0.0000
At most 3 *	0.662447	19.89277	12.32090	0.0023
At most 4	0.213491	3.602264	4.129906	0.0684

资料来源：根据 Eviews8 软件得出的结果。

表 8 – 13 标准化的协整参数

LQX	LGDPW	LWPIP	LWPIW	LXR	C
1.000000	– 0.611610	– 0.033923	– 0.263421	– 0.457998	– 4.067098
	(0.181213)	(0.042572)	(0.067543)	(0.232581)	(1.110010)
	[3.375091]	[0.796837]	[3.900053]	[1.969195]	[– 3.664021]
似然率 = 35.06396					

注：括号里的值为标准差；方括号里的值为 t 值。

资料来源：根据 Eviews8 软件得出的结果。

　　检验结果显示在 5% 的显著水平上，$\ln QX$ 与 $\ln GDPW$、$\ln WPIP$、$\ln WPIW$、$\ln XR$ 之间存在着协整方程，其标准化的协整关系为：

$$\ln QX = -4.067 + 0.612\ln GDPW + 0.034\ln WPIP + 0.263\ln WPW + 0.458\ln XR$$

　　在出口需求模型中，收入弹性、国外商品价格弹性、汇率弹性都和事先预期的符号一致且通过了检验，国内商品价格弹性不显著。总体来看，每个变量对出口的影响都有限，不过最大的是收入弹性，为 0.612。这说明贸易伙伴国国民收入增长 1%，能促进巴基斯坦商品出口增长 0.612%。国外商品价格上涨 1%，巴基斯坦商品的出口增长 0.263%。而汇率弹性较小，卢比汇率贬值 1%，巴基斯坦商品的出口仅能增长 0.458%。这说明影响巴基斯坦商品出口的主要因素是贸易伙伴国的国民收入水平，卢比汇率变动对巴基斯坦商品出口的影响有限。

　　然后，对进口方程进行协整检验，检验结果如表 8 – 14 所示。

表 8 – 14 进口的协整检验

Hypothesized No. of CE（s）	Eigenvalue	Trace Statistic	0.05 Critical Value	Prob. **
None *	0.977998	126.8324	60.06141	0.0000
At most 1 *	0.961733	69.58305	40.17493	0.0000
At most 2	0.548118	20.63551	24.27596	0.1345
At most 3	0.423127	8.720507	12.32090	0.1860
At most 4	0.030752	0.468519	4.129906	0.5570

注：*（**）意味着在 5%（1%）显著水平拒绝原假设。括号里的值为标准差；方括号里的值为 t 值。

资料来源：根据 Eviews8 软件得出的结果。

检验结果显示在 5% 的显著水平上，lnQM 与 ln$GDPP$、ln$WPIP$、ln$WPIW$、lnXR 之间存在着唯一的协整方程，其标准化的协整关系为：

lnQM = −2.282 + 1.289ln$GDPP$ + 0.191ln$WPIP$ − 0.004ln$WPIW$ − 0.434lnXR

在进口需求的模型中，收入弹性、国内商品价格弹性、汇率弹性都和事先预期的符号一致且通过了检验，进口商品价格弹性不显著。其中，收入弹性最大，为 1.289%。巴基斯坦的国民收入增长 1%，能带动巴基斯坦进口增长 1.289%。而国内商品价格弹性和汇率弹性较小，分别为 0.191 和 −0.434。卢比贬值 1%，仅能促进巴基斯坦进口减少 0.434%。这说明影响巴基斯坦进口的因素主要是巴基斯坦的国民收入水平，卢比汇率的波动对巴基斯坦进口影响有限（见表 8 − 15）。

表 8 − 15　标准化的协整参数

LQM	LGDPP	LWPIP	LWPIW	LXR	C
1.000000	− 1.289187	− 0.191434	0.003505	0.434290	− 2.281682
	(0.104347)	(0.044299)	(0.045316)	(0.185536)	(0.332282)
	[12.35486]	[4.321438]	[− 0.077356]	[− 2.340729]	[− 6.866701]
似然率 = 200.4010					

资料来源：根据 Eviews8 软件得出的结果。

8.6　中国和巴基斯坦粮食贸易及展望

8.6.1　中国粮食进口量及进口来源地概况

统计数据显示，我国粮食进口量近些年基本呈现持续增长态势。图 8 − 7 为 2002 ~ 2017 年我国粮食进口量及三大主粮进口量变化情况。整体来看，不论是粮食总量还是三大主粮品种，我国的进口量是不断增长的。三大主粮中，尤其是玉米的进口量增长迅猛，2010 年玉米进口量同比增长竟高达 18 倍。2012 年，我国三大主粮的进口量均有明显提升，稻谷的进口量 2012 年同比增长近 3 倍，2017 年稻谷进口增量同比增长 13%。小麦的进口量在 2003 ~ 2004 年中激增，主要是由于我国国内粮食的减产，而国内需求量又较大，所以我国小麦进口量突然猛增。小麦进口量 2012 年同比增长 1.96 倍，2017 年小麦进口量同比增长 27%。玉米的进口量 2012 年同比增长 1.97 倍，但 2017 年玉米进口量同比减少近 11%，虽然玉米的进口量有所减少，但是玉米的进口量还存在继续扩大的趋势。总的来说，我国粮食的进口量呈现不断增长的趋势。

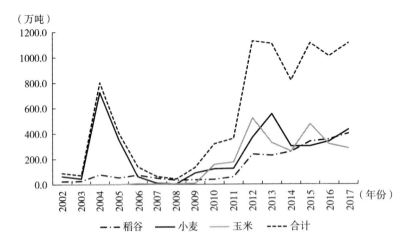

图 8 - 7　2002 ~ 2017 年中国三大主粮进口量变化情况

资料来源：中国农产品贸易发展报告（2002 ~ 2016 年）；联合国贸易数据库（2017 年）。

　　就三大主粮的进口来源地而言，稻谷、小麦以及玉米的进口来源地集中度都很高①。我国稻谷的前三大进口来源地主要集中在泰国、越南、老挝，小麦的前三大进口来源地主要集中在美国、加拿大以及澳大利亚，玉米前三大进口来源地主要集中在美国、乌克兰和老挝（见表 8 - 16）。

表 8 - 16　2006 ~ 2017 年中国稻谷前三大进口来源地占中国稻谷进口总量占比

单位：%

年份	第一位	第二位	第三位	总占比	年份	第一位	第二位	第三位	总占比
2006	泰国 94.48	越南 4.86	老挝 0.59	99.93	2012	越南 65.23	巴基斯坦 24.48	泰国 8.42	98.12
2007	泰国 93.46	越南 5.44	老挝 0.90	99.79	2013	越南 65.18	泰国 14.41	巴基斯坦 18.36	97.95
2008	泰国 97.21	老挝 1.30	日本 0.03	98.54	2014	越南 52.42	泰国 29.12	巴基斯坦 15.74	97.28
2009	泰国 94.20	老挝 4.76	越南 0.81	99.78	2015	越南 53.15	泰国 28.36	巴基斯坦 13.11	94.62
2010	泰国 82.72	越南 14.45	老挝 1.75	98.92	2016	越南 45.46	泰国 26.88	巴基斯坦 19.70	92.04
2011	泰国 57.72	越南 39.12	巴基斯坦 1.46	98.29	2017	越南 56.72	泰国 27.97	巴基斯坦 6.83	91.52

资料来源：根据联合国贸易商品统计数据库数据计算得到。

---

　　① 赵亮等（2012）研究发现，我国对美国和法国的谷物进口比较敏感，而我国对泰国和澳大利亚谷物进口不论短期还是长期均不敏感，建议我国应与这两个国家建立长期稳定的贸易合作关系。

中国稻谷前三大进口来源地。从表 8 – 16 中可知，我国稻谷的前三大进口来源地于 2005 ~ 2011 年前主要集中在泰国、老挝和越南，自 2011 年后我国增加从巴基斯坦进口稻谷，从而中国稻谷进口来源地主要集中在泰国、越南和巴基斯坦。2005 ~ 2009 年，中国稻谷从前三大进口来源的进口量占当年进口总量的比重在 99% 以上，在有些年份甚至接近 100%。值得注意的是，在 2005 ~ 2009 年，仅从泰国进口的稻谷已经占稻谷进口总量的 90% 以上，也就是说在此期间泰国是我国稻谷极其重要的进口来源地。但从 2010 年我国从泰国的稻谷进口量呈现下降趋势，2016 年下降为 26.88%。2012 年，我国从越南进口稻谷量不断攀升，同时我国从巴基斯坦进口稻谷的占比也不断增加。

8.6.2　基于进口需求价格弹性的稻谷进口来源地分析

8.6.2.1　理论模型和数据来源

国际粮食市场价格对我国粮食进口贸易的影响越来越显著，从而对我国粮食进口来源地的选择产生影响。王锐等（2017）通过有界协整模型分品种分析了粮食进口需求，得到在长期内相对价格对进口需求的影响更为显著，价格下降，玉米、稻谷和小麦的进口需求会显著增加，其中小麦最敏感。本书选择进口价格弹性来衡量我国粮食进口量对进口价格变动反应敏感程度，采用双对数线性回归模型来分析主要进口来源国的价格弹性，基本模型为：

$$\ln Y_i = \ln A + \beta_2 \ln X_i$$

令 $\beta_1 = \ln A$，$Y_i^* = \ln Y_i$，$X_i^* = \ln X_i$ 则：

$$Y_i^* = \beta_1 + \beta_2 X_i^*$$

这个模型的弹性分析如下：

$$\frac{\mathrm{d}\,(\ln Y_i)}{\mathrm{d}X_i} = \frac{1}{Y}\frac{\mathrm{d}Y_i}{\mathrm{d}X_i} = R_2\frac{1}{X_i}，\text{ 则 } R_2 = \frac{\mathrm{d}Y_i/\mathrm{d}X_i}{Y_i/X_i}$$

式中，Y 为各类品种粮食进口额；X_1 为进口价格；β_2 即为我国各类粮食进口的价格弹性。考虑到居民消费收入的因素引入我国居民人均消费支出（CPI）作为控制变量，使得模型更加完善。改进后的模型为：

$$\ln Y_i = \beta_1 + \beta_2 \ln X_i + \beta_3 \ln CPI$$

这里所采用的数据来源于联合国商品贸易统计数据库（UNCONMTRADE）关于粮食进口贸易相关的统计数据，以及《中华人民共和国统计年鉴》中关于居民人均消费支出的统计数据，运用 Eviews 软件计算系数。

8.6.2.2　实证结果分析

这里选取的进口来源国分别是稻谷、小麦及玉米的主要来源国（即中国从这些国家进口的稻谷、小麦及玉米的累计总量占中国进口稻谷、小麦及玉米总量的 90% 以上）。选取样本包括 2014 ~ 2017 年共 16 个季度数据。同时，还将中国从所有进口来源国进口粮食的贸易总量作为一个整体进行分析，从而得到整体的价格弹性数据作为参考，能够更好地反映中国粮食进口的整体贸易情况。

表 8 – 17 中的价格弹性估计结果显示，分析中国稻谷进口价格弹性，例如，中国从巴基斯坦进口稻谷的需求价格弹性为 – 6.864，表示的含义是中国从巴基斯坦进口稻谷的价格上升 1%，会导致从巴基斯坦进口稻谷的需求量减少6.846%；中国从柬埔寨进口稻米的需求价格弹性为 0.21，表示的含义是从柬埔寨进口稻米的价格增长 1%，会导致我国从柬埔寨进口稻米的需求量增加0.21%。表中的价格弹性估计结果显示，中国从巴基斯坦、老挝进口的价格弹性均小于 0，从越南进口的价格弹性大于 1，说明从这些国家的进口稻谷需求富有弹性；从柬埔寨、缅甸以及泰国进口价格弹性大于 0 小于 1，说明中国从这些国家进口需求缺乏弹性。

表 8 – 17　中国稻谷主要进口国家的进口价格弹性

主要进口国家	双对数模型	进口价格弹性
巴基斯坦	$\ln Y = -12.887 - 6.864 \times \ln X_1 + 3.131 \times \ln CPI$	– 6.864
柬埔寨	$\ln Y = -25.949 + 0.210 \times \ln X_1 + 4.257 \times \ln CPI$	0.21
老挝	$\ln Y = -30.139 - 2.737 \times \ln X_1 + 4.716 \times \ln CPI$	– 2.737
缅甸	$\ln Y = -37.572 + 0.554 \times \ln X_1 + 5.516 \times \ln CPI$	0.554
日本	$\ln Y = -76.160 - 14.386 \times \ln X_1 + 10.495 \times \ln CPI$	– 14.386
泰国	$\ln Y = 2.118 - 0.598 \times \ln X_1 + 1.173 \times \ln CPI$	– 0.598
越南	$\ln Y = 17.912 + 1.943 \times \ln X_1 - 0.797 \times \ln CPI$	1.943
所有进口国	$\ln Y = 6.641 - 0.587 \times \ln X_1 + 0.769 \times \ln CPI$	– 0.587

8.6.3　基于进口成本考量的中国稻谷进口来源国深入分析

根据上文 Y 为中国粮食进口量；X 为进口价格；β_2 为中国粮食进口的价格弹性。设中国粮食进口价格函数的反函数为：

$X = X(Y)$

那么中国粮食进口的总成本为：

$$TC(Y) = X(Y) \times Y \tag{8 – 10}$$

平均成本为：

$$AC(Y) = TC(Y)/Y \tag{8 – 11}$$

因此可以得到我国粮食进口的边际成本为：

$$MC(Y) = \frac{\mathrm{d}TC(Y)}{\mathrm{d}Y} = X + Y \times \frac{\mathrm{d}X}{\mathrm{d}Y} = X\left(1 + \frac{\mathrm{d}X}{\mathrm{d}Y} \times \frac{X}{Y}\right) = X\left(1 + \frac{1}{\beta_2}\right) \tag{8 – 12}$$

又因为：

$$\frac{\mathrm{d}AC(Y)}{\mathrm{d}Y} = \frac{\mathrm{d}[TC(Y)/Y]}{\mathrm{d}Y}$$

$$= \frac{1}{Y^2} \left[Y \times \frac{\mathrm{d}TC(Y)}{\mathrm{d}Y} - TC(Y) \right]$$

$$= \frac{1}{Y} \left[\frac{\mathrm{d}TC(Y)}{\mathrm{d}Y} - \frac{TC(Y)}{Y} \right]$$

$$= \frac{1}{Y} \left[MC(Y) - AC(Y) \right] \tag{8-13}①$$

根据上述分析可以得到如下的推断：

当 $\beta_2 > 0$ 时，Y 和 X 呈正相关，当 $\beta_2 < 0$ 时，Y 和 X 呈负相关。

当 $\beta_2 > 0$ 时，根据式（1-3）可知，$MC > X$，且 β_2 越大时，TC 也越小。

当 $-1 < \beta_2 < 0$ 时，根据式（1-3）可知，$MC < 0$，又由于 $AC（Y）> 0$，因此根据式（8-13）可知，$\mathrm{d}AC（Y）/\mathrm{d}Y < 0$，因此当 Y 越大时，AC 越小。

当 $\beta_2 < -1$ 时，根据式（8-12）可知，$0 < MC < X$，而且当 β_2 的绝对值越大时，MC 也越大。

考虑到节省中国粮食进口的总成本，应该倾向于向进口价格弹性为正且绝对值大的国家或地区进口粮食；根据上述推断过程可知，考虑到节约中国粮食进口的平均成本，应该倾向于向价格弹性为负且绝对值小的国家进口粮食；根据上述推断过程式（8-13）可知，考虑到应对价格波动等风险，中国应该倾向于价格弹性为负且绝对值大的国家进口粮食。

从节约进口总成本的角度出发，中国应该从价格弹性为正且绝对值大的国家进口稻谷，因此中国应适当增加从越南进口稻谷；从节约进口的单位平均成本的角度出发，则应该从进口价格弹性为负且绝对值小的国家进口稻谷，因此应该从泰国进口更多的稻谷；从应对价格上涨等风险的角度出发，应该从进口价格弹性为负且绝对值大的国家进口稻谷，因此应该增加从巴基斯坦等国家的稻谷进口。

稻谷是巴基斯坦重要的出口产品，根据国际贸易委员会的数据，2017~2018年中国进口稻谷占巴基斯坦对外出口稻谷比重为7%。综合考虑，中国可以增加从巴基斯坦进口稻谷，不仅可以应对国际市场上的粮食价格上涨风险，而且从巴基斯坦进口稻谷富有需求价格弹性。

8.7 中国—巴基斯坦农产品贸易空间拓展分析

对中国和巴基斯坦而言，农业生产一直占据重要地位，所以中巴农产品贸易一直是两国双边贸易不可或缺的一部分。

首先，从整体上观察可发现，中巴农产品贸易互补的特点，而且国际分工、全球经济一体化进程的不断发展，无论是从中巴双边产业内贸易还是产业间贸易

---

① 程欣等. 中国铁矿石进口市场结构与需求价格弹性分析 [J]. 资源科学，2014，36（9）.

而言，二者处于相互促进状态，可见中巴农产品双边贸易的发展空间还是相当大的。

其次，分析近年中巴两国农产品双边贸易情况可以看出，从农产品的出口来看，中国向巴基斯坦出口表现得较为分散，而巴基斯坦出口到中国的农产品则与中国相反较为集中。从出口占比来看，中国与巴基斯坦的双边农产品贸易尚有比较大的上升空间。

应该注意到，中巴自贸协定签订实施特别是在 2007 年以后，中国与巴基斯坦的双边贸易呈现翻倍增长，但巴基斯坦对中国贸易赤字却呈现出与此截然不同的态势，进一步扩大了。中国产品对巴基斯坦国内市场造成了较大的冲击①，特别是电子产品以及化工品等，对巴基斯坦国内的工业发展产生了很大的负面影响。巴基斯坦商界曾建议可以通过中巴双方新的自贸协定来减少对中国的制成品以及半制成品的进口，以此减少对其市场的冲击，但农产品贸易并未受此影响。2005 年中巴双方签订关于自由贸易协定早期收获计划的协议，在该协议附件中列出了《共同降至零关税产品清单》《中方降至零关税产品清单》《巴方降至零关税产品清单》、中国与巴基斯坦自贸协定附件中列出的《中巴两国关税减让表》。在上述文件中，双方对农产品贸易都非常重视，相关税率水平优先考虑。

2019 年 4 月 28 日，中巴两国签署《中华人民共和国政府和巴基斯坦伊斯兰共和国政府关于修订〈自由贸易协定〉的议定书》（以下简称《议定书》）②。《议定书》作为中国—巴基斯坦自贸协定第二阶段谈判③成果文件，是落实两国领导人重要共识、进一步丰富和充实中巴两国全天候战略合作伙伴关系的重要举措，是发展中国家间自贸区建设的典范，也是推进"一带一路"建设和构建人

---

① 巴方商界一些观点认为：从实践结果看，2006 年签署的中巴自由贸易协定，中方获利多，巴方获利少，巴基斯坦承认巴方比中国的经济发展水平和发展速度都低得多，因此也认定，双方签署自由贸易协定中的优惠条款不可能完全对等，巴基斯坦理应享受更多的优惠。同时，巴方认为自由贸易协定导致中国冲击巴基斯坦市场，但巴基斯坦的优势出口产品受益不多。巴方多次强调，中国出口到巴基斯坦的某些中低端产品对巴本国的传统产业和民族企业均受到了冲击，比如纺织业、制革业和制鞋业，在这些劳动密集型产业中，巴基斯坦的就业率很高，但由于中国产品价格上占有绝对优势，加上有了自由贸易协定的保护，导致巴国企业因在价格上竞争不过中国产品而陷于萎缩，不少企业倒闭，据巴基斯坦方面测算，截至目前，巴方对中国商品的关税减免已经达 220 亿卢比，约为 2.2 亿美元。同时巴基斯坦对华出口却未享受应有的优惠，巴方认为，中方对巴基斯坦向中国出口的优势产品并未削减太多进口关税。另外，巴方认为巴方从中国那里享有的优惠待遇不比他国高。巴方贸易官员多次称，中国对巴基斯坦的贸易优惠力度并没有比其他国家更高，尤其是不比东盟国家更优惠。特别是随着中国与包括东盟在内的多个国家相继签订自贸协定，巴基斯坦的出口优势逐渐丧失，因此巴方希望中方理解巴基斯坦的困难，并在政策上有所倾斜。详见 http://news.ifeng.com/a/20170817/51663315_0.shtml。

② 《议定书》约 400 页，由序言和 6 个章节组成，除对原自贸协定中的货物贸易市场准入及关税减让表、原产地规则、贸易救济、投资等内容进行升级和修订外，还新增海关合作章节。与原自贸协定相比，《议定书》的核心是大幅提高两国间货物贸易自由化水平。

③ 2011 年 3 月中巴双方启动自贸协定第二阶段谈判。共举行十一次会议。尤其是自 2017 年 9 月以后，谈判进程加快，双方就货物贸易市场准入、原产地规则、海关合作、投资等议题不断取得重要进展。

类命运共同体的生动实践。

《议定书》对原自贸协定中的货物贸易市场准入及关税减让表、原产地规则、贸易救济、投资等内容进行升级和修订，并新增海关合作章节。其中核心内容是在原自贸协定基础上，进一步大幅提高两国间货物贸易自由化水平。《协定书》生效后，中巴两国间相互实施零关税产品税目数比例将从此前的35%逐步增加至75%。此外双方还将对占各自税目数比例5%的其他产品实施20%的部分降税。其中，中方将对45%的税目在协定生效后立即取消关税，并对30%的税目分别在5年内（税目占比15%）和10年内（税目占比15%）逐步取消关税。巴方同样将对45%的税目在协定生效后立即取消关税，并对30%的税目分别在7年内（税目占比15%）和15年内（税目占比15%）逐步取消关税①。

中国—巴基斯坦自贸协定第二阶段谈判期间，巴方希望通过第二阶段谈判大幅提升棉花等主要出口商品对华的出口额，同时巴方期待对相对劣势的产品有保护机制，也就是说，在部分巴基斯坦就业率高的民族工业，巴基斯坦还会对中国同类产品保持关税，也就是说，巴基斯坦在其传统的优势产业，对中国的同类产品还要保有关税。同时期待中国对巴基斯坦的优势产业如棉花产业的产品减免关税。棉花是巴基斯坦对华的主要出口产品，出口额由2006年的3.29亿美元上升至2014年的13亿美元②。

按照《议定书》，中方自巴国进口总额的90%将在协定生效之日起立即享受免税待遇，而中方仅要求巴方对67%的贸易额实现零关税并允许巴方有更长的过渡期，这充分体现了中巴特殊友好关系和对巴关切的特殊照顾。中巴双方在互利共赢的基础上，将占各自全部税目80%的产品纳入关税减让，并对彼此重点关注的主要出口产品给予了充分考虑。巴方将中方重点关注的机电、家具、纺织、磷肥、玻璃制品、汽车及摩托车零部件等出口优势产品纳入关税减让。中方将巴方重点关注的棉纱、皮革、服装、水产品、坚果等出口优势产品纳入关税减让③。

中国地域辽阔，农产品种类齐全，包括巴基斯坦在内的"一带一路"沿线国家从中国进口农产品具有得天独厚的地缘优势；中国对食用油籽及植物油、棉花、乳制品、谷物等有较大的需求，巴基斯坦可利用品种互补性，将其相关农产品出口中国。中国应加强同巴基斯坦在检验检疫、跨境监管程序协调、提高技术性贸易措施透明度、提高贸易自由化和便利化水平等方面开展广泛深入的合作，强化农产品信息交流和共享，拓展贸易品种，提高贸易效率，扩大贸易规模，充分发挥双方农产品贸易的互补性，这也有助于推进国内农业供给侧改革。

① http：//info. texnet. com. cn/detail－747521. html.
② 周戎. 中巴第二阶段自贸谈判为何拖了那么久？［EB/OL］. http：//news. ifeng. com/a/20170817/51663315_ 0. shtml.
③ 王志华. 充分利用中巴自贸协定第二阶段机遇，推动双边贸易平衡发展［EB/OL］. http：//www. ce. cn/xwzx/gnsz/gdxw/201908/26/t20190826_ 33006223. shtml.

第九章　中国和巴基斯坦农业
合作现状、环境及前景

自中巴建交以来，中巴农业合作稳步发展，已经进入深层次、宽领域、多目标的发展模式，双边在农产品交易、农业项目投资、农业科技合作等领域都取得了积极进展。作为"一带一路"沿线的重要国家之一，巴基斯坦在中国对外农业合作历史上的地位再次被提升。

9.1　中国和巴基斯坦农业合作概述

9.1.1　中国农业对巴基斯坦投资概况

农业对外投资在中国对外直接投资中占比较低。2017 年中国对外直接投资[①]主要流向第三产业。《2017 年度中国对外直接投资统计公报》显示，2017 年中国对外直接投资流向第三产业金额为 1262.7 亿美元，占当年中国对外直接投资总额的比重为 79.8%，流向第二产业 295.1 亿美元，占比 18.6%；流向第一产业（农、林、牧、渔）25.1 亿美元，占比 1.6%[②]。

近年来，特别是在"一带一路"倡议提出之后，中国农业对外开放步伐不断加快。农业对外投资规模逐步扩大、投资领域不断拓宽、投资主体日趋多元、投资方式日益丰富，在统筹利用两个市场、两种资源、两类规则方面成效显著。

截至 2017 年底，我国共有 717 家境内企业在境外设立了 851 家涉农企业，2017 年新增投资额 22.5 亿美元，与 2010 年相比增长了 11 倍；投资存量 173.3 亿美元，与"一带一路"倡议提出前相比，翻了两番以上。2013～2017 年投资存量年均增长率达到 44.7%。投资区域覆盖全球六大洲 100 个国家和地区，主要以亚洲、欧洲国家为主，涵盖粮棉油糖胶、畜牧渔业、农资农机 10 多个类别，

---

① 对外直接投资是指我国企业、团体等（以下简称境内投资者）在国外及港澳台地区以现金、实物、无形资产等方式投资，并以控制国（境）外企业的经营管理权为核心的经济活动。对外直接投资的内涵主要体现在一个经济体通过投资于另一经济体而实现其持久利益的目标。

② 此处第一产业包括农林牧渔数据。第三产业数据来自 2017 年中国对外直接投资总额扣除第一、第二产业对外直接投资额，包括 2017 年中国跨境并购涉及的信息传输、软件和信息技术服务业，交通运输、仓储和邮政业，电力、热力、燃气及水的生产和供应业，金融业，租赁和商务服务业，房地产业，住宿和餐饮业，文化体育和娱乐业，批发和零售业，科学研究和技术服务业，卫生和社会工作，教育，水利环境和公共设施管理业，居民服务、修理和其他服务业，建筑业等行业。

涉及科技研发、生产、加工、流通、贸易等产业链上的各个环节。从主体结构来看，由民营企业设立的境外企业 766 家，占企业总数的 90%，成为我国农业对外投资合作的中坚力量。2017 年，我国企业共在境外生产农产品 1855.8 万吨，在外营业收入达到 509.6 亿美元。在社会效益发挥方面，2017 年，我国企业通过试验示范等方式，在境外指导当地农民开展农业生产 40 余万人次，雇用外方人员 13.9 万人，向东道国缴纳税金 4.1 亿美元，为全球减贫事业、粮食安全和农业可持续发展做出了积极贡献①。

中国对巴基斯坦投资流量在 2017 年中国对外直接投资流量排名中位居第 20，流量为 6.8 亿美元，占总额比重为 0.4%②。在"一带一路"沿线国家中，2017 年中国对外直接投资按投资流量排名前十位的顺序依次为新加坡、哈萨克斯坦、马来西亚、印度尼西亚、俄罗斯、老挝、泰国、越南、柬埔寨、巴基斯坦。2017 年末，中国对"一带一路"沿线国家的直接投资存量为 1543.98 亿美元，占中国对外直接投资存量的 8.5%。存量位列前十的国家是：新加坡、俄罗斯、印度尼西亚、哈萨克斯坦、老挝、巴基斯坦、缅甸、柬埔寨、阿联酋、泰国③。

9.1.2 中巴现行农业经济合作遵循的框架

9.1.2.1 中巴自由贸易协定

双边自由贸易的谈判于 2006 年完成，并于 2006 年 11 月 24 日中国国家主席访巴期间在伊斯兰堡签署。自由贸易协定是关于货物和服务贸易优惠的制度安排。服务贸易协定在 2009 年 2 月 21 日巴基斯坦总统访华期间签署。

中巴自由贸易协定第二阶段谈判于 2019 年完成，并于 2019 年 4 月 28 日巴基斯坦总理访问中国期间在北京签署《中华人民共和国政府和巴基斯坦伊斯兰共和国政府关于修订〈自由贸易协定〉的议定书》④（以下简称《议定书》）。《议定书》作为中国—巴基斯坦自贸协定第二阶段谈判⑤成果文件，对原自贸协定中的货物贸易市场准入及关税减让表、原产地规则、贸易救济、投资等内容进行升

---

① 中国对外投资发展报告（2018），报告中所有数据均来自农业农村部企业对外农业投资信息采集系统，包括了 29 个省（直辖市、自治区）、广东农垦、黑龙江农垦、新疆兵团以及中粮集团等大型央企的信息。

② 中国对外直接投资中，哈萨克斯坦排名第八，流量 20.7 亿美元，总额占比为 1.3%；印度尼西亚排名第十一，流量 16.8 亿美元，总额占比为 1.1%；俄罗斯联邦排名第十一，流量 15.5 亿美元，总额占比为 1.0%；越南排名第十八，流量 7.6 亿美元，总额占比为 0.5%；柬埔寨排名第十九，流量 7.4 亿美元，总额占比为 0.5%。

③ 中国对外直接投资统计公报（2017）［Z］.2017.

④ 《议定书》约 400 页，由序言和 6 个章节组成，除对原自贸协定中的货物贸易市场准入及关税减让表、原产地规则、贸易救济、投资等内容进行升级和修订外，还新增海关合作章节。与原自贸协定相比，《议定书》的核心是大幅提高两国间货物贸易自由化水平。

⑤ 2011 年 3 月中巴双方启动自贸协定第二阶段谈判。共举行十一次会议。尤其是自 2017 年 9 月以后，谈判进程加快，双方就货物贸易市场准入、原产地规则、海关合作、投资等议题不断取得重要进展。

级和修订，并新增海关合作章节。其中核心内容是在原自贸协定基础上，进一步大幅提高两国间货物贸易自由化水平①。

服务业政策与规则属于本国事项，但服务政策对外国公司争夺市场的能力会产生影响。服务贸易的比重超过全球贸易流的四分之一，并且已经在过去二十年间因为技术变革而迅速扩张。在贸易协商与贸易协定方面，服务现在被直接提上日程。贸易协商在促进有利政策改革、为出口商提升市场准入机会、提升国家竞争力与贸易多样化方面可以发挥补充作用。服务规则一般来说是行业特定的，这意味着行业监管者与部委成为协商过程的组成部分。

9.1.2.2 双边投资协定（BIT）

为增强投资者信心和保护投资者利益，中巴投资协定于 1989 年 2 月 12 日签署。部际联委会（JMC）设立的目的是协商投资和贸易事宜。

《2006 年贸易和经贸合作五年发展规划》于 2006 年 11 月 23～26 日中国国家主席访巴期间在伊斯兰堡签署。该规划旨在推进两国在制造业、基础设施建设、矿业开发、能源、电信和其他服务业领域的经贸合作。

2013 年，中巴经济走廊合作备忘录签署。备忘录制定了全面的合作框架和路线图，以提升和扩大中巴之间的经济、贸易和战略关系。

中巴经济走廊是一个不断发展的巨大项目，致力于连接巴基斯坦西南部的瓜达尔港与中国西北部的新疆维吾尔自治区，通过高速公路、铁路和输油管道网来运输石油与天然气。中巴经济走廊及其与中亚的联系将有助于形成完整区域，并且项目将提供更大的经济机会。中巴经济走廊被认为是中巴关系的核心，从瓜达尔港到中国新疆喀什长度大约 2700 千米。整体建设成本预计超过 460 亿美元。中巴经济走廊是中国倡议的 21 世纪丝绸之路的延伸。除了交通基础设施，中巴经济走廊将给巴基斯坦提供电信和能源基础设施。被提议的投资将使巴基斯坦改变成一个地区的经济中心，且进一步促进巴基斯坦与中国的联系。

"特殊安全部"作为一个独立的部门，旨在保证工作在中巴经济走廊和其他项目上的中国人的安全。

中巴经济走廊联委会（JCC）巴方由计划改革部长，中方由国家发展和改革委员会副主任牵头。

9.1.3 近年来中巴农业合作主要项目及政策引导

21 世纪以来，特别是在 2006 年中巴双方发表联合声明以来，两国加快了在农业方面合作的进程。在政府层面、企业层面及科研院所间相继出台了政策引导、项目合作。如表 9 - 1 所示。

---

① 相关内容请参见前一章。

表 9 - 1　中巴农业合作的政策引导和主要合作项目

年份	文件	确定的合作领域
2006	中巴联合声明	加强农业技术，尤其是农产品加工、农药、滴灌和渔业等方面的技术交流与合作
2006	中巴经贸合作 5 年（2007～2011 年）发展规划	农业节水灌溉产业合作及技术培训、种业技术转让和生产基地建设、农药、农业技术培训、果蔬加工、化肥
2008	中国农业科学院与巴基斯坦农业研究理事会农业科技合作谅解备忘录	水资源管理、杂交稻、玉米、园艺及其他转基因作物
2009	湖北省种子集团有限公司分别与巴基斯坦信德省和巴基斯坦农业发展研究委员会签署技术合作谅解备忘录	杂交水稻、油料作物技术合作
2009	巴基斯坦农业研究理事会与新疆天业节水灌溉股份有限公司、新疆生产建设兵团农八师149 团签署合作谅解备忘录	农业节水灌溉领域及 Bt 杂交稻、彩色棉方面的咨询及技术服务
2010	中巴联合声明	粮食加工、冷藏仓库、农作物遥感卫星测控等农业合作
2010	中华人民共和国国家粮食局与巴基斯坦伊斯兰共和国食品、农业和畜牧部合作谅解备忘录	粮食储备合作、建立长期稳定的粮食流通合作交流机制
2010	中国陕西省杨凌农业高新技术产业示范区与巴基斯坦信德省农业部关于合作建设信德省农业示范基地的谅解备忘录	共同在巴基斯坦信德省建立中国杨凌模式的农业示范基地
2011	中巴经济合作组第二次会议	农业信息交流与培训、农产品加工、动植物检验、农业机械生产和维修、农药管理、农产品贸易
2014	中巴杂交小麦产业化合作协议	向巴基斯坦推广中国国内优质杂交小麦品种
2015	中国科学技术部和巴基斯坦科学技术部关于建立中国—巴基斯坦联合棉花生物技术实验室备忘录	棉花生物技术
2016	浙江农林大学与巴基斯坦信德农业大学、费萨拉巴德农业大学合作协议	主要粮食作物全程农业机械化生产技术培训和技术交流，将中国先进适用的旱作农业技术和设施农业技术推广到巴基斯坦
2017	华南农业大学与巴基斯坦萨果达大学签了两校合作备忘录	筹建"中巴农业研究院"，设立 5 个研发中心，2018 年在巴成立中巴柑橘病虫害综合治理联合研究中心
2017	中华人民共和国农业部、中华人民共和国国家发展和改革委员会、中华人民共和国商务部、中华人民共和国外交部四部委联合发布《共同推进"一带一路"建设农业合作的愿景与行动》	进一步加强"一带一路"农业合作的顶层设计

续表

年份	文件	确定的合作领域
2018	巴基斯坦信德省农业大学（SAU）与中国热带农业科学院（CATAS）关于热带农业科技合作的谅解备忘录	研究信息共享、品种资源交换、品种选育与试种、热作生产技术研发、技术转移等
2018	新疆农业大学与巴基斯坦费萨拉巴德农业大学上海合作组织科技伙伴计划《高产抗逆机采作物新品种培育联合研究中心》	节水灌溉、水肥一体化、联合申报项目、高层次人才培养
2018	中华人民共和国和巴基斯坦伊斯兰共和国关于加强中巴全天候战略合作伙伴关系、打造新时代更紧密中巴命运共同体的联合声明	扩大有关科技在农业、水资源、能源和食品安全领域的应用，加强在应对气候变化、荒漠化防治、海水淡化、水资源管理、造林和生态恢复、湿地保护与恢复、野生动植物保护、林业产业发展、灾害管理和风险减缓及其他双方共同关心领域的合作，并将对巴无偿援助向农业、教育、医疗、扶贫、供水、职业培训等方面倾斜
2019	中华人民共和国政府和巴基斯坦伊斯兰共和国政府关于修订《自由贸易协定》的议定书	中方将巴方重点关注的棉纱、皮革、服装、水产品、坚果等出口优势产品纳入关税减让

资料来源：官方网站信息整理。

　　巴基斯坦具有优越的自然资源条件，而中国具备技术、资金、人才等优势，双方农业领域合作互补性强，合作价值大。近年来，中巴农业合作逐渐从以粮食作物种植为主，拓展到基础设施建设、产品加工、农业机械、农业信息化应用等以前合作相对较少的领域。

9.2　巴基斯坦的农业投资（合作）环境

9.2.1　巴基斯坦投资管理体系

　　巴基斯坦投资促进机构是巴投资委员会（BOI）。投资委员会作为投资领域的顶层机构，被授权促进、鼓励和帮助国内外在巴投资。投资委员会作为协助投资者的枢纽，向投资者提供所有必需的信息和帮助，以加快项目落地。投资委员会由巴基斯坦总理领导，其授权如下：

　　（1）设计和更新商业友好的政策，负责政策改革和监管改革。

　　（2）投资促进，发现和重点推荐前景好的机会/项目。

　　（3）为投资周期每个阶段提供便利，还提供指导和真实的信息，进行协调，解决困难，对工作签证和开立代表处/分部①进行安全审查。

（4）树立投资者信心。提出投资保护的法律制度，包括起草和谈判双边投资贸易协定。

（5）通过产业聚集，建立"特殊经济区"。

投资委员会于 1997 年设计了第一个投资政策，向外国投资开放了包括基础设施、社会和服务业在内的所有经济部门。"2013 年投资政策"和"2013～2017年直接投资战略"着重于降低营商成本，加强巴基斯坦的国际竞争力，吸引产业和金融资本来建立企业并长期经营；减少繁文缛节，简化程序和流程；建议经济自由化，强调为投资者提供便利，实行投资保护，去除监管障碍，实行公私合营（PPP），以及相关利益方的配合等；提出将贸易行业和货币政策挂钩，使政策更加统一的思路；为中小企业进入市场提供便利。投资政策对国内外投资者提供同等待遇。为此，投资委员会努力改善巴基斯坦投资环境，提供公平的竞争环境，刺激国内外投资。同样地，巴国启动了着眼于开发重点行业的行业战略，以激活这些行业的国内外私人投资。

9.2.2 巴基斯坦关于外资参与农业投资合作的规定

（1）外资企业获得土地的规定。巴基斯坦已在旁遮普省、信德省等地建立工业特区以吸引国内和国外投资。特区实行一系列优惠政策，如土地将出租给投资者 50 年，到期后还可延长 50 年等。

（2）外资参与当地农业投资合作的规定。根据巴基斯坦相关法律，外资可获得农业耕地所有权和承包权。租赁期限可长达 50 年，到期后可再续期 49 年。对于公司化农场项目，外资最高可持有 100% 股权，对于一般的农业项目，外资可持有 60% 的股权。

（3）外资参与当地林业投资合作的规定。巴基斯坦林地资源极度稀缺，相对特殊。各省和地区的习惯法、成文法之间差别较大，各省的森林部门对森林管理起着重要作用。相关政策可参见巴基斯坦 1927 年颁布的《森林法案》（The Forest Act 1927）、1867 年颁布的《土地收入法案》（The Land Revenue Act of 1867）、1967 年颁布的《省土地使用权法案》（Provincial Land Tenure Act of 1967）以及各省制定的相关法律规章制度②。

9.2.3 巴基斯坦关于外资参与农业投资合作的市场准入

巴基斯坦投资部是联邦政府负责投资事务的部门，下辖的职能部门投资局

---

① 根据巴基斯坦开放的签证政策，投资委员会被制定负责外籍员工工作签证。在巴基斯坦合法设立或注册的公司可以为外籍工人申请最长 2 年的工作签证，到期还可延期 1～2 年。外国公司在巴基斯坦建立分布和联络办公室，批准期限为 1～5 年。对于巴基斯坦政府批准的由中国企业负责的所有项目，包括政府项目和私营项目，其签证授予的时间将降低到 7 天，签证的有效期将不做限定，将覆盖整个项目期，最长可达 5 年，多次往返。

② 中国商务部. 对外投资合作国别（地区）指南——巴基斯坦（2018 年版）［Z］. 2018.

（BOI）主要职责包括在投资商与其他政府部门之间发挥联络和纽带作用；建立投资对接数据库，提供投资商所需的必要信息和咨询服务。巴基斯坦投资局在各省均有分支机构①。

根据巴基斯坦发布的《1976 年外国私人投资（促进与保护）法案》《1992年经济改革促进和保护法案》以及巴基斯坦投资优惠政策规定，巴基斯坦所有经济领域向外资开放，外资同本国投资者享有同等待遇，允许外资拥有 100% 的股权。在最低投资金额方面，对制造业没有限制，但在非制造业方面，则根据行业不同有最低要求，服务业（含金融、通信和 IT 业）最低为 15 万美元，农业和其他行业为 30 万美元②。

外商可以采取绿地投资或者并购等方式在巴基斯坦投资，有关公司注册管理及上市等工作均由巴基斯坦证券与交易委员会（SECP）负责。巴基斯坦对外国自然人在当地开展投资合作并未另行作特殊规定，自然人可以独资（Sole Proprietorship）、合伙（Partnership）或成立公司（Company）的方式进行投资合作，并遵守相关法律规定③。

9.2.4　巴基斯坦投资激励政策

9.2.4.1　特殊经济区（SEZs）

对开发者来说，经投资委员会认证，为建立特殊经济区，进口巴基斯坦的设备和机器所有关税和税务享受一次性豁免（关税收费表第 87 章所列项目除外）。关于特别经济区开发与运行的收入税享受 5 年豁免，自签署发展协议之日起开始。

对入区企业来说，经投资委员会认证，为在特别经济区运行安装、进口到特别经济区的设备和机器所有关税和税务享受一次性豁免（关税收费表第 87 章所列项目除外）。企业在 2020 年 6 月 30 日前开始生产，在特别经济区未来 10 年和之后 5 年，享受收入税豁免。

9.2.4.2　出口加工区

（1）以有竞争性的价格提供可使用 30 年的已开发土地；

---

① BOI 官方网站：boi. gov. pk。

② 巴基斯坦投资政策规定限制投资的 5 个领域是：武器、高强炸药、放射性物质、证券印制和造币、酒类生产（工业酒精除外）。此外，由于巴基斯坦是伊斯兰国家，外国企业不得在当地从事夜总会、歌舞厅、电影院、按摩、洗浴等娱乐休闲业。

③ 巴基斯坦涉及外资并购的主要法律包括《2017 年公司法案》《1997 年公司（法院）规则》《1947年外汇管制法》《2001 年私有化委员会法》《1976 年外国私人投资（促进与保护）法》《1992 年经济改革保护法》以及相关的投资政策和私有化政策等，其中涉及外资并购安全、国有企业投资并购、反垄断、经营者集中的法律主要是《2010 年竞争法》《2007 年竞争（并购控制）条例》和《2001 年投资委员会法令》。巴基斯坦总统侯赛因于 2017 年 5 月 30 日正式签署《2017 年公司法案》，取代在巴基斯坦施行 33 年之久的《1984 年公司法》，新公司法案的颁布实施是巴基斯坦迄今最重要的法律制度改革之一。也是议会迄今为止通过的篇幅最长、内容最丰富的法律文本，包含 515 个部分。新法案为公司提供便利的营商手续，为投资者提供更强的保护力度。同时还将加强电子化管理，增强管理的透明标准，大幅提高政府对企业的管理水平。

（2）进口机械、设备和原材料免征关税；

（3）不适用国家进口法规和关税；

（4）投资资金和利润可汇出；

（5）包括电、天然气等投入品无须缴纳销售税；

（6）特定条件下允许免税进口车辆；

（7）国内销售可达到20%（特殊情况下可能有例外）；

（8）国内市场销售需缴纳关税；

（9）推定税率为1%，只有出口加工区管理局才有权在货物出口时收取推定税，且是最终税负；

（10）过时/老化的机器可在支付有关关税和税收后在国内市场销售；

（11）次品/废品可在支付有关关税（最高不超过总价值的3%）后在国内市场销售。

其中，针对瓜达尔出口加工区有如下政策：

（1）从项目商业运行后可享受10年所得税免税；

（2）在支付通常关税和税收后，允许将不超过产品生产量的50%从加工区出口到巴基斯坦境内的关税区；

（3）在巴基斯坦任何地方给予出口的一般激励政策也应适用于加工区项目的出口；

（4）（根据现行出口加工区管理规定）向投资者出租的地块，应视投资规模，在俾路支省政府商议后给予合理的租金；

（5）对建设瓜达尔出口加工区基础建设的建筑材料的销售税率为零；

（6）免征印花税；

（7）除以上激励政策外，已批准的对酒店业的激励政策不受影响。

9.2.4.3 工业园区

工业园区提供：

（1）钢筋混凝土道路网；

（2）地下污水处理系统；

（3）地下电力配送系统；

（4）围墙隔断工业区，只有有限进出口；

（5）高压天然气管道；

（6）电信系统；

（7）工业区自管的电力配送系统；

（8）装备齐全的消防站；

（9）电子化的称重站；

（10）技术培训设施；

（11）工业区自有的安全保障安排；

表 9 - 2 巴基斯坦已建成工业园列表

省份		工业园名称	地点	规模（英亩）	公用设施/基础设施	产业类型	生产单位/区块数量	可供地块
	1	国家工业区	拉瓦尔品第	1250	道路、电力、水、电话	化学工程、食品	1500	156
	2	Quaid - e - Azam 工业园	拉合尔	565	同上	食品加工、照明工程、纸业和包装、刺绣和印刷	512	
	3	Sundar 工业区	拉合尔	1750	道路、电力、水、污水排放	食品加工、照明工程、纸业和包装、纺织、打印、鞋袜和药店		
	4	Multan 工业区（一期）	木尔坦	743	道路、电力、水、电话	化肥、农药、包装、纺织、食品加工、皮革工程设计	574	
	5	Multan 工业园（一期）	木尔坦	667	同上	化肥、农药、包装、纺织、食品加工、皮革工程设计	349	
	6	R. Y. Khan 工业园	拉希姆亚尔汗	400	同上	食品加工、药品、奶制品、棉花、轧棉、畜牧养殖	341	
	7	Bhalwal 工业园	哈瓦尔、萨果达	450	同上	药品、工程设计、纺织、包装、冷藏	277	
	8	Vehari 工业园	哈维连	277	同上	工程设计、纺织、包装、冷藏	202	
	9	Chunnian 工业园	舒尼尔	200	同上	食品加工、照明工程、纸张和包装、纺织、印刷、鞋袜、药品	200	
	10	增值城	距费萨拉巴德 20 千米	225	同上	增值服务	36	
	11	M - 3 工业城	距费萨拉巴德 35 千米	4415	同上	多功能（干＋湿）	200	

续表

省份		工业园名称	地点	规模（英亩）	公用设施/基础设施	产业类型	生产单位/区块数量	可供地块
俾路支省	1	Hub 工业贸易园	距卡拉奇 18 千米，Lasbella	1189	同上	发电、塑料工业	1440	
	2	Uthal 工业园 1 期	位于 RCD 高速路主路边上	2585	同上	食品、饮料、手工艺品、照明工程	152	
	3	Uthal 工业园 2 期	位于 RCD 高速路主路边上	100	同上	未明确		
	4	WINDHER 工业贸易园	离卡拉奇赛特城 80 千米，Lasbella 区	230	同上	影音制品、化学工业、工程设计、纺织、家电	240	
	5	Dera Murad Jamali 工业园	距德拉穆拉贾马里 5 千米	100	同上	食品、饮料、手工艺品、照明工程	238	7
	6	Quetta 工业园	距奎达 13 千米的 Sariab Bye Pass	650	同上	食品、饮料、手工艺品、照明工程	317	
	7	Gaddani 工业园	嘎达尼，Lasbella 区	50	同上	拆船	250	
	8	Marble 城，Gaddani	嘎达尼	600	同上	拆船	184	
	9	瓜达尔工业区	瓜达尔	3000	同上	各类型产业	未披露	
伊斯兰堡首都特区	1	I-9 工业区	I-9/2&3 区	3730	同上	工程设计、钢铁、食品、纺织、成衣、电子、药品	244	
	2	I-10 工业区	I-10/3 区	249	同上	工程设计、钢铁、食品、纺织、成衣、电子、药品	202	
	3	Kahuta 路 5 区	伊斯兰堡	400	同上	工程设计、食品、药品、化工品、屠宰、建筑、装配	230	

资料来源：巴基斯坦投资局网站。

表 9-3 巴基斯坦现有出口加工区列表

省份		出口加工区名称	地点	规模（英亩）	公用设施/基础设施	产业类型	生产单位/区块数量
旁遮普省	1	出口加工区	Sialkot	238	道路、电力、水、电话	运动和医疗商品、皮革制品、成衣、家具、人造珠宝商品	233
	2	出口工业区	Gujranwala	113	同上	照明工程、瓷器、洁具、餐具、成衣、食品、蔬菜加工以及环保用品	11
信德省	1	出口工业区	卡拉奇	305	同上	成衣、纺织产品、珠宝首饰、化学品、塑料用品、食品加工、烟草产品、埋壳类玩具、工程设计、家具和环保用品	261
开普省	1	Risalpur 出口工业区	距白沙瓦 50 千米，毗邻 Mardan	92	道路、电力、电信	烟草产品、家具、食品和糖果、食用油和精炼奶油、矿产加工、瓷砖、纺织品、毯子、录影带、磁带、塑料、环保用品	65
俾路支省	1	Saindak 出口工业区	Noshki	1284		提取粗铜和金	无
	2	Duddar 出口工业区		1500		提取锌和铅	无
	3	瓜达尔出口加工区	瓜达尔	1000			无

资料来源：巴基斯坦投资局网站。

（12）医院/紧急医疗服务（社保）；

（13）饮用水。

其中，针对瓜达尔工业区的政策：

（1）收入税。自2016年7月1日起，免征23年建立在瓜达尔自由区的商业所得的税收。自2017年2月6日起，免征23年特定在瓜达尔港的中国企业的税收。自2016年7月1日起，免征23年特定在瓜达尔港的中国企业的承包商和分包商的税收。

（2）销售税。由中国海外港口控股有限公司及其运营公司、分包商等进口，或供应材料和设备给前述公司以对瓜达尔港进行施工和作业，以及为瓜达尔港自由区和船运煤仓开发的，燃油购买和销售给到瓜达尔港船运公司等，与瓜达尔港务局具有40年特许权协议；满足一定条件和程序后，供应给开发瓜达尔自由区的业务将授予23年特许权协议。

（3）联邦货物税。在遵循一定条件和程序下，对向中国海外港口控股有限公司及其运营公司进口或提供的原材料和设备，它们为瓜达尔港建设和运行及自由区发展的承包商和分包商，以及与瓜达尔港口局签署40年期的特许协议，且为即将在瓜达尔自由区建立为期23年的商业供给的轮船购买或销售的轮船燃料仓、石油，免征联邦货物税。

9.2.5 巴基斯坦对中国企业投资合作的保护政策

对于来自中国的投资合作，巴方有相应的保护政策或协定（见表9-4）。

表9-4 巴基斯坦对中国企业投资合作的保护政策

中国与巴基斯坦签署双边投资保护协定	1989年2月，中巴双方签署《双边投资保护协定》 2006年11月，双方签署的《自由贸易协定》也对双边投资保护做出了明确规定 2008年10月，双方签署《自贸协定补充议定书》，巴方专门给予中巴投资区12条优惠政策
中国与巴基斯坦签署避免双重征税协定	中国与巴基斯坦于1989年签订税收协定，截至2016年底中国与巴基斯坦共签署了三次议定书，对中巴税收协定进行了进一步的修订。中巴税收协定主要就所得税领域的避免双重征税和防止跨国逃避税等方面进行了规定 1989年11月15日，双方签署《中华人民共和国政府和巴基斯坦伊斯兰共和国政府关于对所得避免双重征税和防止偷漏税的协定》 2000年6月19日，双方签署《中华人民共和国政府和巴基斯坦伊斯兰共和国政府关于对所得避免双重征税和防止偷漏税的协定议定书》 2007年4月17日，双方签署《中华人民共和国政府和巴基斯坦伊斯兰共和国政府关于对所得避免双重征税和防止偷漏税的协定第二议定书》 2016年12月8日，双方签署《中华人民共和国政府和巴基斯坦伊斯兰共和国政府关于对所得避免双重征税和防止偷漏税的协定第三议定书》 根据该议定书，中国有关银行和丝路基金为《中巴经济走廊能源项目合作的协议》所列项目提供贷款取得的利息在巴基斯坦免征所得税

资料来源：中国商务部. 对外投资合作国别（地区）指南——巴基斯坦（2018年版）［Z］. 2018.

9.3 中巴农业合作的前景

2015 年 3 月，《推动共建"一带一路"的愿景与行动》提出，"拓展相互投资领域，开展农林牧渔业、农机及农产品生产加工等领域深度合作"。2015 年 5 月，《国务院关于加快培育外贸竞争新优势的若干意见》提出，"支持轻工纺织、食品加工等行业企业到沿线国家投资办厂，开展农牧渔业、农机及农产品流通等领域深度合作"。2016 年 1 月，中央一号文件提出，"加强与'一带一路'沿线国家和地区及周边国家和地区的农业投资、贸易、科技、动植物检疫合作"。中国与巴基斯坦农业合作空间很大，农产品贸易发展前景广阔。在此过程中，既充满机遇，也面临着风险与挑战①。

9.3.1 巴基斯坦吸引国外农业投资合作的优势及潜力

巴基斯坦是世界上至少 25 种农业商品的前十大生产国之一。如果在增值和销售方面取得重大进展，巴基斯坦可能会对其鲜活和加工农产品的出口潜力有很大的提高。这是一个未开发的市场，外国投资者和当地投资者可以共同开发。

9.3.1.1 巴基斯坦密集多样的运河灌溉网络跻身世界最大

现在巴基斯坦的灌溉系统包括 3 座水库、19 座堰坝/渠首工程、12 条运河、45 个灌溉渠管辖区和超过 9 万条的水道。这个庞大的灌溉系统有着详细的规划，但由于渠道渗漏严重，导致地下水水位上升，地势相对较低的区域排水问题就变得突出。1997 年后，巴国开始系统解决灌溉水道问题。由原来的政府垄断水源管理，转变为政府和农民共同管理，让农民参与进来。这项工程最先从旁遮普省试行，取得很好的效果后推广到其他省份。

2004～2011 年，巴国启动国家水道改善计划（NPIW），对全国将近 144164 条水道中的 86003 条水道实施了衬砖的砌筑方法。据估计，没有改造以前，从渠首到田间流失多达 30% 的灌溉用水，现在流失水量极大减少。农业发达的旁遮普省正在进行 PTPIP 工程（即灌溉农业生产率提高工程），包括高效率灌溉、激光平整、滴灌和喷灌。得益于巴国在灌溉系统方面的持续投入，耕地面积由 1961 年的 1673 万公顷增加到 2012 年的 2125 万公顷。

近年来，巴国也得到了亚洲开发银行、亚洲基础设施投资银行以贷款和援助形式的资金支持。2017 年 6 月，亚行向巴基斯坦贷款 8640 万美元用于运河扩建。该项目将为 Swabi 和 Nowshera 地区开发 8727 公顷新灌溉区，并创造约 7.5 万就

---

① 农业部农产品贸易办公室、农业部农业贸易促进中心 . 中国农产品贸易发展报告（2016）［Z］. 2016.

业机会①。亚开行将为巴基斯坦9个水利灌溉项目提供10.55亿美元资金②。

9.3.1.2 巴基斯坦旁遮普省农业投资效益集中度高

旁遮普，通常被称为巴基斯坦的粮仓，其基本自给的耕地性质，具有相当大的差别农业优势比其他省份。有人这样形容："赢得旁遮普，就等于赢得巴基斯坦。"旁遮普省位于巴基斯坦东北部，面积约20.5万平方千米（相当于中国的湖南省）。该省人口约1亿，目前巴基斯坦90%的纸张、75%的化肥、70%的食糖、40%的水泥由旁遮普省生产。旁遮普省也是唯一有能力向邻省供应粮食的省份，巴全国近80%的粮食产于该省。从地缘地貌上看，旁遮普省集中了巴基斯坦最多的平原，拥有自英国殖民时期延续下来的世界最大灌溉系统之一。由于自然条件好，中国与巴基斯坦的所有农业合作项目都集中在旁遮普省。巴国最主要的高速公路是从旁遮普省的拉合尔到白沙瓦和伊斯兰堡的高速公路，全长700多千米的路段，旁遮普省占了4/5；旁遮普省是巴基斯坦唯一实现县县通公路的省份。旁遮普是巴国主要农作物产区，如小麦（80%）、棉花（75%）、甘蔗（64%）和大米（58%）的主导生产者，是大多数农业加工下游产业的经济枢纽。旁遮普为巴基斯坦的柑橘总产量的95%，巴基斯坦是世界第五大生产国。

旁遮普省非常重视在农业方面的持续投入。据巴基斯坦《黎明报》2017年3月12日报道，巴旁遮普省拟对省内10万条灌溉水渠进行升级改造，以改善灌溉条件，提升用水效率和农业生产，项目总投资约2亿美元，其中由受益的当地农民组织筹集7000万美元，并拟向世界银行申请1.3亿美元贷款。报道指出，农业是巴国关键经济支柱，旁遮普省是巴最重要的农业生产基地，在当前中巴经济走廊建设全面实施之际，除能源和交通基础设施外，巴适时加大农业基础设施投资力度是明智之举，有利于增强巴农业的国际竞争力，巩固巴经济基础③。

9.3.1.3 巴国农业投资尚有巨大的潜力

巴国拥有总面积超过1700万公顷（其中170万公顷是肥沃土地）的耕地面积仍可用于农业生产和公司农业的投资。每年浪费的园艺产品多达30%，可以通过投资于干水果、蔬菜、水果果肉加工和果汁生产等农业企业的价值链提高经济收益。巴基斯坦是世界第十大大米生产国、第四大大米出口国和第二大大米贸易赚取创汇者，但缺乏生产和出口谷米大米的设施。然而，由于谷米是国际市场上增长最快的大米产品，谷米和其他大米技术的任何投资都可以获得可观的出口收益。在处理和加工方面的额外投资可使巴基斯坦出口的园艺产品增加50%。随着城市化和人均收入的上升，巴基斯坦许多邻国如印度的消费模式已经从传统

① 中国政府网.亚行向巴基斯坦贷款8640万美元用于运河扩建［EB/OL］.http：// www. mofcom. gov. cn/article/i/jyjl/j/201706/20170602591559. shtml. 2017－06－13.

② 搜狐网.亚开行将为巴基斯坦9个水利灌溉项目提供10.55亿美元资金［EB/OL］.http：// www. sohu. com/a/139309980＿ 119562. 2017－05－09.

③ 商务部网站.巴基斯坦旁遮普省拟为农业灌溉项目申请世界银行资金［EB/OL］. 2017－03－13.

的粮食谷物转向高价值的水果、蔬菜和加工食品。因此，随着对附加值的投资，巴基斯坦可能得益于加工食品的出口增加，如干蔬菜、柑橘提取物、果汁浆等，而在其他许多国家中，这些产品尤其有利可图。

9.3.2 中巴农业合作的发展领域

9.3.2.1 学界对中巴农业合作发展领域的研究

高云等（2015）[①] 通过对巴基斯坦农业发展潜力的研究确定了以下中巴农业合作领域：增加粮食单产；每年园艺产品出口增加 10% ~ 20%；通过缩小产量差距使农业盈利；与中国合作发展水稻、棉花、油菜杂交和甘蔗品种；通过节水种植发展俾路支省；食品加工行业；发展农业服务提供商；通过集群方式提升价值链；建立可靠的进出口监管机制；交杂种子产业发展；实现巴基斯坦 BSE（疯牛病）质量免疫；产品（油菜、玉米、向日葵、饲料）商业化；开发鳟鱼和咸水鱼；减少农场收获后的加工处理，实施评价；保持农业以每年 5% 的速度增长等。

张雯丽（2017）研究指出，南亚地区（印度和巴基斯坦）为农业贸易投资潜力与风险并存的地区[②]。中巴农业合作目前仍处于发展初期阶段，未来中巴农业在技术合作、产能合作以及贸易合作等领域空间和潜力较大。巴基斯坦投资环境总体较为宽松，有利于中国企业以绿地投资、并购等方式开展投资合作，但投资中需规避政局动荡及通胀等风险[③]。

陈燕娟（2010）认为，中巴应加强农业科技合作，中国向巴国出口农业高新技术与产品，一方面可缓解国内农业发展压力，另一方面可提高巴国农业综合生产能力[④]。

苏红（2018）认为，中巴农业投资合作稳步发展，已经进入深层次、宽领域、多目标的发展模式，双边在农产品交易、农业项目投资、农业科技合作等领域都取得了积极进展。双方应立足传统农业领域的合作基础，加强战略对接，构建以农业科技、农产品深加工与农业产业园区为重点建设项目的新型农业合作关系，打造中巴双方农业投资合作新局面，共享中巴农业经济发展红利[⑤]。

张斌（2012）基于巴国农业资源、产业结构、管理机构设置，分析认为中巴农业合作存在规划性不强、深度不够、形式单一、地域重叠等问题，提出加强双边农业互访、合作制定中巴农业合作规划、拓宽合作领域等进一步加强中巴农业合作的建议[⑥]。

① 高云等. 中国与巴基斯坦农业合作探析 [J]. 世界农业, 2015 (8): 26 - 32.
② 张雯丽. 一带一路"倡议下我国农业对外合作选择 [J]. 农林工作通讯, 2017 (5).
③ 张雯丽. 中巴农业投资合作现状、环境与潜力 [J]. 国际经济合作讯, 2017 (5).
④ 陈燕娟. 中国与巴基斯坦农业科技合作研究 [J]. 世界农业, 2010 (3).
⑤ 苏红. 中国与巴基斯坦农业投资合作的障碍及升级路径 [J]. 对外经贸实务, 2018 (2).
⑥ 张斌. 巴基斯坦农业发展与中巴农业合作探析 [J]. 中国农学通报, 2012, 28 (2): 90 - 96.

　　李晓芝（2011）通过分析巴基斯坦的农业生产情况和棉花生产与研究情况，提出促进和加强与巴基斯坦在农业方面，特别是在棉花种植的合作①。

　　陈燕娟（2018）研究认为，中国与巴基斯坦种子产业在资源上互为需求、技术上互为支撑、市场上互为补充，双边种业合作可以实现互利共赢、协同发展，合作潜力巨大。同时，种业合作是中巴农业特别是种植业合作的技术基础和前置条件。以种业合作为切入点，既能有效地推进中巴种业发展，还可以带动中国种植业、农资、农机、农产品加工等相关产业跟进合作，扩大中国种业及农业发展空间，深化种业及农业"走出去"战略推进②。

　　徐丽君、杨自栋（2017）通过研究中国对巴国农机出口情况，指出中国和巴基斯坦在农业机械化领域有很大的合作潜力。中国对巴基斯坦出口农机的总量小，但增幅平稳；以零部件为主，产品单价低；中农机向巴基斯坦"走出去"，具有贸易环境友好、财政支持力度大、农机产品线完整及产业转型升级的契机，但也面临产品辨识度低、用户接受程度低等风险。

　　程云洁、武杰（2017）比较分析了中国新疆与巴基斯坦农业发展状况，指出在农业方面具有较大的合作潜力：巴基斯坦具有丰富的农业生产资源和广阔的农业市场，中国新疆具有先进的农业技术和一定的投资实力③。

9.3.2.2 两国政府间确定的重点农业合作领域

　　《中巴经济走廊远景规划（2017—2030 年）》④ 中确定的重点合作领域包括农业发展与减贫内容⑤。该规划中指出，中国和巴基斯坦应充分发挥各自的比较优势，在 CPEC 覆盖范围内加强农业基础设施建设、在农业人才培养、技术交流与合作中发挥各自的作用。在生物育种、生产、加工、储运、基础设施建设、病害防控、水资源利用保护、土地开发与修复、信息化农业和农产品市场营销等方面开展合作以促进农业产业的系统化、规模化、标准化、集约化建设。促进沿线地区传统农业向现代农业的转变，有效促进当地农业经济的发展，帮助当地人民

---

　　① 李晓芝. 巴基斯坦农业与巴基斯坦棉花种植业发展现状——赴巴基斯坦考察总结［J］. 河北农业科学，2011，15（9）：92 - 94，108.

　　② 陈燕娟. 中巴经济走廊建设背景下巴基斯坦种业合作价值、市场机遇与发展潜力［J］. 种子，2018（6）.

　　③ 程云洁，武杰. 中国新疆与巴基斯坦农业合作潜力——基于"中巴经济走廊"背景［J］. 农业展望，2017（11）.

　　④ 2017 年 12 月 18 日，《中巴经济走廊远景规划（2017—2030 年）》发布仪式在巴基斯坦计划发展部举行。该规划是经两国政府批准的国家级规划，由两国政府有关部门共同编制，将中国相关国家规划、地方规划与巴基斯坦"愿景 2025"国家发展战略对接，有效期至 2030 年。《规划》中的短期项目面向 2020 年，中期项目面向 2025 年，长期项目展望至 2030 年。《规划》共分为前言、走廊界定和建设条件、规划愿景和发展目标、指导思想和基本原则、重点合作领域、投融资机制和保障措施六部分。其中，重点合作领域包括互联互通、能源领域、经贸及产业园区领域、农业开发与扶贫、旅游、民生领域合作和民间交流、金融领域合作。

　　⑤ Long Term Plan for China - Pakistan Economic Corridor (2017 - 2030)［EB/OL］. www. cpec. gov. pk.

脱贫致富。具体包括：

（1）加强沿线地区农业基础设施升级。

（2）推进节水型现代农业园区建设，加大中低产田开发整治力度，实现资源有效利用。

（3）加强滴灌技术，提高灌溉效率。

（4）加强在 CPEC 沿线地区的农作物种植、畜牧养殖、林业粮食种植、渔业①等合作，重点开展农业综合生产能力开发的技术交流与合作。在沿线地区，重点开展农业综合生产能力发展、农田水利设施建设、农产品流通设施建设等方面的技术交流与合作。

（5）改进农业收获后农产品的处理、储存和运输，以及营销和销售模式的创新。

（6）加强水资源运行管理，加强牧区和沙漠开发，促进遥感技术的应用。

（7）加强农业投入，特别是农药、化肥的生产、机械和支持服务，包括农业教育和研究。

（8）在林业、园艺、家畜药物和疫苗领域合作。

（9）加强园艺产品生产。

中国在农业领域具有较强的研发和竞争优势，具备资金、技术和人才，因此应加强同巴国的政策沟通，健全政府间农业合作机制，针对两国实际情况，通过签订农业技术合作项目、建立现代农业示范基地和农业技术示范中心、派遣农业专家、开展农业职业教育和技术培训等多种方式开展农业援助与合作，将中国农业的发展经验和先进技术装备推广到巴基斯坦，帮助其提升农业科技水平、改善农田水利设施和提高农业综合生产能力，这不仅有利于解决巴国粮食安全和农民的增收问题，还能扩大其农产品出口，增加全球供给，也对中国充分利用国内国际两个市场、两种资源有利。

相对其他产业，农业投资所占比重还很小，随着"一带一路"倡议的推进，特别是中巴经济走廊建设的深入，农业投资将迎来重要机遇。巴国公路、铁路、港口以及农田水利设施大多较为落后，基础设施建设互联互通是中巴经济走廊建设的优先领域，将为大型农业投资项目提供优良的投资基础，逐步形成连接交通运输网络，为农产品贸易降低物流成本和打造跨国农业企业提供基础条件。亚洲基础设施投资银行、金砖国家开发银行、上海合作组织开发银行和丝路基金，可为中巴农业合作项目提供强有力资金支持。立足当前中巴农业合作基础，充分利

---

① 近年来，巴国海产品产量持续下降，当地渔民将矛头直指外国公司，媒体也多次抨击政府监管不力，指责外国公司在捕鱼器具和作业区域等方面存在严重违法行为，造成巴渔业资源遭到严重破坏。鉴于此，中巴两国近期开展大规模海洋捕捞合作的空间十分有限，而利用各自优势开展水产养殖业合作的前景则较为广阔。

用和挖掘合作潜力。在共同发展、互利共赢的基础上开展农作物种植、畜牧养殖、蔬菜园艺、农机、农产品加工等领域的深入合作，强化"大农业"海外投资的力度。

2018年11月，巴基斯坦伊斯兰共和国总理在访问中国期间，两国签署了《中华人民共和国和巴基斯坦伊斯兰共和国关于加强中巴全天候战略合作伙伴关系、打造新时代更紧密中巴命运共同体的联合声明》（以下简称《声明》）。《声明》中指出："双方回顾了中巴经济走廊早期收获项目进展，对各领域特别是能源领域的建设成果感到满意。双方对中巴经济走廊未来发展方向有高度共识，一致同意及时完成在建项目，聚焦经济社会发展、创造就业和改善民生，加快产业及园区和农业领域的合作，争取早日释放中巴经济走廊全部潜力。"① 关于贸易、投资与金融合作，《声明》中指出："双方同意进一步巩固和拓展两国经济关系，加强贸易和投资领域务实合作，通过在优先领域成立合资企业、转移劳动密集型产业和开展中小企业合作等提升巴基斯坦工业能力。双方同意，进一步加强在新兴技术、纳米技术、生物技术，信息通信技术等领域的合作，扩大有关科技在卫生、农业、水资源、能源和食品安全领域的应用，提升人民生活水平。双方同意加强在应对气候变化、荒漠化防治、海水淡化、水资源管理、造林和生态恢复、湿地保护与恢复、野生动植物保护、林业产业发展、灾害管理和风险减缓及其他双方共同关心领域的合作。巴方赞赏中方在农业领域取得的巨大成就。双方同意在现有农业合作的基础上探索更多合作新领域。"②《声明》中关于社会合作领域指出："中方愿意与巴方加强在减贫领域的政策对话、经验分享和能力建设，帮助巴方建设扶贫示范项目，并将对巴无偿援助向农业、教育、医疗、扶贫、供水、职业培训等方面倾斜。"③

---

①②③http://www.xinhuanet.com/world/2018-11/04/c_1123660432.htm.

第十章 中国和巴基斯坦农业合作的
平台建设、升级途径及风险防范

10.1 中巴农业合作可利用的平台

10.1.1 境外农业合作示范区

境外农业合作示范区是中国农业部根据国家促进农业对外合作，加快推进"一带一路"建设和农业"走出去"进程而开发建设。每个境外农业合作示范区由一家国内企业组织实施，共享发展理念，结合东道国实际，立足区域资源优势和产业特色，优化示范区规划设计，加强全产业链建设，促进一二三产业融合，建立健全运营管理与服务机制、风险防控体系，打造产业聚集融合平台，引领带动企业抱团"走出去"。

2017年7月，农业部发布了首批认定的10个境外园区为首批境外农业合作示范区建设试点，名单如表10-1所示：

表10-1 2017年中国农业部确定的首批境外农业合作示范区名单

序号	项目	组织实施企业
1	塔吉克斯坦—中国农业合作示范园	新疆维吾尔自治区利华棉业股份有限公司
2	莫桑比克—中国农业技术示范中心	湖北省联丰海外农业开发集团有限责任公司
3	江苏—新阳嘎农工贸现代产业园（坦桑尼亚）	江苏省海企技术工程股份有限公司
4	乌干达—中国农业合作产业园	四川省友豪恒远农业开发有限公司
5	亚洲之星农业产业合作区（吉尔吉斯斯坦）	河南省贵友实业集团有限公司
6	苏丹—中国农业合作开发区	山东省国际经济技术合作公司
7	老挝—中国现代农业科技示范园	深圳华大基因科技有限公司
8	柬埔寨—中国热带生态农业合作示范区	海南省顶益绿洲生态农业有限公司
9	斐济—中国渔业综合产业园	山东省俚岛海洋科技股份有限公司
10	赞比亚农产品加工合作园区	青岛市瑞昌科技产业有限公司

资料来源：中国农业部网站。

首批名单上并无企业通过在巴基斯坦建设境外农业合作示范区。结合农业部的文件要求，省级农业行政主管部门组织境外农业合作示范区的试点申报工作。

国内企业应充分利用这一平台，积极申报，力争认定。新疆企业——新疆利华棉业股份有限公司成功组织实施建设塔吉克斯坦—中国农业合作示范园，已取得初步成效。该项目实现了中国和塔吉克在农业领域的深度合作，带动当地就业4000余人，年缴纳税费1000万美元以上①。中国新疆和巴基斯坦接壤，独特的地理区位优势和农业产业优势，新疆农业企业更应抓住良机，在巴建设境外农业合作示范区。

应该看到，巴方对此也是积极响应的。2019年4月25日，第二届"一带一路"国际合作高峰论坛境外经贸合作区分论坛在北京国家会议中心举行。分论坛以"携手共建境外经贸合作区，推动'一带一路'国际投资合作"为主题，由商务部主办，农业农村部和中华全国工商业联合会协办，共商"一带一路"农业合作大计。巴基斯坦投资委员会主席哈龙·谢里夫在论坛中谈到，巴基斯坦是最大的棉花生产国之一，同时食品加工发展非常迅速，希望未来能够跟中国企业进一步合作，挖掘发展潜力。

10.1.2 农业对外开放合作试验区

农业对外开放合作试验区的建设目的和境外农业合作示范区基本一致，只是试验区地点在国内。农业对外开放合作试验区组织实施单位应具备区位优势、产业优势和对外合作优势，有完善的建设实施方案。

2017年7月，农业部发布了首批认定的10个首批农业对外开放合作试验区建设试点，名单如表10-2所示：

表10-2　2017年中国农业部确定的首批农业对外开放合作试验区建设试点名单

序号	项目	组织实施企业
1	琼海农业对外开放合作试验区	海南省琼海市人民政府
2	热带农业对外开放合作试验区	中国热带农业科学院
3	连云港农业对外开放合作试验区	江苏省连云港市人民政府
4	吉林中新食品区农业对外开放合作试验区	吉林（中国—新加坡）食品区管理委员会
5	吉木乃农业对外开放合作试验区	新疆维吾尔自治区吉木乃县人民政府
6	饶平农业对外开放合作试验区	广东省饶平县人民政府
7	潍坊农业对外开放合作试验区	山东省潍坊市人民政府
8	东宁农业对外开放合作试验区	黑龙江省东宁市人民政府
9	荣成农业对外开放合作试验区	山东省荣成市人民政府
10	滨海新区农业对外开放合作试验区	天津市滨海新区人民政府

资料来源：中国农业部网站。

---

① 境外经贸合作区分论坛：共商"一带一路"农业合作大计，http://www.sohu.com/a/312324819_369465.

由新疆吉木乃县人民政府组织实施建设的吉木乃农业对外开放合作试验区入选农业部首批农业对外开放合作试验区建设试点名单。吉木乃县是阿勒泰地区的西线城镇和对外联通的门户，在推动农业走出去方面有区位、开放、生态、机制等方面的优势。吉木乃口岸先后获批粮食、冰鲜水产品进口指定口岸，肉类进口指定口岸经国家质检总局同意允许筹建；活畜进口隔离场通过新疆出入境检验检疫局验收；顺利实现境外天然气、水产品、蜂蜜、饲草、木材等能源资源进口①。继入选首批农业对外开放合作试验区后，该试验区 2017 年承办了首届"中哈农业国际交流与合作"学术交流与培训活动②。委托农业农村部对外经济合作中心编制的《吉木乃县农业国际合作发展规划》于 2019 年 5 月 6 日通过现场评审③。

中国新疆和巴基斯坦接壤，独特的地理区位优势和农业产业优势，新疆各级政府更应抓住良机，借鉴吉木乃农业对外开放合作试验区成功经验，积极推动针对南亚，特别是巴基斯坦农业对外开放合作试验区建设。

10.1.3 中国—上海合作组织地方经贸合作示范区

建设"中国—上海合作组织地方经贸合作示范区"是上合组织青岛峰会取得的新的经贸成果。2019 年 5 月，商务部正式复函，支持青岛创建全国首个"中国/上海合作组织地方经贸合作示范区"④。示范区将按照"物流先导、跨境发展、贸易引领、产能合作"发展模式，积极探索与上海合作组织国家经贸合作模式创新，形成可复制可推广的上海合作组织地方经贸合作经验做法，全力打造面向上海合作组织国家的对外开放新高地。

巴基斯坦作为上海合作组织成员国，已经参与了示范区项目。2019 年 4 月 27 日，在第二届"一带一路"国际合作高峰论坛期间，中国—上海合作组织地方经贸合作示范区（以下简称"上海合作示范区"）与巴基斯坦 JW – SEZ 集团在北京签署合作备忘录。双方协定，巴基斯坦 JW – SEZ 集团在上海合作示范区内建设巴基斯坦（中国）经济合作中心，作为双方经济合作、贸易发展和文化

---

① 阿勒泰地区行署网. 吉木乃县积极发展外向型农业［EB/OL］: http: //www. xjalt. gov. cn/003/003006/20180803/3e1e3839 – c8de – 42f8 – 9c0c – 6dcbfbfbc126. html.

② 此学术交流与培训活动成果如下：与东哈州农业科学研究所达成合作意向，在该研究所建立了100 亩种植示范基地。在吉木乃农业科技示范园，建立了 500 亩种植示范基地；与哈方科研院所签订了《中哈农业国际交流与合作》协议书，建立中哈农业国际合作长效体制；由吉木乃农业对外合作试验区组织开展对哈方人员培训 3 期，培训人员 130 人次，培训满意率达 100%；吉木乃农业对外开放试验区委托新疆石河子大学编制印刷农业技术服务手册 500 册，通过交流与培训免费发放给哈方学员。

③ http: //www. jmn. gov. cn/013/013005/20190612/23095b1f – 24d5 – 4fd6 – a082 – 0420d617925f. html.

④ 中国—上海合作组织地方经贸合作示范区覆盖青岛全域，按照 1 个核心区 + N 个联动区进行布局建设。核心区位于胶州，共有 61. 1 平方千米，包括 36. 7 平方千米的胶州经济技术开发区和 24. 4 平方千米的概念性规划新区。2018 年 10 月，中国—上海合作组织地方经贸合作示范区核心区举行集中开工仪式。这是示范区核心区首批建设项目。总投资 437 亿元 26 个项目的动工，标志着示范区建设正式启动。

交流的平台，巴基斯坦 JW – SEZ 集团将通过组建企业联合体，在上海合作示范区注册成立青岛上海合作农业发展有限公司，并通过该公司具体开展运营活动。该备忘录的签署推动了巴方及上海合作国家企业和上海合作示范区之间的经济合作、贸易发展、文化交流等方面的工作，进而大力推进双方和上海合作国家之间的农业科技合作以及上海合作国家间农产品的交易平台的建设。

10.1.4　上海合作组织农业技术交流培训示范基地

上海合作组织农业技术交流培训示范基地建设于 2019 年 6 月由中国国家主席习近平在比什凯克出席上海合作组织成员国元首理事会第十九次会议时提出。示范基地基于上海合作组织成员国多属干旱半干旱地区这一农业共性。基地地处陕西省杨凌示范区，该示范区是国务院批准的第一个国家级农业高新技术产业示范区，也是目前全国唯一的农业自贸示范片区。上海合作组织农业技术交流培训示范基地依托杨凌示范区在开展国际农业技术交流培训上的丰富经验，将建成一批现代农业研究中心、国际联合实验室、农业技术推广应用平台，并深入开展上海合作组织国家农业科研交流合作、现代农业科技人才培养培训、国际农业产业园建设，实现区域间互利共赢。截至目前，杨凌举办类似专题面向上海合作组织成员国及其相关国家的农业技术研修班累计 20 余期，培训涉及农业经济管理、现代农业发展、山羊养殖、肉牛养殖、节水灌溉技术等多个领域，累计培训人员400 名[①]。

10.1.5　中国"南南合作援助基金项目"

中国"南南合作援助基金项目"是 2015 年 9 月中国国家主席习近平在联合国发展峰会上宣布设立的，首期提供 20 亿美元，2017 年，中国又增资 10 亿美元，支持发展中国家落实可持续发展议程。中国始终积极参与全球农业南南合作，是联合国粮农组织南南及三方合作项目的最大资金提供者和派出专家数量最多的国家。中国曾先后两次向联合国粮农组织捐赠 8000 万美元建立信托基金，推动全球农业南南合作，目前中国信托基金项目已经在 11 个国家执行了 12 个国别项目，派出近 300 名中国专家和技术员为当地农民和技术人员开展实地示范和培训，同时组织了超过 50 个来华能力建设培训团组，包括高级官员和专家在内的 500 余人访问了中国。

2018 年 10 月 29 日，国家国际发展合作署与联合国开发计划署在纽约联合国共同举办中国援非农业项目案例研究报告发布会，这是中国政府与联合国开发计划署首次进行此类合作，该研究报告通过对几内亚比绍的农业技术合作项目和莫桑比克的农业技术示范中心两个农业援助项目的评估，以展示南南合作可以实现

---

① 建设上海合作组织农业技术交流培训示范基地［EB/OL］. http：//www. sx – dj. gov. cn/a/szxw/20190616/1821. shtml.

的目标。该案例报告的发布标志着中国政府和联合国系统为代表的国际多边合作方式和内容的延展，从资金合作、技术合作开始走向知识合作①。

2018 年 4 月 23 日，中国"南南合作援助基金"对巴基斯坦援助项目结项仪式在伊斯兰堡举行，标志着该框架下对巴援助项目圆满完成②。

10.1.6 中巴经济走廊经济特区

中巴经济走廊（CPEC）内有 4 个经济特区以农业、食品加工作为建设目标。如表 10 - 3 所示。

表 10 - 3　巴基斯坦涉农的经济特区

项目名称	行业类型	特区面积
Rashakai Economic Zone，M1，Nowshera	水果、食品、包装、纺织缝纫、针织	1000 英亩
Bostan Industrial Zone	水果加工、农业机械、医药、摩托车组装、铬矿、食用油、陶瓷工业、冰蓄冷、电器、清真食品工业	1000 英亩
Allama Iqbal Industrial City，M3，Faisalabad	纺织、钢铁、食品加工、塑料、农业、印刷和包装、轻工	3000 英亩
ICT Model Industrial Zone，Islamabad	钢铁、食品加工、制药和化工、印刷和包装、轻工	500 英亩

资料来源：https：//invest. gov. pk/food - processing.

任何希望投资巴基斯坦食品加工部门的外国投资者都可以利用 CPEC 建立的贸易路线和经济特区。由于该国的管理费用较低，再加上运输成本降低，这将带来竞争优势。此外，中国不断增长的人口是一个巨大的粮食出口目标市场③。

10.2　中巴农业合作升级途径

10.2.1　政策协同是提升中巴农业合作的顶层设计

农业项目一般投资规模大，周期长，相对交通、能源、工业等领域来讲，合作范围与合作方式受到限制。中巴农业合作缺少总体规划和详细规划，合作项目

---

① 2018 年 9 月，中国农业大学中国南南农业学院在联合国总部召开的全球南南合作智库联盟的智库对话会上发布了"南南合作评估报告"，分享中国—坦桑尼亚南南合作的成果。

② 中国"南南合作基金项目"为帮助巴遭受战乱和自然灾害影响的联邦部落地区和俾路支省改善民生，2017 年 11 月"南南合作援助基金"和世界粮食计划署和联合国开发计划署合作执行，该项目历时四个月，帮助巴联邦部落地区约 8100 个家庭进行重返家园后的生活安置，并为俾路支省 423 所学校提供教学设施及学习用具，惠及近 24 万当地民众。该项目的顺利完成标志着"南南合作援助基金"这种新型的中国对外援助方式进入了实质性的运行阶段。参见 http：//www. chinadevelopmentbrief. org. cn/news - 22396. html。

③ 2017 年 6 月，巴基斯坦全巴工商联区域工业委员会主席建议在中巴经济走廊从红其拉甫至卡拉奇沿线设立中巴农业合作园区。

数量少且规模偏小。另外，在巴基斯坦开展农业合作的中资和外资企业多集中在旁遮普省，又以拉合尔为多。农业合作缺乏必要的协调与统一管理，企业之间信息不完全，整体效益有待提升。

开展中国和巴基斯坦农业合作愿景对接和政策对话，建立政府层面、企业层面和科研机构"三位一体"的对话平台，寻求农业合作利益契合点和最大公约数，围绕共同关切的重点区域、主导产业、重要产品共同开展顶层设计。充分利用已有合作机制，创新推动中巴农业合作持续发展。2016 年上半年，巴基斯坦粮食安全和研究部制定农业发展长期战略，新的发展战略将主要致力于引进农业生产要素的全产业链、降低农业税费水平、提高农业生产机械化水平等手段降低农业生产成本、提高农业生产效率。

为推动中巴农业合作，两国农业部门签署了多项合作协定和谅解备忘录，在农业信息交流与培训、农产品加工、动植物检疫、农机生产和维修、农药管理、农产品贸易等领域进行合作。近年来，两国在杂交水稻、茶叶、优质玉米和棉花品种繁育和推广等方面开展了一系列合作，同时加大了在农机、农药等领域的合作力度。

10.2.2 规范中巴两国间农业标准

标准作为增进经贸往来、促进基础设施互连互通和扩大产能合作的技术基础和规则，有利于加强贸易合作，促进政策、规则、标准的软连通，进一步深化经济、文化、科技等各领域的合作，促进共同发展。了解巴基斯坦标准情况，拓展与巴基斯坦标准和经贸合作具有重要意义[①]。

巴国标准化体系的主要组织机构有巴基斯坦标准和质量控制局（PSQCA）、国家物理和标准实验室（NPSL）和巴基斯坦国家认可委员会（PNAC）。其中，位于卡拉奇的 PSQCA 是巴基斯坦的国家标准机构，负责国家标准的制定，标准的出版，产品的检验、测试、认证，以及管理国家强制性标准。目前，巴基斯坦 76% 左右的标准直接采用国际标准。PSQCA 目前已和美国、孟加拉国、白俄罗斯、印度、伊朗、约旦、毛里求斯、沙特阿拉伯、土耳其、也门 10 国的 12 个组织签署了合作备忘录；正在和中国、印度、韩国、斯里兰卡等 13 个国家的 14 个机构进行合作备忘录的洽谈。

按标准体系划分，巴基斯坦标准分为国家标准、行业标准和企业标准。截至 2017 年 8 月，巴基斯坦共制定和采用了约 31576 条标准作为国家标准[②]。按法律效力划分，巴基斯坦的标准分为"强制性标准"和"自愿性标准"两类。巴基斯坦宣布了 109 个产品需要符合强制性标准（具体可在官网查询），其中 38 个为食品标准。巴基斯坦有农业和食品领域的技术委员会 18 个，1266 条采标于

---

① 庄媛媛，崔永静. 巴基斯坦标准化发展概况研究［J］. 标准科学，2018（4）.
② 巴基斯坦标准的结构需包含：巴基斯坦标识、巴基斯坦标准编号或者参考编号、名称和发布日期。

CAC/WHO 的农业和食品的标准，15 项 FAO/WHO 的标准。

所有巴基斯坦标准至少每隔 5 年或者根据标准局的提议由国家标准委员会对其进行审查和修订。《巴基斯坦标准与质量控制局法案（1996）》是巴基斯坦标准与质量控制局成立和运行的根本性法律。巴基斯坦在开展标准、认证工作的法律法规主要有：《巴基斯坦标准法（2008）》《巴基斯坦合规评估条例（2011）》《检验机构（注册和管理）条例（1981）》，这些法规规定了标准管理、认证等方面的规定和管理方法。

应该看到：巴国三个主要组织机构（PSQCA、NPSL、PNAC）负责产品质量标准认证，但在实际运行中话语权不足，影响力不够。机构自订产品认证标准，检测设施和实验室和国际不接轨①。机构之间缺少协同，"各自为战"。巴国出口主要在农业领域，农业生产的专业化、现代化和标准化程度却很低，许多环节都没有与国际接轨，因此许多农产品质量都不能满足国际市场的需求。

中国应积极加强与巴基斯坦标准信息互换，探索形成标准互认程序与工作机制，加快推进标准互认工作，充分发挥标准对贸易的技术支撑作用。一方面，中国已经和英国、法国等国家形成某些国际标准互认的国际标准，努力和巴基斯坦在都采用国际标准的标准直接形成标准互认，即等同采用 ISO、IEC、ITU 三大组织的标准，或直接使用巴方或中国标准；另一方面，开展和巴基斯坦大宗贸易商品的标准比对分析，在共同关注的领域形成标准互认和协调，促进双边贸易便利化。

在农业标准化方面②，中国近年来多次承办"发展中国家农业标准化援外培训班"，旨在进一步增进发展中国家农业官员对我国农业标准化技术的认知了解，促进发展中国家农业标准化水平的提升。2019 年，由南京海关所属江苏检验检疫质量研究中心承办的"2019 年发展中国家农业标准化技术国际培训班"在江苏常州开班，包括巴基斯坦在内的 16 名标准化官员参加③。

10.2.3 坚持市场运作以提升中巴农业科技合作质量及可持续发展

充分发挥各类企业的主体作用和市场在资源配置中的决定性作用，遵循市场规律和国际通行规则，促进中巴两国科研机构/企业间开展产业合作，实现优势互补，联动发展。农业科技合作的主体以科研院所为主，采取公司管理企业化运作，是一种可行的方式。公司运作股权清晰，职责分明，既能提升院所/企业内

---

① 很多国家要求巴出口商品必须符合国际标准而非当地标准。

② 农业标准化是促进农业结构调整和产业化发展的重要技术基础，是规范农业生产、保障消费安全、促进农业经济发展的有效措施。农业标准化内容广泛，主要包括农业基础标准、种子种苗标准、产品标准、方法标准、环境保护标准、卫生标准、农业工程和工程构件标准等。农业标准化是增强农产品国际竞争力和调节农产品进出口的重要手段。

③ https://m.yzwb.net/content/752424.html.

生动力，又能使成果快速融入市场，产生效益，实现项目的可持续发展。

在中巴关于杂交小麦的合作研发中，中方单位为北京市农林科学院杂交小麦工程技术研究中心，巴方单位为巴基斯坦农业研究理事会（PARC）。为实现合作项目的可持续发展①，北京市农林科学院引入市场机制，采取公司运作，成立中种杂交小麦种业（北京）有限公司。该公司与巴方佳德农业研究与服务有限公司进行合作，建立了实验基地和成果展示基地，培训了技术人员，并与巴方佳德公司联合提交了"京麦7号"参加巴基斯坦国家统一试验，还在巴基斯坦开展了"京麦7号"的配套栽培技术研究，在巴基斯坦旁遮普省、信德省等主要生态区进行了大面积示范种植。在双方研究机构、种子企业共同参与下，构建了中巴双方杂交小麦国际化商业育种及产业化体系，加快了中国杂交小麦从"国内研发"走向"国际市场"的步伐。

农业科技合作往往涉及知识产权专利，加强知识产权保护措施对于非 UPOV（国际植物新品种保护公约）成员国，在项目实施前，应就育种资源流失、品种权归属等知识产权核心问题进行协商，通过签署具有法律效力的合作协议，约定知识产权保护及与外方合作伙伴的连带责任，并针对后期市场出现假冒伪劣产品，约定由外方在其国内进行维权，保护合法权益。突出科技合作的先导地位，多渠道加强同巴基斯坦知识分享、技术转移、信息沟通和人员交流。

10.2.4 充分利用农业援助/农业科技援外项目提升中巴农业合作水平

同其他领域相似，中巴间农业合作主要以项目作为载体。项目合作类型主要有政府间合作项目、企业间合作项目、多方合作项目等。其中，政府间一些项目是通过农业援助/农业科技援外项目实施的，发挥院所科技优势，充分利用"两种资源，两个市场"拓展发展空间，既可以实现科技成果转化，也可使巴基斯坦的科研生产水平得到迅速提升，从而有效提升中巴农业合作水平（见表10-4）。

表 10-4 巴基斯坦近年来获得的农业/科技援助（部分）

援助国/组织	援助时间	援助金额	援助内容
欧盟	2003 年	2000 万美元	用于发展本国畜牧业，以改善部门的服务功能．建立有效的动物防疫系统
中国中科院农业资源研究中心	2003 年	—	与巴基斯坦卡拉奇大学共同申请承担了中国和巴基斯坦政府间科技合作长期研究开发项目"盐生植物持续利用技术研究"，开发利用盐碱地耐盐经济植物，推进盐渍区农业发展和生态环境的改善

---

① 2011 年，杂交小麦工程技术研究中心选育的"京麦6号""京麦7号"杂交小麦品种在巴基斯坦试验示范成功，令当地小麦增产30%～40%。此项合作得到了双方政府的大力支持，巴基斯坦政府官员和专家多次来北京市农林科学院沟通、磋商，制定详细、周密的合作计划，逐步开始实施。在前期合作研究的基础上，中国政府将此项合作纳入科技援助的范围。

援助国/组织	援助时间	援助金额	援助内容
阿根廷	2006 年	—	对巴基斯坦农业进行技术援助,尤其是在大豆种植方面
联合国粮农组织和欧盟	2009 年	—	向巴基斯坦 97500 户农民免费提供种子与化肥,供 2009 年 11 月开始的新一轮农耕季节使用,以尽量消除高粮价对巴农民的不利影响
联合国粮农组织、欧盟、世界粮食署	2009 ~ 2011 年	4000 万欧元	主要项目包括 WFP 为巴 60 万名农民和工人提供粮食援助、FAO 帮助巴小规模农户提高生产能力等
英国	2010 年	700 万英镑	帮助巴洪灾地区 11.58 万家农户购买小麦及蔬菜种子、化肥、饲料和兽药
意大利	2012 年	135 欧元	帮助巴基斯坦用于支持其国内史瓦特河谷地区果蔬种植农
中国	2010 年	3.2 亿人民币 +2 亿美元	为支持巴基斯坦抗击洪灾、重建家园,中国将在已提供的 3.2 亿元人民币人道主义援助基础上,再向巴方提供 2 亿美元的无偿援助
中国	2017 年	100 万美元	利用《南南合作援助资金》向联合国粮食计划署提供 100 万援助资金,落实对巴人道主义援助工作,为巴联邦直辖部落地区儿童、孕妇和哺乳期妇女提供食品和营养品
中国	2018 年	—	新疆维吾尔自治区人民对外友好协会组织由自治区公安厅、农业厅、交通厅、卫计委等单位组成的工作组,赴巴基斯坦吉尔吉特—巴尔蒂斯坦地区实施系列民生援助项目

资料来源:相关官网信息整理。

10.2.5 强化多边合作机制和发挥重大会议论坛平台作用

深化与国际机构的交流与合作,充分利用上海合作组织、联合国亚太经社会、亚洲合作对话、阿拉伯国家联盟等现有涉农多边机制,深化与世界贸易组织、联合国粮食及农业组织、世界动物卫生组织、国际植物保护组织、国际农业发展基金、联合国世界粮食计划署、国际农业研究磋商组织等交流合作,加强与世界银行、亚洲开发银行、金砖国家新开发银行、亚洲基础设施投资银行、丝路基金合作,探索利用全球及区域开发性金融机构创新农业国际合作的金融服务模式,积极营造开放包容、公平竞争、互利共赢的农业国际合作环境。

充分利用博鳌亚洲论坛、"10＋3"粮食安全圆桌会议、中国—南亚博览会、中国—亚欧博览会等重大会议论坛平台,加强中巴农业合作交流。在"一带一路"国际合作高峰论坛框架下,逐步建立中巴农业合作对话机制、农业规划研究交流平台,依托"一带一路"网站建立中巴农业资源、产业、技术、政策等信息共享平台。

10.3 中国企业投资巴基斯坦农业的风险防范

10.3.1 投资企业内部环境视角

（1）投资方式。对外直接投资主要有"绿地投资"① 和"跨国并购"两种模式。中国企业对外农业投资也主要采用这两种模式。根据王浩等（2013）对中国 20 多家已经开展或有意愿开展海外农业投资业务的企业进行深度访谈的调研基础上发现，绝大多数企业选择"绿地投资"模式。企业之所以倾向采取"绿地投资"模式，主要基于自身企业的优势在于农业生产、技术和管理方面，而在资金运作上相对缺乏信心。这和国际大型农业跨国公司多采取的"跨国并购"模式形成差异②。就"绿地投资"模式而言，中资企业多采用独资方式，采用和东道国企业合资的方式较少。这一点和日资企业不同，日资企业通常选择合资：东道国企业占资 51%，日资占 49%。中资采用独资主要基于企业决策的独立性，当然也有中国文化的影响。应该看到，合资方式更有利于中资企业在较短时间内适应东道国市场，降低投资风险。需要注意的是，在巴国寻找合适的本土企业合作并不容易。巴国企业负债率普遍偏高（包括农业企业），外债资金占比量较大，加之农业企业的盈利率相对较低，短期偿债能力压力大。随之企业的融资渠道也逐渐变窄，外国企业投资意愿下降③。

（2）投资环节。王浩等（2013）的调研表明，在投资环节上，约有一半的中资被调查企业投资于农业产中（生产）环节。这与国际跨国公司开展对外农业直接投资的行为有所不同。2009 年的《世界投资报告：跨国公司、农业生产与发展》中指出，绝大部分跨国公司不投资农业生产环节，它们主要投资农业产前环节（种子、农药、化肥等）和产后环节（加工、物流、贸易等）。国际跨国公司通常采用订单农业的方式连接东道国农户。跨国公司为农户提供种子、化肥、农药、信贷和生产技术，回购农户生产的农产品。通常情况下，农业生产环节的风险比较大，利润率比较低。这种情形下，多数中资企业选择投资生产环节，反映出企业的国际化经营经验不足，对于投资风险意识相对欠缺。当然，从中资企业投资的品种（粮食品种居多）也反映出中国在粮食作物上具有绝对技术优势和

---

① 绿地投资又称创建投资或新建投资，是指跨国公司等投资主体在东道国境内依照东道国的法律设置的部分或全部资产所有权归外国投资者所有的企业。创建投资会直接导致东道国生产能力、产出和就业的增长。

② 2009 年的《世界投资报告：跨国公司、农业生产与发展》中指出，国际大型农业跨国公司采取的对外直接投资方式多为"褐地投资"（并购）。

③ 苏红. 中国与巴基斯坦农业投资合作的障碍及升级途径 [J]. 对外经贸实务，2018（2）.

国内对战略性农产品品种（大豆、棉花、天然橡胶等）的进口依赖性直接相关。就我们接触到的有意愿去巴基斯坦进行农业投资的企业多数还是选择投资生产环节。

10.3.2 巴基斯坦农业直接投资环境视角

海外直接投资环境是指围绕并影响海外投资项目发展的各种环境因素的总和，可以分为国际环境、东道国环境、投资国环境。

10.3.2.1 国际环境风险

国际环境风险主要包括国际农业市场波动风险、双边自由贸易协定等国际投资条约覆盖度及有效性风险、联合国粮农组织的管控风险和国际金融市场的融资受限风险。农业海外投资的市场风险主要表现为农产品的国际市场价格、供需及汇率等变动造成农业企业潜在损失的可能性。虽然农业需求是一种刚性需求，相对比较稳定，但从供给的角度上看，因受众多因素影响，农产品国际市场价格经常大起大落。就这一点而言，对在巴国投资的中资企业是一种系统性风险。

10.3.2.2 东道国环境风险

东道国环境风险主要表现在政治风险、经济风险、自然风险和社会风险四个方面。

基于农业自身特点，投资项目往往存在自然风险。企业来巴投资要加深对巴投资环境和政策的了解，特别是对地质、土壤、水文和气候等情况的了解。先期投资勿求过大，由小到大，以点带面，逐步扩展。巴基斯坦水资源分布不均衡，管理和利用水平低。农业生产缺乏有效规划，有的地区配套设施不齐全，缺乏生活用水用电，受灾地区情况尤为严重，企业应选择水资源较为丰富和配套环境相对好的地区来投资。农作物的病虫害比较严重，需注意利用技术手段保护农作物的生长和成果。

在前面章节《巴基斯坦的农业土地制度改革及农户土地状况》中，结合《巴基斯坦农业统计年鉴》相关数据，得出了巴基斯坦的实际农业规模化经营程度较低的结论。巴国农业土地集中度高，但实际土地利用率及土地规模效应并不明显。规模土地的种植比例较低，土地规模越大零碎化现象突出，土地和机器的租赁及劳动力的雇用等是巴国农业土地规模没有伴随产出规模效应的主要原因。规模土地的种植比例较低，主要是规模土地所有者把其中部分甚至大部分土地弃耕或用作其他用途。尽管他们的土地拥有面积比中小农户大，但实际耕作面积差距在明显缩小。利用《2005 年巴国农业统计年鉴》数据可分析得出土地利用率和农户耕地拥有面积呈现负相关。在土地细碎化方面，10 公顷以上土地所有者细碎化程度显现高于中小土地拥有者，细碎化程度大大降低了其面积优势，进而也降低了规模经济的可能性。研究表明，不同规模土地所有者其土地被经营的模式不会有很大不同，或者说不同规模土地其资产投入和劳动量投入的比例差别不大，因此不同规模所有者并没有因为其土地规模不同而造成生产率的区别。应该看到，巴基斯坦土地私有化制度和低效的土地交易，使得土地流转程度难度加大，碎片化程度改善难度提高，不利于农业投资合作，也制约了中巴农业合作的进程。

政治风险是我国农业企业对巴国投资必须考虑的首要风险。东道国的政权更替、政局动荡、法律法规的变化以及战乱都会影响国外投资企业的投资安全。巴国内局势不稳，安全形势仍然严峻。暴力恐怖事件频发，增大了中国农业企业在巴基斯坦的投资风险，同时也影响了在巴投资和开展农业合作的信心。虽然巴国政府一直致力于推进反恐行动①，国内的恐怖活动整体呈现下降态势，但中巴经济走廊沿线地区在2001~2016年的暴力恐怖发生数量呈现上升趋势，且对中资企业及中方人员实施过恐怖袭击（见表10-5）。

表 10-5　巴基斯坦各地恐怖袭击案发数统计分析

地区	2001~2016 年案发数（起）	2016 年案发数（起）	2018 年案发数（起）②
开普省	3599	127	125③
俾路支省	3134	151	115
信德省	2103	317	4
旁遮普省	446	7	12
伊斯兰堡首都区	90	3	—
吉尔吉特—巴尔蒂斯坦地区	38	0	5

资料来源：Global Terrorism Database ［EB/OL］. https：//www. start. umd. edu/gtd; The Pak Institute for Peace Studies（PIPS）［J］. 2016 Pakistan Security Reports, 2017, 5（4）: 79, http: //www. pakpips. com/downloads/325. Pdf; The Pak Institute for Peace Studies（PIPS）. 2018PakistanSecurityReports ［EB/OL］. https: //www. pakpips. com/web－wp－content/uploads/2019/07/sr2018. pdf.

从表10-5可以看到，巴基斯坦恐怖袭击案件发生地域排序依次为开普省、俾路支省、信德省、旁遮普省。整体来看，近年巴国各省恐袭案件数呈现减少趋势，但案发数量不容乐观④。开普省作为恐怖组织塔利班的活动区域，是恐怖分子进行训练的主要场所；俾路支省经济发展滞后，长期饱受恐怖主义的威胁，每年巴基斯坦全国发生的恐怖袭击事件很大部分来源于此。作为暴恐活动的重灾区，严重影响了海外投资者的信心及巴基斯坦国内稳定；信德省作为中巴经济走廊的"东线"规划的一部分，也是东部恐怖袭击多发的省份，长期以来饱受恐

---

① 2013 年，巴国政府的"利剑行动"收效明显。

② 需要说明的是，2018 年恐怖袭击中开普省（含FATA）死亡196人，伤376人；俾路支省死亡354人，伤589人；旁遮普省死亡20人，伤39人；信德省死亡19人，伤21人（其中卡拉奇死亡18人，伤16人）；吉尔吉特—巴尔蒂斯坦地区死亡5人，伤3人。

③ 2018 年开普省数据包含FATA。

④ 王奇，梅建明. 中巴经济走廊沿线恐怖威胁分析及对策 ［J］. 南亚研究, 2017（4）.

怖主义的侵扰；旁遮普省作为巴国经济最富庶省份及军事中心，外商投资项目最多且集中，各类恐怖组织制造恐怖袭击往往可以带来较大声势，作为和政府谈判的筹码。省内有巴基斯坦塔利班、简戈维军、俾路支共和军等有着各种诉求的恐怖组织。其中，巴基斯坦塔利班是最大的威胁。如表 10 - 6 所示。

表 10 - 6 巴基斯坦各地恐怖袭击案发分布及特点

地区	域内恐怖袭击最严重地区	恐怖活动较多地区	恐怖袭击地域分布特点
开普省	首府白沙瓦	巴奴（Bannu）、贾姆若德（Jamrud）、巴拉（Bara）	案发多集中于开普省东部，以白沙瓦为中心，北部地区较南部形势更为严峻
俾路支省	奎达市	覆盖全省	在地域上并不局限于某地，以奎达市为中心，省内 27 个地区散点分布，南部以瓜德尔港为地区热点
信德省	卡拉奇市	海德拉巴、雅各布阿巴德、北纳兹马巴德、海尔布尔、拉卡纳和纳瓦布沙阿	以卡拉奇市为热点，全省各地均有分布
旁遮普省	首府拉合尔	拉瓦尔品第、木尔坦、费萨拉巴德、古杰兰瓦拉	各类恐怖袭击在旁遮普省较为分散，并不局限于某地，而是在省内各地都有发生
伊斯兰堡首都区	首都市中心	—	伊斯兰堡作为巴基斯坦的政治首都，在充足的军警力量和齐全的安保设施的保护下，其境内的恐怖袭击并不多发
吉尔吉特—巴尔蒂斯坦地区	—	吉尔吉特	延伸约 840 千米的喀喇昆仑公路，已成为一个主要的冲突战场

资料来源：Global Terrorism Database［EB/OL］. https：//www. start. umd. edu/gtd；The Pak Institute for Peace Studies（PIPS）［J］. 2016 Pakistan Security Reports，2017，5（4）：79，http：//www. pakpips. com/downloads/325. Pdf；The Pak Institute for Peace Studies（PIPS）. 2018PakistanSecurityReports［EB/OL］. https：//www. pakpips. com/web - content/uploads/2019/07/sr2018. pdf.

国内企业如在巴基斯坦投资，或派人员进行交流，应第一时间与使领馆取得联系，制定安全保卫预案，做好相关安保工作。2017 年 12 月 8 日，中国驻巴基斯坦伊斯兰共和国大使馆发布重要安全提醒：据悉，恐怖分子策划近期对中国驻巴基斯坦机构和人员发动系列恐袭。中国驻巴使馆提醒在巴中资机构和中国公民切实提高安防意识，加强内部防范，尽量减少外出，避免前往人员密集场所。如遇巴军警盘查，请予积极配合。如遇紧急情况，请及时报警并联系中国驻巴使领馆求助。该则提醒通告同时列出了巴基斯坦紧急救助电话、中国驻巴使领馆领保电话和外交部全球领事保护与服务应急呼叫中心电话。本安全提醒是近年来中国驻巴基斯坦使馆首次明确提及恐袭针对中国驻外机构和人员，发布原因料与近期诸极端主义、恐怖主义、分离主义势力活动频繁、涉及中方的威胁风险上升密切相关。驻巴中资企业应成立应急领导小组，建立健全安全管理制度，落实汇报和应急机制；聘请安保公司负责驻地安保，加强硬件安防；不断提高在巴人员安全意识。在外人员应随时留意当地媒体的最新报道，关注极端分子的各类威胁信号，预计当地偶发性道路封闭禁行与安保措施加强、宵禁与紧急状态等情况，以及可能的示威游行、绑架劫持、暴恐袭击与局部动荡风险。如遇民众集会、示威游行群体，应迅速撤离。同时，应严格遵循巴基斯坦军警部门与政府有关禁令，并听从当局发出的最新指示行动①。

农业海外投资项目必然存在经济风险。巴基斯坦宏观经济的发展和国家偿债能力、汇率和物价的波动幅度都是需要重点关注的因素。汇率风险来源于国际金融市场环境与国际收支状况、巴基斯坦外汇政策与金融市场状况。近年来，巴基斯坦汇率波动严重，导致农业投资企业存在结算风险。2017 年 12 月前，美元对巴基斯坦卢比汇率相对稳定，基本在 1 : 105 左右，但从 2017 年 12 月开始，汇率进入贬值通道，2019 年 7 月达到历史高位 1 : 164.83，截至 2019 年 10 月 2 日，回落至 1 : 156.47。图 10 - 1 为 2014 年 11 月至 2019 年 10 月 2 日的美元对巴基斯坦卢比汇率变动情况（月 K 线）。

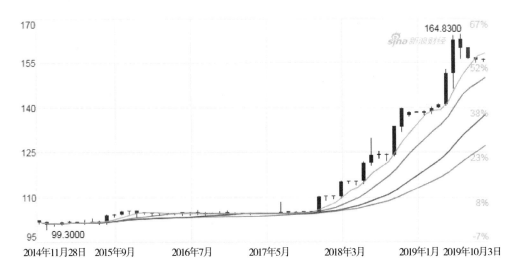

图 10 - 1　近年美元巴基斯坦卢比（USDPKR）汇率

资料来源：新浪财经—外汇［EB/OL］. https：//finance. sina. com. cn/money/forex/hq/USDPKR. shtml.

2017～2018 年，巴基斯坦经常账户赤字已膨胀至 180 亿美元。随着外汇储备水平的下降，美元变得更加珍贵，这导致了美元对卢比的不断升值。这种状况使

---

① 上海市商务委网站安全信息动态：巴基斯坦、沙特阿拉伯、利比亚、摩洛哥［EB/OL］. 2017 - 12 - 28.

外国投资者感到忧心，因为他们在该国投资了美元，而这通常是在转换为当地货币之后使用的。由于卢比贬值，外国投资者投资的企业获得的收益，如要汇出，兑换成美元后，也将随之缩水。国际知名公司——野村控股已将巴基斯坦列为汇率危机高风险国家之一①。从更宏观的国际视野角度看，随着美联储政策利率的加息政策，国际投资者已经逐渐经常账户赤字失衡严重、市场风险较高的国家不断撤资，这也进一步推动了这些国家赤字的扩大。巴基斯坦目前正面临类似的状况。在货币贬值的情况下，美联储的加息更加推动了国际投资者从高风险的市场中撤出美元投资②。

另外，巴国有些主管部门官僚作风比较严重，办事效率不高，对此企业应做好心理准备，与巴方合作时勤沟通、多督促。

10.3.2.3　投资国环境风险

投资国环境方面，政策和融资支持力度不够、国内市场需求波动增加了投资风险。目前我国尚无专门的农业对外投资法律或行政法规，农业对外投资缺乏相应的法律保护。我国农业海外投资的保险政策覆盖范围过窄，例如，因东道国政府法律政策变动造成的投资损失就不在赔偿范围。政府也没有开展针对"非常风险"的农业对外投资保险，帮助企业规避风险的功能还很弱。

---

① 除巴基斯坦外，斯里兰卡、南非、阿根廷、埃及、土耳其和乌克兰也在名单之列。有分析认为，巴基斯坦卢比贬值原因在于巴前财政部长达尔，他在过去几年里人为将汇率维持在较高水平，长时间的积累导致汇率一旦进入贬值通道，加之经常账户赤字加大，影响是沉重的。

② 中国商务部网站巴基斯坦位列汇率危机高风险国家［EB/OL］. http：//www. mofcom. gov. cn/article/i/jyjl/j/201809/20180902790295. shtml.

第十一章 中国和巴基斯坦农业合作行业案例：种业合作

种业属于技术密集型并被各国政府高度关注的产业。种子是农业最基本的生产资料和科技载体，农作物种业是促进农业长期稳定发展，保障国家粮食安全的根本。进入 21 世纪以来，以分子生物学技术为代表的育种创新取得重大突破，种业产业链不断延伸，国际市场渗透力越来越强，全球种子贸易额持续上升，市场细分更加多样化、竞争更加激烈。作为农业合作的技术支撑和保障，种业合作的紧密程度直接影响农业合作的深度和可持续性，中巴农业合作必须以种业合作为技术依托[①]。

11.1 巴基斯坦种业发展

11.1.1 巴基斯坦种子管理体系的形成与发展

种子是农业部门的基本投入，对提高农业生产力具有重要作用。巴种子管理体系主要经历了以下演变与发展过程[②]。1947~1961 年，没有独立的种子生产与分销体系。1961 年，在巴粮食与农业委员会的建议下，成立了西部巴基斯坦农业发展公司（WPADC），负责包括种子生产与销售在内的农业发展活动。但由于经营管理不善，该公司于 1972 年解体。1973 年在粮农组织和世界银行的协助下，巴政府制定了国家种业发展规划，规划强调了私营部门的参与性。1976 年，巴政府通过了《种业法》，为建立种业管理机构管控种业发展提供了法律依据。同年，在世界银行的支持下，启动实施了总投资 5600 万美元的种业发展项目。根据《种业法》，巴政府在粮食、农业与畜牧业部设立了国家种业委员会（NSC），负责制定种业政策与法规，由粮食、农业与畜牧业部部长任主席。NSC 下设有国家种业注册局（NSRD）和联邦种子审定局（FSCD）。1997 年这两个局合并为联邦种子审定与注册局（FSC&RD），是国家食品安全与研究部下属的一个部门，根据公共和私人种子机构的要求提供种子认证服务，并制定农作物田间检查和种

---

① 陈燕娟等. 中巴经济走廊建设背景下巴基斯坦种业合作价值、市场机遇与发展潜力［J］. 种子，2018（6）.

② Akhlaq Hussain. Status of Seed Industry in Pakistan. Round Table Discussion, Agriculture and Water in Pakistan［EB/OL］. http：//siteresources. worldbank. org /PAKISTANEXTN，2011 - 03 - 08.

子测试的年度计划。为了确保改进种子认证服务，FSC&RD 正在就加强外地办事处和国际合作的各个方面开展工作。FSC&RD 的首要目标是保护农民的利益，总部设在伊斯兰堡，在巴基斯坦各地设有 27 个外地办事处/实验室。

联邦种子审定与注册局（FSC&RD）是一个第三方部门，根据 1976 年《种子法》、2015 年《种子法（修订）》和相关规章制度的法律规定，负责管理各种作物的种子质量。FSC&RD 还是担任国家种子理事会的执行机构，同时设置省级种业委员会（PSC）。FSC&RD 还负责巴国种子进出口业务的调控，对种业进出口公司的申请进行审定批准①。

在巴基斯坦国内存在有各种类型的种业协会，一般为自发组织。比较知名的有巴基斯坦种子公司协会（SCAP，成员主要是跨国种子公司）、巴基斯坦种子经销商协会（APSMTA）、信德省私营种子公司组织（ASPSCO）、巴基斯坦种子技术专家协会（PAKSSET）和巴基斯坦种子协会（SAP）等②。

截至目前，巴国与种子管理有关的法律法规如表 11 - 1 所示。

表 11 - 1　巴基斯坦种子管理法律法规

序号	法律/法规	发布年份
1	种子法	1976
2	种子（注册）规定，1987	1987
3	种子（注册）规定修正案，1987	2003
4	程序、方式与种子标准，1988	1988
5	巴基斯坦水果种植认证规定，1998	1998
6	巴基斯坦水果种植认证规定修正案，1998	2003
7	种子（真实标记）规定，1991	1991
8	种子（真实标记）规定修正案，1991	1993
9	种子（真实标记）规定修正案，1991	1998
10	种子法修正案，2010	2010
11	种子法修正案，2015	2015
12	植物育种者权法	2000
13	植物育种者权法	2016

表 11 - 1 中关于植物育种者法是巴基斯坦为符合世界贸易组织协定及与贸易相关的知识产权协定的相关规定与要求而制定的。巴颁布实施这两部法律的目的

---

① 根据《种子（真实标记）规定》，满足下列条件的公司可以在巴从事子进出口业务：①所有进口种子的标签必须标注以下信息：作物种类、品种、数量、批号、纯度、发芽率、生产日期、过期日；②仅允许进口经国家批准注册在巴生产的作物品种；③经粮食、农业和畜牧业部批准可进口实验种子，但最多不超过 10 千克；④进口商应告知 FSC&RD 货物抵达日期，以便其抽检。

② 张斌，李海燕. 巴基斯坦种子管理研究 [J]. 安徽农业科学，2013（6）.

在于与国际政策环境接轨，为种子育种知识产权提供法律保障，还在于推动巴农业实现可持续发展，保证农民增收和粮食安全①。就植物新品种权保护而言，巴政府考虑加入国际植物新品种保护联盟（UPOV）②。《植物育种者权法》（2016）积极鼓励公共部门和私营部门的育种者与种子组织加大在植物育种、开发蔬菜和观赏作物新品种方面的研究投资，为巴国获取受保护的外来品种与外来新技术拓宽道路。法律赋予农民保存、使用、交换和售卖授权品种种子的特权，这符合《粮食和农业植物遗传资源国际条约》的相关规定，也是发展中国家农民获得种子的通行做法。此外，巴政府还鼓励种子企业、科研机构积极创收，为育种者提供财政奖励，确保农民社区得到改善，粮食安全得到保证及给农民提供一定的免税权利。在《植物育种者权法》生效前，国外公司不愿在巴国进行投资，每年认证的种子数量不到认证种子需求的15%。

随着巴国人口的增加和可利用土地的减少，粮食安全问题日益突出。巴国农民为了提高农业产出，降低风险，不得不自行从所保存的旧品种、新发明品种及试行的新品种中选取能适应当地环境的植物品种进行耕作。而在《植物育种者权法》（2016）生效前，没有管控劣质种子的法律，致使农民难以发展农业生物多样性，提高农作物产量与质量③。

11.1.2 巴基斯坦种子品种研发与管理

（1）品种研发。巴国从事农业研究和品种研发的公共部门主要包括研究所和农业大学④。其中，国家层面的研究主要由巴基斯坦农业研究委员会（PARC）和巴基斯坦中央棉花委员会（PCCC）协调管理并提供资金支持。PARC拥有7个主要的研究机构：伊斯兰堡国家农业研究中心、卡拉奇热带农业研究中心、奎达干旱区研究中心、曼塞拉国家茶叶研究院、特达甘蔗研究院、白沙瓦喜马拉雅农业研究院和吉尔吉特喀喇昆仑北部山脉农业研究院。除此之外，PARC还在卡拉奇、木尔坦等地设有沿海地区研究站、联邦农药研究实验室、病虫害综合管理实验室、农业经济研究所，并在拉合尔、卡拉奇、奎塔、白沙瓦等地设有办事处。在巴研究机构的努力下，已在小麦、水稻和棉花等作物育种方面取得显著进展⑤。除公共部门外，在巴政府的鼓励下，近年来跨国种子公司等私营部门也开

---

① 路娜，汪燕等. 巴基斯坦知识产权制度研究［M］. 北京：社会科学文献出版社，2018.

② 对于加入UPOV，巴国内有不同意见，理由是UPOV是一个欧洲和工业化国家的联盟，它保护育种者的权利，但不保护种植者即广大农户的权利。这一点并不符合巴国现阶段的发展状况，故他们建议应先制定适合自己特殊国情的植物品种保护制度，不要急于加入UPOV。

③ 巴国农民种植转基因棉花的面积约为整个棉花种植面积的95%，在新法生效前，国外公司肆意在巴国内非法进行转基因棉花种子交易，不仅价格贵，部分劣质棉种还导致棉花产量的下降。

④ 张斌，李海燕. 巴基斯坦种子管理研究［J］. 安徽农业科学，2013（6）.

⑤ Akhlaq Hussain，Abdul Rauf Bhutta. Focus on Seed Programs［EB/OL］. http：//www.Seedquest.com/statistics，2001.

始在巴从事引进、测试、研发杂交玉米、高粱、向日葵等杂交种子的工作。

（2）品种评价、测试与注册。申请人在 PARC 的市级站点进行初试之后，可以向 PARC 和 FSC&RD 提交区域品种审定、注册的申请，其中，棉花品种向巴基斯坦中央棉花委员会（PCCC）提交申请。品种审定与注册需通过栽培应用评估，以及品种特异性、一致性和稳定性测试。PARC 在散布全国的品种试验场对棉花以外的作物品种进行栽培应用测试与评估，PCCC 则仅负责棉花品种的评价与测试。测试内容主要包括品种的适用性、适应性和抗病性。省级农业部门则在农业研究农场、推广农场及参试农户的农场对品种进行测试与评估。经过 2 季/年的测试期，PARC 的品种评估委员会及 PCCC 将向申请人、联邦种子注册委员会和各省政府通报测试品种的适用性、适应性和抗病性。随后，FSC&RD 将通过与现有品种的对比试验对测试品种进行为期 2 季/年的特异性、一致性和稳定性测试，并将测试结果上报联邦种子注册委员会。两方面的测试结果最终提交国家种业委员会和省级种业委员会[1]，由其做出品种注册与释放决定。

（3）品种维持。对于释放的品种，由研发机构负责品种维持和生产可以繁殖原原种的种子，并与 FSC&RD 合作生产原原种。原种由各省政府成立的种子公司生产。FSC&RD 对种子质量进行监控，其中，对原原种实行事前质量控制，对经认证的种子实行 10% 比例的事后抽检。且对在售的种子至少在出售前一个月进行抽检，以保证停止出售储存过程中已出现腐坏的种子。FSC&RD 对各类种子实行不同的标签管理：原原原种，未标签；原原种，带蓝色对角线的白色标签；原种，白色标签；经认证的种子，由注册的种子生产者生产，蓝色标签；经批准的种子，黄色标签；进口种子，粉色标签[2]。

11.1.3　巴基斯坦种子供需情况

11.1.3.1　种子生产供应

在巴从事种子生产的既有公共部门，也有私营部门。公共部门包括旁遮普和信德省半国营的种子公司（负责种子生产与供应），以及开普省和俾路支省的农业管理部门（负责管理本省内的种子供应）。公共部门主要集中在低成本作物种子的生产，如小米、水稻和棉花。目前，私营部门的种子供应量呈现上升趋势[3]。

截至 2018 年，巴基斯坦有种子类企业（公司）873 家。其中旁遮普省 721 家，信德省 112 家，俾路支省 5 家，开普省 32 家，吉尔吉特—巴蒂斯坦省 3 家。另外，在巴的跨国种子公司有 5 家：巴基斯坦拜耳作物科学（私人）有限公司，公司注册地为卡拉奇；ICI 巴基斯坦（私人）有限公司（农用化学品和种子），公司注册地为拉合尔；孟山都巴基斯坦农业公司，公司注册地为拉合尔；先锋巴基斯坦种子（私人）有限公司，公司注册地为拉合尔；先正达种子有限公司，

---

[1][2][3]　Akhlaq Hussain, Abdul Rauf Bhutta. Focus on Seed Programs ［EB/OL］. http://www. Seedquest. com/ statistics （2001）.

公司注册地为拉合尔①。

除上述渠道外，非正式渠道（如农民自留、代理商和零售商等）的种子供应也非常重要，部分种子的供应甚至占市场供应量的半数以上②。

11.1.3.2 种子需求情况

尽管巴种子生产得到较大发展，但国内种子生产能力仍明显不足，部分种子自给率低，即使加上进口，种子供需仍存在较大缺口，种子市场潜力较大③（见表11-2）。

表 11-2 巴基斯坦种子需求（2008~2017 年，分省与品种）

单位：1000 吨

省份/作物	2008~2009 年	2009~2010 年	2010~2011 年	2011~2012 年	2012~2013 年	2013~2014 年	2014~2015 年	2015~2016 年	2016~2017 年
巴基斯坦									
小麦	250.76	266.35	295.64	295.65	259.90	271.24	375.60	315.02	421.62
水稻	31.78	22.20	25.90	34.52	45.55	49.62	50.17	54.87	56.83
玉米	10.45	8.74	1.69	9.24	16.11	15.59	19.08	31.88	31.81
棉花	19.64	12.46	7.37	5.44	4.23	20.68	34.53	29.36	44.08
豆类	0.18	0.20	0.30	0.3	0.03	0.02	0.13	0.06	0.10
油菜种子	1.81	2.68	0.12	1.23	1.26	2.02	1.79	0.59	0.51
小计	314.63	312.63	331.02	346.38	327.08	359.18	481.30	431.79	554.95
旁遮普									
小麦	229.520	243.290	247.51	252.34	213.44	212.37	300.16	258.80	374.95
水稻	25.790	15.270	19.26	17.70	28.76	34.54	38.32	37.24	44.47
玉米	4.030	1.750	1.36	1.30	5.21	3.64	3.06	17.49	7.77
棉花	15.995	9.670	5.69	4.03	2.20	19.11	30.72	25.38	39.81
豆类	0.180	0.190	0.22	0.22	0.03	0.01	0.12	0.06	0.04
油菜种子	0.201	0.330	0.12	0.09	0.11	0.48	0.11	0.10	0.22
小计	275.72	270.50	274.16	275.68	249.75	270.148	372.492	339.07	467.26
信德									
小麦	16.82	17.10	33.82	30.44	37.57	48.28	64.07	44.26	30.56
水稻	5.58	3.50	5.25	7.09	13.08	9.73	7.05	6.85	7.04
玉米	6.31	0.00	0.00	0.00	0.00	0.00	0.00	0.00	0.00
棉花	3.40	2.46	1.51	1.12	2.03	1.18	3.53	3.99	4.26
油菜种子	1.53	0.01	0.00	0.08	0.08	0.21	0.02	0.00	0.19

---

① http：//www.federalseed.gov.pk/frmDetails.aspx.

② Imran Ali, Syed Mohammad Ali. A Note on the Seed Business in Pakistan［EB/OL］. Lahore University of Management Sciences, http：//www.policy.hu（2004）.

③ 张斌，李海燕. 巴基斯坦种子管理研究［J］安徽农业科学，2013（6）.

续表

省份/作物	2008～2009年	2009～2010年	2010～2011年	2011～2012年	2012～2013年	2013～2014年	2014～2015年	2015～2016年	2016～2017年
小计	33.64	23.07	40.58	38.81	52.76	59.418	74.672	55.10	42.05
开普省									
小麦	3.23	5.53	12.36	11.12	7.96	6.06	9.47	8.56	14.45
水稻	0.13	0.07	0.05	0.09	0.00	0.07	0.24	0.17	0.02
玉米	0.11	0.38	0.33	0.347	1.18	0.33	0.11	0.47	7.90
油菜种子	0.08	0.13	0.00	0.00	1.01	0.00	0.00	0.00	0.00
小计	3.55	6.11	12.82	11.56	10.15	6.50	9.84	9.21	22.43
俾路支省									
小麦	1.19	0.43	1.95	1.75	0.94	4.54	1.89	3.40	1.65
水稻	0.28	0.44	1.34	1.93	0.00	1.44	2.63	2.15	0.00
棉花	0.25	0.34	0.17	0.29	0.00	0.36	0.26	0.00	0.00
小计	1.72	1.20	3.46	3.97	0.94	6.337	4.783	5.54	1.65

注：表中数字包括当地采购的以及各种作物的进口种子（农民自留种子数量未统计在内），部分品种数据偏小，未列入统计。

资料来源：Federal Seed Certification & Registration Department, Islamabad.

11.1.3.3 种子供给与需求比较汇总

表11-3给出了巴国2018～2019年（表中数据为2018年7月至2019年3月）种子播种面积、种子需求和种子供应量。

表11-3 巴基斯坦农作物种子播种面积、需求量及供给量（2018年7月至2019年3月）

单位：公顷，吨

	播种面积	总需求量	供应量			
			公共部门	私营部门	进口	国产+进口
小麦	8945	1073352	42934	386407	—	429341
棉花	3200	63232	1197	55783	—	56980
水稻	2805	41385	4312	52601	2756	59669
玉米	1170	28892	237	1222	12776	14235
豆类	1185	42674	10	1391	—	1401
油料种子	830	10790	—	—	72	72
蔬菜	280	8400	—	—	2123	2123
草料	2038	61140	—	—	11659	11659
土豆	166	415000	—	—	2397	2397
合计	20619	1744865	48690	497404	31783	577877

资料来源：Federal Seed Certification & Registration Department.

根据表11-3数据可计算出相应比率如表11-4所示。

表 11 - 4　巴基斯坦农作物种子需求量及供给量（2018 年 7 月至 2019 年 3 月）

单位：公顷，吨，%

	总需求量	供应量					需求缺口
		公共部门	私营部门	国产	进口	国产＋进口	
小麦	100	4.00	36.00	40.00	—	40.00	60.00
棉花	100	1.89	88.22	90.11	—	90.11	9.89
水稻	100	10.42	127.10	137.52	6.66	144.18	-44.18
玉米	100	0.82	4.23	5.05	44.22	49.27	50.73
豆类	100	0.02	3.26	3.28	—	3.28	96.72
油料种子	100	—	—	—	0.67	0.67	99.33
蔬菜	100	—	—	—	25.27	25.27	74.73
草料	100	—	—	—	19.07	19.07	80.93
土豆	100	—	—	—	0.58	0.58	99.42
合计	100	2.79	28.51	—	1.82	33.12	66.88

资料来源：根据上表数据计算所得。

数据结果显示，2018～2019 年（表中数据为 2018 年 7 月至 2019 年 3 月），巴国除水稻种子过剩，其余主要农作物种子均存在不同程度的需求缺口。粮食作物中，种子需求缺口均大于 50%，经济作物中除棉花种子需求缺口为 9.89%，其余需求缺口均在 70% 以上。

综合来看，巴国种子生产能力不足，且存在地域性特点，开普省和俾路支省种子生产相对旁遮普和信德省落后。巴国种子自给率偏低，部分品种进口因各种原因不能满足生产需求。

11.2　中国和巴基斯坦种业合作概况

中国与巴基斯坦种子产业在资源上互为需求、技术上互为支撑、市场上互为补充，双边种业合作可以实现互利共赢、协同发展，合作潜力巨大[①]。同时，种业合作是中巴农业特别是种植业合作的技术基础和前置条件。

11.2.1　中巴双边种业合作回顾

11.2.1.1　单作物品种合作

（1）杂交水稻。1999 年，袁隆平农业高科技股份有限公司（简称隆平高科）

---

① 陈燕娟等 . 中巴经济走廊建设背景下巴基斯坦种业合作价值、市场机遇与发展潜力［J］. 种子 2018（6）.

和巴基斯坦嘎德农业研究与服务公司签订了在巴基斯坦共同发展杂交水稻的合作协议①。2002 年，两国正式开展杂交水稻技术合作，通过在中巴两国举办杂交水稻技术培训班，中国为超过 100 名巴基斯坦专家提供了技术培训，有效增强了他们对中国农业发展经验的理解。2017 年，隆平高科的巴基斯坦杂交水稻联合研发中心项目被列入湖南省对接"一带一路"倡议的行动方案中。同年，隆平高科在巴基斯坦注册成立研发公司，正式启动本地化选育与生产工作。2018 年 5 月，100 吨由中国科学家袁隆平团队指导、在巴基斯坦当地研发的耐盐碱、耐高温、抗倒性杂交水稻种子"LP205"销往菲律宾。这是巴基斯坦杂交水稻试验启动 10 余年来首次外销，是中巴两国农业合作的又一重要里程碑。目前，隆平高科的产品已有 7 个品种通过了巴基斯坦农业部门的鉴定，每年销售种子 2000 多吨，实现粮食增产 40 万吨，杂交水稻种子市场份额占有率达 45% 以上。

2013 年，在四川省科技厅国际科技合作项目的大力支持下，由四川农业大学朱建清研究员牵头的项目组选育的水稻新组合 ZY – 688 和 ZY – 018 取得了巴基斯坦种子进口许可②。根据巴基斯坦进口贸易政策规定，水稻属于具有限制条件的进口商品，需要满足健康和安全的需求，并经"联邦种子认证局"抽取样品进行质量检验合格才允许进口。ZY – 688 和 ZY – 018 在巴基斯坦多地进行区试后表现出优质、高产、抗病的特性，对照当地水稻品种增产显著，分别达到 17.29% 及 19%，获得巴基斯坦官方及当地农民的一致认可。

（2）杂交小麦。2012 年以来，中化集团发挥下属公司中种集团种业对外合作优势，以巴基斯坦为重点，积极布局"一带一路"，先后与巴基斯坦、孟加拉、乌兹别克斯坦等国家开展农业合作。在巴基斯坦白沙瓦农业大学的协助下，北京农业科学院二系杂交小麦技术在巴基斯坦的合作试验示范工作取得显著成效。在白沙瓦农业大学 2017～2018 年的田间试验中，二系杂交小麦种子实现了最高增产 50% 以上。发给农民试种的杂交小麦种子，有些还达到了产量翻倍的效果。经过前期约 120 余份杂交组合、230 多个种植点的适应性鉴定，中国二系杂交小麦较当地品种平均增产幅度达到 24.4%，得到了当地社会高度认可。今天，巴基斯坦已有 230 多个杂交小麦示范点。从小农场主到科研示范基地，杂交小麦种植面积已有 3 万亩。中化集团和北京市农业科学院专门成立了面向巴基斯坦的育种团队，建立了与巴基斯坦气候相似的云南元谋杂交小麦育种基地，专门面向巴基斯坦进行定向选育。他们同巴基斯坦国家农业委员会、巴基斯坦费萨拉巴德农业大学开展密切合作，引进了一批当地小麦种质资源，进行适宜当地的强优势杂交小麦品种创制。

① 播撒合作共赢的种子［EB/OL］. http://news.sina.com.cn/c/2018 – 04 – 18/doc – ifzfkmth 5834947.shtml.
② http://news.hexun.com/2013 – 10 –24/159019922.html.

10.2.1.2 多作物品种合作

2006 年，由湖北种子集团提供的杂交水稻和油菜种子在巴试种成功。2007 年，巴基斯坦正式从湖北种子集团进口 50 吨杂交水稻种子、45 吨杂交油菜种子；中方常年派遣多名专家驻扎巴基斯坦，为奥瑞哥在南北多地布点示范提供技术支持。2007 年秋，时任中国驻巴基斯坦大使罗照辉率队与巴国农业部官员应邀参加了在拉合尔市郊举行的"中国湖北杂交水稻观摩现场会"，观摩农民超千人。2008 年，湖北省种子集团正式派遣多名专家前往拉合尔，全力协助合作伙伴奥瑞哥开展杂交水稻、油菜、棉花、玉米以及油葵等 1858 个引进农作物的筛选、试种和技术示范。2009 年，湖北省种子集团承接科技部《中巴粮食作物新品种选育及配套技术联合研发》《巴基斯坦高产优质油菜新品种的选育与开发》项目。在后一个项目上，湖北省种子集团在巴筛选出高适应性玉米品种 HSM – 67，其综合性状与当地引自美国的孟山都的品种不相上下，当年即开始出口巴基斯坦。湖北种子集团以杂交水稻为先锋，先后将玉米、棉花、油料及瓜菜等多种作物引种巴基斯坦，使当地农作物增产，农民增收[1]。2013 年，湖北省种子集团实现收入 2.28 亿元，实现净利润 3844.3 万元，种子出口数量居国内同行业首位。2014 年，湖北省种子集团在巴基斯坦拉合尔市设立"HS 农业（私人）有限公司"。新公司注册资本 10 万美元，其中湖北省种子集团出资 9.85 万美元，占注册资本的 98.5%。在巴基斯坦当地直接设立公司，可利用当地资源培育出适合巴基斯坦的优质、高产、多抗农作物新品种，抢占种子产业价值链的高端，培植制种和种植栽培方面的竞争力，更好地了解海外市场动向，推动公司国际化进程。

11.2.2 中巴双边种子贸易概况

11.2.2.1 农作物种子贸易商品分类及 HS 编码

根据农产品贸易统计口径[2]，确定农作物种子产品，包括第二类植物产品 58 种（类），其中涵盖第十二章（含油子仁及果实；杂项子仁及果实；工业用或药用植物；稻草、秸秆及饲料）、第十章（谷物）、第八章（食用水果及坚果；柑橘属水果或甜瓜的果皮）、第七章（食用蔬菜、根及块茎）、第六章（活树及其他活植物；鳞茎、根及类似品；插花及装饰用簇叶）商品。具体 HS 海关编码如表 11 – 5 所示。

---

[1] 中国科学技术部国际合作司调研组实施"走出去战略，加速我国农业国际化"——湖北省种子集团国际科技合作成果调研［J］．全球科技经济瞭望，2013（6）．

[2] 本书利用中国通关网旗下品牌"归类通"，https：//hs. e – to – china. com. cn.

表 11 – 5　农作物国际种子贸易商品分类及 HS 编码

第十二章	含油籽仁及果实；杂项子仁及果实；工业用或药用植物；稻草、秸秆及饲料
种植用的种子、果实及孢子（1209）	糖甜菜籽（12091000）、紫苜蓿子（12092100）、三叶草子（12092200）、羊茅子（12092300）、草地早熟禾子（12092400）、黑麦草种子（12092500）、甜菜子，糖甜菜子除外（12092910）、其他饲料植物种子（12092900）、草本花卉植物种子（12093000）、蔬菜种子（12099100）、其他种植用濒危种子、果实及孢子（1209990010）、其他种植用种子、果实及孢子（1209990090）、洋葱种子（12099110）、土豆种子（12099120）、秋葵子（12099130）、其他蔬菜种子（12099190）、其他种植用濒危种子、果实及孢子（1209990010）、其他种植用种子、果实及孢子（1209990090）、其他种植用水果种子（12099900）
油菜籽，不论是否破碎（1205）	种用低芥子酸油菜籽（12051000）、其他种用油菜籽（12059000）
鲜、冷、冻或干的刺槐豆、海草及其他藻类、甜菜及甘蔗，不论是否碾磨；主要供人食用的其他税目未列名的果核、果仁及植物产品（1212）	白瓜子（12129993）、其他供人食用果核、仁及植物产品，包括未焙制的菊苣根（1212999990）
葵花子，不论是否破碎（1206）	种用葵花子（12060000）
亚麻子，不论是否破碎（1204）	亚麻子，不论是否破碎（12040000）
其他含油子仁及果实，不论是否破碎（1207）	种用棕榈果及棕榈仁（12071010）、种用棉子（12072100）、种用蓖麻子（12073000）、种用芝麻，不论是否破碎（12074000）、种用芥子，不论是否破碎（12075000）、种用红花子（12076000）、种用甜瓜的子，包括西瓜属和甜瓜属的子（12077000）、其他种用含油子仁及果实（12079900）、罂粟子（12079100）
大豆，不论是否破碎（1201）	种用大豆（12011000）
未焙炒或未烹煮的花生，不论是否去壳或破碎（1202）	种用花生（12023000）
第六章	活树及其他活植物；鳞茎、根及类似品；插花及装饰用簇叶
鳞茎、块茎、块根、球茎、根颈及根茎，休眠、生长或开花的；菊苣植物及其根，但税目12.12的根除外（0601）	种用休眠的百合球茎（06011021）、种用休眠的其他植物鳞茎、块茎、块根（06011091）
其他活植物（包括其根）、插枝及接穗；蘑菇菌丝（0602）	种用杜鹃（06023010）、种用玫瑰（06024010）、种用苗木（06029091）
第七章	食用蔬菜、根及块茎
0701 鲜或冷藏的马铃薯	种用马铃薯（07011000）

续表

第七章	食用蔬菜、根及块茎
0713 脱荚的干豆，不论是否去皮或分瓣	种用干豌豆（07131010）、种用干鹰嘴豆（07132010）、种用干绿豆（07133110）、种用红小豆（07133210）、种用干芸豆（07133310）、种用干扁豆（07134010）、种用干蚕豆（07135010）、种用干木豆（木豆属）（07136010）、种用干豆（07139010）、鲜种用甘薯（07142011）、种用藕（07149021）
第十章	谷物
小麦及混合麦（1001）	种用硬粒小麦（10011100）、种用其他种用小麦及混合麦（10019100）
黑麦（1002）	种用黑麦（10021000）
大麦（1003）	种用大麦（10031000）
燕麦（1004）	种用燕麦（10041000）
玉米（1005）	种用玉米（10051000）
稻谷、大米（1006）	种用长粒米稻谷（10061021）、其他种用稻谷（10061029）
食用高粱（1007）	种用食用高粱（10071000）
荞麦、谷子及加那利草子；其他谷物（1008）	种用谷子（10082100）、种用直长马唐（10084010）、种用昆诺阿藜（10085010）、种用黑小麦（10086010）、其他种用谷物（10089010）
第八章	食用水果及坚果；柑橘属水果或甜瓜的果皮
鲜或干的椰子、巴西果及腰果，不论是否去壳或去皮（0801）	种用椰子（08011910）

资料来源：利用中国通关网旗下品牌"归类通"整理所得（基于HS8位编码）。

11.2.2.2 巴基斯坦农作物种子出口情况

巴基斯坦种子进口企业（公司）76家。巴基斯坦2002～2018年种子出口情况见下表。表中数据显示，2002～2018年巴国种子出口呈现整体上升趋势，且增速较快，但近几年出口有所回落。如表11-6所示。

表11-6 2002～2018年巴基斯坦种子出口

年份	出口金额（千卢比）	年份	出口金额（千卢比）	年份	出口金额（千卢比）
2002～2003	604085	2003～2004	774404	2004～2005	1357268
2005～2006	657530	2006～2007	1249120	2007～2008	2818215
2008～2009	3594815	2009～2010	3143988	2010～2011	2003794
2011～2012	3099982	2012～2013	7426258	2013～2014	—
2015～2016	—	2016～2017	5378244	2017～2018	4331054

注：HS编码基于中国通关网旗下品牌"归类通"整理所得（基于HS8位编码）。

资料来源：原始数据源自 http：//www.pbs.gov.pk/sites/default/files//external_ trade/8_ digit_ level/export/，出口金额为种子分类产品合计所得。

巴基斯坦种子出口结构相对稳定，主要出口种用芝麻（胡麻）、种用蓖麻子、种用甜瓜子、草本花卉植物种子、紫苜蓿子、三叶草子、其他种植用水果种

子等；巴基斯坦种子出口主要流向西亚、东亚、南亚、非洲和欧盟地区。如表
11－7 所示。

表 11－7　2018 年巴基斯坦种子出口结构及市场分布

品种及 HS8 位编码	出口占比（％）	主要市场分布
种用芝麻（12074000）	82.86	哈萨克斯坦、中国、比利时、越南、日本、土耳其
种用蓖麻子（12073000）	3.40	中国、埃及、阿拉伯联合酋长国
种用甜瓜子（12077000）	4.60	印度、孟加拉国、荷兰
草本花卉植物种子（12093000）	1.79	法国、德国、美国、波兰、阿拉伯联合酋长国
其他种植用水果种子（12099900）	0.95	印度、约旦、土耳其
紫苜蓿子（12092100）	0.86	意大利、韩国
三叶草子（12092200）	0.92	意大利、荷兰、韩国
其他油子（12079900）	1.79	印度、印度尼西亚、马来西亚、阿拉伯联合酋长国

资料来源：http：//www. pbs. gov. pk/sites/default/files//external_ trade/8_ digit_ level/export/，占比为
计算所得。

11.2.2.3　中国和巴基斯坦种子贸易互补性分析

贸易互补性是指两国间一国出口产品与另一国进口产品的匹配程度[1]。贸易
互补性程度可用贸易互补指数来表征。C12 表示国家 1 在某类商品上出口与国家
2 在同类商品上进口的贸易互补性指数[2]，C21 则表示国家 2 对国家 1 相应商品的
贸易互补性指数。C12 > 1，表明国家 1 对国家 2 的贸易互补性较强，且指数越大
于 1，互补性越强；C12 < 1，表明国家 1 对国家 2 的贸易互补性较弱。C21 指标
分析类似。

表 11－8 指数计算结果显示，2005～2016 年，中国对巴基斯坦种子贸易的综
合互补性指数整体呈现上升态势。2005～2011 年，综合互补性指数小于 1，显示
互补性较弱；2012～2016 年，综合互补性指数均大于 1，显示互补性转强。就产
品分类来看，中国水稻种子出口与巴基斯坦进口具有很强互补性，同时也说明中
国杂交水稻种子的国际比较优势明显。紫苜蓿种子的互补性则呈现较大波动特
点。其余品种贸易互补性较弱。

表 11－8　中国对巴基斯坦种子贸易互补性指数（2005～2017 年）

年份	水稻	玉米	油菜	蔬菜	紫苜蓿	草本花卉	综合
2005	0.000	0.008	0.017	0.184	0.384	0.014	0.524
2006	0.001	0.008	0.010	0.173	0.067	0.018	0.610

---

① 王金波．"一带一路"经济走廊贸易潜力研究［J］．亚太经济，2017（4）．

② 贸易互补指数及公式计算可参阅相应文献。

续表

年份	水稻	玉米	油菜	蔬菜	紫苜蓿	草本花卉	综合
2007	0.000	0.011	0.024	0.216	2.656	0.017	0.884
2008	0.000	0.007	0.003	0.007	1.287	0.885	0.282
2009	1.856	0.016	0.012	0.043	0.286	0.001	0.277
2010	2.470	0.004	0.003	0.250	0.334	0.009	0.358
2011	9.937	0.010	0.006	0.368	1.106	0.173	0.717
2012	10.539	0.006	0.005	0.432	0.231	0.033	1.098
2013	5.718	0.015	0.001	0.364	0.103	0.006	1.103
2014	6.308	0.010	0.002	0.756	0.066	0.013	1.694
2015	4.967	0.027	0.005	0.605	0.090	0.016	1.479
2016	9.411	0.029	0.013	0.543	0.090	0.057	1.712
2017	8.541	0.026	0.012	0.522	0.094	0.039	1.668

资料来源：陈燕娟，邓岩. 中国与巴基斯坦种子贸易发展潜力研究［J］. 世界农业，2018（5）；2017 年互补性指数为笔者测算所得。

表 11-9 指数计算结果显示，2005～2017 年，巴基斯坦对中国种子贸易的综合互补性指数整体较弱。2005～2017 年，综合互补性指数均小于 1，显示互补性较弱，且呈现逐年减弱的趋势。就产品分类来看，巴基斯坦紫苜蓿种子对中国出口与中国进口具有很强的互补性，且近年互补性增强；在草本花卉种子上，巴国对中国的互补性指数小于 1，互补性较弱，但有增强趋势；其余种子商品贸易互补性较弱，且不稳定。

表 11-9 巴基斯坦对中国种子贸易互补性指数（2005～2017 年）

年份	水稻	玉米	油菜	蔬菜	紫苜蓿	草本花卉	综合
2005	0.000	0.000	0.013	0.015	0.029	0.039	0.244
2006	0.000	0.003	0.000	0.021	0.163	0.011	0.038
2007	0.000	0.002	0.013	0.003	0.020	0.058	0.021
2008	0.001	0.005	0.005	0.005	0.125	0.170	0.052
2009	0.000	0.052	0.015	0.015	0.212	0.005	0.094
2010	0.001	0.010	0.051	0.017	0.264	0.099	0.071
2011	0.000	0.011	0.026	0.008	0.337	0.105	0.259
2012	0.050	0.075	0.137	0.007	0.807	0.244	0.340
2013	0.111	0.010	0.588	0.011	1.056	0.144	0.206
2014	0.023	0.003	0.063	0.015	1.756	0.255	0.100
2015	0.010	0.002	0.017	0.036	1.410	0.385	0.104
2016	0.022	0.004	0.009	0.008	1.715	0.811	0.107
2017	0.026	0.003	0.012	0.026	1.675	0.626	0.112

资料来源：2005～2016 年互补性指数参照陈燕娟、邓岩的《中国与巴基斯坦种子贸易发展潜力研究》《世界农业》，2018 年第 5 期；2017 年互补性指数为笔者测算所得。

中巴种子产业内贸易指数的测算结果则反映出双边种子贸易以产业间贸易为主，贸易互补性较强。

11.2.2.4 中国与巴基斯坦种子贸易竞争性分析

陈燕娟、邓岩（2018）利用 Lafay 指数测算了 2005～2016 年中巴双边种子贸易的竞争性情况。结果表明，中国的水稻、蔬菜种子、草本花卉在双边贸易中存在显示性比较优势，玉米和紫苜蓿种子不具备比较优势，油菜种子则处于比较劣势，油菜种子的 Lafay 指数值为负值且偏离零值呈现渐远态势，说明中国油菜种子更依赖于进口；巴基斯坦在紫苜蓿种子和草本花卉种子贸易方面具备一定比较优势，其余品种 Lafay 指数普遍较低，部分品种接近零值，反映出巴基斯坦种子整体国际竞争力较弱。

出口相似度指数（ESI）的计算结果则反映出 2005～2016 年中巴两国在国际市场上的竞争程度较低，但出口竞争性（竞争程度）呈现逐年上升态势。

11.3 中国和巴基斯坦种业合作潜力及展望

11.3.1 中巴种业合作潜力的基础

中国作为人口和农业大国，种业已被确立为国家战略性、基础性的核心产业。受国内要素价格上涨及自然资源条件约束，中国种业面临发展不足和结构性过剩的困境。面对种业的国际化趋势，尽管"走出去"难度不断增大，但中国只有主动参与国际竞争与合作，变"种业大国"为"种业强国"。巴基斯坦属典型农业国家，而巴基斯坦是中国种业"走出去"最成功、最重要的市场之一，认真总结、深入挖掘中巴双边种子合作潜力，可以清晰界定后续发展方向，并以此为范例，逐步向其他生态类型相似的国家拓展。

随着 2007 年 7 月我国《种子法》的正式出台，国内种业市场迅速发展，市场化程度明显提升，农作物杂交技术已步入国际领先行列。但也出现了由于国内经营主体增多导致市场竞争激烈，同时种子同质化现象严重。而在农业欠发达国家或地区，良种却需求巨大。这种情形下，中国种子企业适时"走出去"，延伸海外市场，即是生存和发展的不错选择，也是开展种子外交的有效途径①。开拓和发展巴基斯坦种子市场则是中国种子企业"走出去"一个不错的目的国。相比中国，巴基斯坦农业资源丰富，可利用耕地面积大，土质肥沃，同时光照、温度、热量充足，适合小麦、水稻等粮食作物及棉花等经济作物的种植，但整体农

---

① 中国科学技术部国际合作司调研组. 实施走出去战略，加速我国农业国际化［J］. 全球科技经济瞭望，2013（6）.

业生产力水平较低①。开展中巴种业合作，一方面，两国间可互通有无，中国企业可将国内相较巴基斯坦有明显优势的杂交水稻、棉花等作物育种技术应用到巴国，提高巴国农作物产量；另一方面，可以以两国种业合作为契机，带动种植业、农资、农机、农产品加工等产业相应跟进合作。同时，可通过巴基斯坦，向生态类型相似的印度、孟加拉等南亚国家延伸，扩展中国种业发展空间，对于推进种业"走出去""融进去"和支撑服务"一带一路"倡议无疑具有重要作用。

11.3.2 中国与巴基斯坦种子贸易发展潜力分析

一般选用贸易强度指数（TII）来衡量两国间贸易联系的紧密程度或贸易发展潜力。TII12 表示国家 1 对国家 2 的贸易强度指数，TII21 表示国家 2 对国家 1 的贸易强度指数。TII12 > 1，表明国家 1 对国家 2 的贸易联系紧密；TII12 < 1，表明国家 1 对国家 2 的贸易联系松散。TII21 指标分析类似。陈艳娟、邓岩（2018）测算了中巴两国间种子贸易强度指数（TII）（见表 11 - 10）。

表 11 - 10　巴基斯坦与中国双边种子贸易强度指数（TII）（2005 ~ 2016 年）

年份	中国对巴国贸易强度指数	巴国对中国贸易强度指数	年份	中国对巴国贸易强度指数	巴国对中国贸易强度指数
2005	0.252	0.070	2011	1.683	0.098
2006	0.307	0.621	2012	2.984	2.832
2007	0.436	3.282	2013	2.589	5.054
2008	1.399	3.244	2014	1.617	0.285
2009	3.055	0.060	2015	1.495	0.353
2010	3.544	0.364	2016	1.679	0.523

资料来源：陈燕娟，邓岩.中国与巴基斯坦种子贸易发展潜力研究［J］.世界农业，2018（5）.

结果显示，2005 ~ 2007 年中国对巴国种子贸易强度指数小于 1，但呈增长态势。2008 年该指数为 1.399，大于 1，且之后年份一直保持大于 1 的水平，说明中国对巴国种子贸易优势明显，种子贸易联系紧密且较稳定。中国对巴国种子贸易未来发展潜力在于稳定和提高种子质量，降低种子生产成本；而观察期巴国对中国种子贸易强度指数则呈现明显波动态势，多数年份低于 1，最低值为 2009 年的 0.060，最高值为 2013 年的 5.054，这表明巴国对中国种子贸易不稳定，可能来自出口量保障方面的原因，但同时也说明对中国出口有更大潜力。总体来看，巴基斯坦与中国双边种子贸易存在进一步开发的潜力空间。

---

① 陈燕娟等.中巴经济走廊建设背景下巴基斯坦种业合作价值、市场机遇与发展潜力［J］.种子，2018（6）.

11.3.3　中国种子企业在中巴种业合作中存在的问题

（1）企业缺乏自主开发国际市场的主动性。开发海外国际市场，对资金、人才要求较高，还要考虑当地气候变化的影响，同时巴基斯坦的国内安全形势及政局因素等困扰着中资种子企业，不愿拓展海外市场。

（2）出口品种相对单一。目前出口主要是水稻、杂交棉花和玉米，而其他农作物却少有企业去培育，这很容易造成同质竞争，低价竞销。

（3）企业对长远规划考虑不足。种子不同于一般商品，品种的表达与种植技术及当地气候关系密切相关，与技术配套才能获得成功，售后服务尤其重要，产量品质如果不能达到预期，市场就会逐渐丢失[①]。

（4）知识产权布局的意识和能力不足。种子企业针对巴国农业生态环境、农业发展现状进行的品种选育，应该强化知识产权意识以保护企业自身利益。

（5）国际上有竞争力的种子企业从最初的基因研究，到品种选育、种子加工、市场推广，都是一整条产业链，而中国的种子企业很多产业链不完整。这一点在巴国市场上体现得比较突出。

（6）合作地域重叠。在巴的中资种业公司，特别是粮食作物，多数集中在旁遮普省，又以拉合尔为多，其中水稻比重最大。虽然各企业生产的品种在特性和适种范围等方面有差异，但仍然不可避免地存在中资企业间的竞争，既影响企业收益，又影响中国企业在巴基斯坦整体形象[②]。

11.3.4　中巴种业合作发展建议

巴基斯坦是中国种业"走出去"最成功、最重要的市场之一，认真总结、深入挖掘中巴双边种子贸易潜力，可以清晰界定后续发展方向，并以此为范例，逐步向其他国家拓展[③]。

中巴种业合作发展中注意的问题：

（1）优势互补，提高种业国际竞争力。巴国优势在于特异种质资源和土地资源，而中国优势在于生物技术、作物育种、农业装备。应该看到，种子贸易只是种业"走出去"的初级形式，还应在种子生产、品种选育等领域进行产业延伸。两国如优势互补，可培育出适合两国应用的优质、高产、多抗新品种，并将其应用到生态类型相似的印度、孟加拉、尼泊尔等南亚国家，从而提高两国种业的国际竞争力。

（2）由种业向农药、化肥、农机产业延伸，提升产业协作价值。

（3）根据双边种业贸易的结构性差异，统筹考虑，确定种业合作方向。两

---

① 中国科学技术部国际合作司调研组. 实施走出去战略，加速我国农业国际化［J］. 全球科技经济瞭望，2013（6）.

② 张斌. 巴基斯坦农业发展与中巴农业合作探析［J］. 中国农学通报，2012，28（2）.

③ 陈燕娟，邓岩. 中国与巴基斯坦种子贸易发展潜力研究［J］. 世界农业，2018（5）.

国应从双边各自权益角度出发，在种子技术和商品出口的政策体系（含知识产权）方面取得共识，制定规划，确定中长期种业合作内容。两国可以根据种业产业链分工，制定早期项目清单，继而有序分步骤、分阶段推进。

（4）改变当地人的传统耕种观念，让当地人接受更加科学、现代的种植技术。

（5）从世界种业趋势看，本土化育种生产是发展方向。

（6）中国可通过巴基斯坦市场打开中东市场。中巴各自的种子出口市场不同，巴方在中东等国家有着稳定的客户资源，而中国种子在中东市场份额非常小。中国种子企业可以通过巴基斯坦市场，经由巴国企业进入中东市场。

（7）中资种子企业在巴投资面临的主要风险包括政治法律风险、市场风险、财务风险、技术及管理风险和自然风险等几类。政治法律风险包含政局不稳风险[1]、限制性产业政策风险、知识产权风险、法律变更风险；市场风险包含跨国巨头冲击风险[2]、国内同行过度竞争风险、市场变化风险[3]；财务风险包含汇率风险、应收款风险、税务风险[4]；技术及管理风险包含技术风险[5]、跨国管理风险、人力资源风险；自然风险包含异常气候风险[6]、洪涝风险、干旱风险和病虫害风险。陈燕娟等（2019）的风险模糊综合评价结果显示，中资种子企业在巴基斯坦种业投资从整体上来看存在中等风险的可能。从模糊分布看，有大约75.46%的专家认为该国投资风险不大（其中，0.47%的专家认为风险很低，33.03%的专家认为风险较低，41.96%的专家认为存在中等风险），而大约24.54%的专家认为该国种业投资存在重大风险（其中20.65%的专家认为风险较高，3.89%的专家认为风险很高）。我国企业可从提高国际竞争力、加强内部管理以及人才培养等方面，将风险控制在可承受范围内[7]。

11.4　本章结语

中巴种业合作互补性显著，合作潜力很大。种业合作不比基础设施建设及其他产业合作，因为其行业的特殊性，以及两国政治制度、发展阶段不同，种业合

---

① 政局变化会影响农民种植积极性，甚至抵制杂交水稻等新技术应用。

② 跨国种子巨头利用技术和资金优势，采取本地化制种、低价战略冲击国际种业市场。以孟山都为例，1996～2018年，孟山都从一个农机、医药、化工、营养四大业务为主的非种业公司，赶超杜邦先锋，成为世界第一大跨国种业巨头，2017年种子销售额超109亿美元，占全球种子市场的20%。

③ 我国企业往往不注意保持对技术梯度的适度控制，一旦东道国掌握了制种技术，市场也开始丢失。

④ 巴基斯坦纳税申报截止时间为每年6月底。

⑤ 如果综合技术配套服务跟不上，可能还不如东道国常规品种。

⑥ 杂交农作物同时面临种植应用风险和种子生产质量风险。

⑦ 陈燕娟等.我国种业"走出去"风险识别与评价［J］.江苏农业科学，2019，47（7）.

作路径及模式也不同。但随着中巴种业市场主体之间的不断适应和融合，合作效果将会逐步显现。中巴种业合作发展之路可谓是机遇与挑战并存。中巴通过种业合作带动农业合作，进而带动两国普通民众的收入增长和情感交流，有利于拓展两国的共同利益基础，并促进人类命运共同体的构建。现阶段，构建互利共赢的双边种业合作模式是中巴种业合作可持续发展的当务之急①。

---

① 陈燕娟等. 中巴经济走廊建设背景下巴基斯坦种业合作价值、市场机遇与发展潜力［J］. 种子，2018（6）.

参考文献

［1］ Administrative divisions of countries ［EB/OL］. http：/www. statoids. com/ ypk. html.

［2］ Afzaal, M. Haroon, M. A. Zaman, Q. Inter decadal Oscillations and the Warming Trend in the Area Weighted Annual Mean Temperature of Pakistan ［J］. Pakistan Journal of Meteorology, 2009 (6) .

［3］ Agricultural Marketing Resource Center, Pine nuts report ［EB/OL］. https：//www. agmrc. org/commodities – products/nuts/pine – nuts .

［4］ Agriculture Department. Agriculture in Punjab ［EB/OL］. http：//www. agripunjab. gov. pk/index. php? agri = detail&r = 0. EB/OL.

［5］ Ahmad M, Farooq U. The state of food security in Pakistan：Future challenges and copping strategies ［C］. Islamabad：The 26th Annual General Meeting and Conference of Pakistan Society of Development Economists, 2010.

［6］ Akhlaq Hussain, Abdul Rauf Bhutta. Focus on Seed Programs ［EB/OL］. http：//www. Seedquest. com/statistics (2001) .

［7］ Akhlaq Hussain. Status of Seed Industry in Pakistan. Round Table Discussion, Agriculture and Water in Pakistan ［EB/OL］. http：//siteresources. worldbank. org / PAKISTANEXTN (2011 – 03 – 08) .

［8］ Alessandro Bonano. Small Farms Persistence with Legitimation ［M］. Westview Press, U. S. A.

［9］ Anjum Z H. New local government system：A step towards community empowerment ［J］. The Pakistan Development Review, 2001, 40 (41)：845 – 867.

［10］ A. R. Kema. Agriculture Growth and Rural Poverty in Pakistan：A Regional Analysisl ［R］. Rural Factor Market Studies, World Bank, 2003.

［11］ Bhatti A K. A review of planning strategies of salinity control and reclamation projects in Pakistan ［A］ //In proceedings of symposium 25th international course on land drainage twenty – five years of drainage experience ［M］. Islamabad：Government of Pakistan, 1986.

［12］ Chaudharv M G, Sahibzada S A. Agricultural input subsidies in Pakistan：Nature and impact ［J］ . The Pakistan Development Review, 1995, 34 (4)：711 –722.

[13] Common wealth Local Government Forum [EB/OL]. http: /www. clgf. org. uk/regions/clgf – asia/pakistan/.

[14] Competition Commission of Pakistan. State of competition in Pakistan [R]. Islamabad: Government of Pakistan, 2009.

[15] CPEC website [EB/OL]. http: //cpec. gov. pk.

[16] CPEC – Prospects and Challenges for Agriculture in Pakistan, Faisalabad Chamber of Commerce and Industry [EB/OL]. 2017, http: //fcci. com. pk/rte/Agriculture – Report. pdf.

[17] Dawn Foods [EB/OL]. www. dawnfrozenfoods. com/index. php.

[18] Dinar A, Balakrishnan T K, Wambia J. Politics of institutional reforms in the water and drainage sector of Pakistan [J]. Environment and Development Economics, 2004, 9 (3): 409 – 445.

[19] Federal Bureau of Statistics. Agriculture census report [R]. Islamabad: Government of Pakistan, 2010.

[20] Food and Agriculture Organization of the United Nations, Fisheries and Aquaculture Department, Geographical information on Pakistan [EB/OL]. http: // www. fao. org/fishery/countrysector/naso_ pakistan/en .

[21] Heffeman P I. The political economy of specialized farm credit institutions in low – income countries [R]. Washington DC: World Bank, 1981.

[22] http: //extwprlegs1. fao. org/docs/pdf/pak164529. pdf.

[23] http: //www. pbs. gov. pk/content/external – trade – statistical – data – 8 – digit – level – year – 1990 – 1991 – 2017 – 2018.

[24] https: //www. dawn. com/news/1333101/exclusive – cpec – master – plan – revealed.

[25] Imran Ali, Syed Mohammad Ali. A Note on the Seed Business in Pakistan [EB/OL]. Lahore University of Management Sciences. http: //www. policy. hu (2004).

[26] Imtiaz Hussain. Quality Survey of Pakistan Cottons Statistical Analysis of Cottton Fiber Test Results (Crop Season 2016 – 2017) [M]. Pakistan Institute of Cotton Research and Technology, Karechi, 2018.

[27] India major importer of Pakistani dates [EB/OL]. http: //foodjournal. pk/2018/PDF – January – February – 2018/Dr – Noor – Dates – 2018. pdf .

[28] Iqbal M, Ahmad M, Abbas K, Mustafa K. The impact ofinstitutional credit on agricultural production in Pakistan [J]. The Pakistan Development Review, 2003 (1): 469 – 485.

[29] Jepma, C. J. Extensions of the constant market shares analysis with an ap-

plication to long – term export data of developing countries ［A］//The Balance Between Industry and Agriculture in Economic Development ［M］. Williamson, J. G. and Panchamukhi, V. R. （eds）. St. Martin' Press, New York, 1998.

［30］Joshi P K, Gulati A, Birthal P S, et al. Agriculture diversification in South Asia: Patterns, determinants and policy implications ［J］. Economic and Political Weekly, 2004（1）: 2457 – 2467.

［31］K&N's ［EB/OL］. www. kandns. com/.

［32］Kahlown M A, Majeed A. Water – resources situation in Pakistan: Challenges and future strategies ［R］. Islamabad: Comsats, 2003.

［33］Khandker S R, Faruqee R R. The impact of farm credit in pakistan ［J］. Agricultural Economics, 2003, 28（3）: 197 – 213.

［34］Ministries of industries and production, small and medium enterprises development authority ［R］. Government of Pakistan, 2017.

［35］Ministry of Finance. Economic survey of Pakistan ［R］. Islamabad: Government of Pakistan, 2011.

［36］Ministry of Food, Agriculture and Livestock. National program for improvement of water courses in Pakistan ［J］. Islamabad: Ministry of Food, Agriculture and Livestock, 2004.

［37］Muhammad Qasim Manzoor, 陈珏颖, 唐娅楠, 刘合光. 巴基斯坦的农业发展: 政府干预措施和农产品增长模式 ［J］. 世界农业, 2013（7）.

［38］Muhammad Tariq. Barani Agricultural Research Institute ［Z］. 2010.

［39］Muhammad Yousif, 张悦. 巴基斯坦市、县与乡级地区的发展均衡性研究 ［J］. 小城镇建设, 2018（11）.

［40］National Food Security Policy ［R］. Government of Pakistan, Ministry of National Food Security and Research, 2018.

［41］Nestlé Pakistan ［EB/OL］. http: //Www. nestle. pk, www. nestle. pk/.

［42］Pakistan Economic Survey 2017 – 2018. ［EB/OL］Finance. gov. pk, Economic Adviser's Wing, www. finance. gov. pk/survey/chapters_ 18/Economic_ Survey_ 2017_ 18. pdf.

［43］Pakistan Economic Survey ［EB/OL］. Http: //www. finance. gov. pk, 2007 – 2018.

［44］Pakistan Meteorological Department, Government of Pakistan. Annual rainfall based on 1979 – 2000 ［EB/OL］. http: //www. pakmet. com. pk/cd – pc/Pakistan_ mean_ rainfall. pdf. 2011 – 10 – 22.

［45］Pakistan, Team. Citrus, Kinnow Pakistan ［J］. Pakissan. com, 2018, 29（10）: 7 – 9.

[46] Penny D H. Farm credit policy in the early stages of agricultural development [J]. Australian Journal of Agricultural and Resource Economics, 2012, 12 (1): 32 – 45.

[47] Pre – Feasibility Study – Individual quick frozen fruits and vegetables [R]. Agriculture Department – Government of Punjab, 2017.

[48] Pre – Feasibility Study – Olive Oil Extraction Units [R]. Agriculture Department – Government of Punjab, 2017.

[49] Pre – Feasibility Study – Potato powder and flakes extraction units [R]. Agriculture Department – Government of Punjab, 2017.

[50] Qureshi S K, Shah A H, Vosti S A. A critical review of rural credit policy in Pakistan [J]. The Pakistan Development Review, 1992, 31 (4): 781 – 801.

[51] Rana S A, Khan E U, Ellahi S S, et al. Sector alanalysis of sugar industry with special reference to price hike: A syndicate research report No. 04 [R]. Islamabad: Federal Board of Revenue, 2010.

[52] Saleha Kashif – ur – Din, Y Hussan. Financial trends and analysis of sugar industry in Pakistan over the decade [J]. Mustang Journal of Accounting and Finance, 2012 (2): 114.

[53] SDPI, Food Insecurity in Rural Pakistan 2003. Sustainable development policy institute, karachi and united nations world food program [R]. Pakistan, 2003.

[54] Segoro, W. The Influence of perceived service quality, mooring factor, and relationship quality on customer satisfaction and loyalty [J]. Procedia – Social and Behavioral Sciences, 2013 (81): 306 – 310.

[55] Seth, R., v. A. Ansari and M. Datta. Weather – fisk hedging by farmers: An empirical study ofwillingness – to – pay in Rajasthan, India [J]. Journal ofRisk Finance, 2009, 10 (1): 54 – 66.

[56] Shaik, S., Barnett, B. J., Coble, K. H., Miller, J. C., & Hanson, T. Insurability Conditions and Livestock Disease. [A] //Economics ofLivestock Disease Insurance [J]. Concepts. Issues and International Case Studies, 2006 (1).

[57] Shaik, S., K. Coble, T. Knight, A. Baquet, and G Patrick. Crop revenue and yield insurance demand: A subjective probability approach [J]. Journal of Agricultural and Applied Economics, 2008 (40): 757 – 766.

[58] Shapiro, B. I. and Brorsen, B. W. Factors affecting farmers' hedging decisions [J]. North Central Journal of Agricultural Economics, 1988, 10 (2).

[59] Shemwell, D. J., et al. Customer – service provider relationships: All empirical test of a model of service quality, satisfaction and relationship – oriented outcomes [J]. International Journal of Service Industry Management, 1998, 9 (2):

155 - 168.

[60] Shezan. Shezan [EB/OL] . www. shezan. pk/.

[61] Siddique, Muhammad Imran, and Elena Garnevska. Citrus Value Chain (s)： A Survey of Pakistan Citrus Industry [J] . Intech Open, 2016 (1)： 7 - 9.

[62] Sidra Ghazanfar. an analysis of the current status of crop insurance and farmer's preferences towards crop insurance in Pakistan [D] . Northeast Agricultural University of China, 2015.

[63] State of the Global Islamic Economy Report [R] . 2016 - 2017.

[64] Syed M. Arif. agricultural economy of balochistan [M] . Pakistan Quetta Printing Press, 1991.

[65] Takashi Kurosaki Japanese. Long - term agricultural growth and agricultural policy in india and pakistan, reform of the agricultural sector, 5th GDN annual conference [R] . Delhi, 2004.

[66] Tariq M A. Need to tap agriculture sector [J] . Economic and Business Review, 2002 (1)： 46.

[67] Tyszynski H. World trade in Manufactured Commodities. 1899 - 1950 [J] . The Manchester School, 1951, 19 (3)： 272 - 304.

[68] UN population data [EB/OL] . http： //data. un. org/Country Profile. aspx/_ Images/CountryProfile. aspx? crName = Pakistan.

[69] Viqar ahmed and rashid amjad, The management of pakistan's economy 1947 - 1982 [M] . Oxford University Press, 1984.

[70] Wikipedia. Indus River [EB/OL] . http： //en. wikipedia. org/wiki/Indus_ River, [2010 - 02 - 02] .

[71] World Bank Statistics [EB/OL] . https： //data. worldbank. org/country/ pakistan, 2018.

[72] www. agripunjab. gov. pk/system/files/Feasibility% 20Study% 20FCKJ% 20Vol. %201. pdf.

[73] Zawahri N A. India, Pakistan and cooperation along the Indus River system [J] . Water Policy, 2009 (11)： 1 - 20.

[74] [巴基斯坦] Manzoor Muhammad Qasim [D] . 外商直接投资在巴基斯坦的经济分析, 中国农业科学院博士学位论文, 2016.

[75] 巴基斯坦标准局网站 [EB/OL] . http： //www. psqca. com. pk.

[76] 巴基斯坦财政部 [EB/OL] . www. finanace. gov. pk.

[77] 巴基斯坦国家银行 [EB/OL] . www. sbp. org. pk.

[78] 巴基斯坦经济事务部 [EB/OL] . www. ead. gov. pk.

[79] 巴基斯坦联邦统计局 [EB/OL] . www. ststpak. gov. pk.

［80］巴基斯坦贸易发展署［EB/OL］. www. epb. gov. pk.

［81］巴基斯坦内政部［EB/OL］. www. interior. gov. pk.

［82］巴基斯坦商务部［EB/OL］. www. commerce. gov. pk.

［83］巴基斯坦投资委员会［EB/OL］. www. pakboi. gov. pk.

［84］巴基斯坦政府官网［EB/OL］. www. pakistan. gov. pk/.

［85］巴基斯坦政府统计局［EB/OL］. www. statistics. gov. pk/.

［86］巴基斯坦中央棉花委员会.（PCCC）QSS BOOK（2016～2017）.

［87］巴基斯坦中央棉花委员会. 2017～2018 年棉花统计公报［Z］（cotistics）.

［88］巴基斯坦中央税收委员会［EB/OL］. www. cbr. gov. pk.

［89］鲍文. 巴基斯坦农业推广现状、问题与发展趋势［J］. 世界农业, 2013（7）.

［90］陈彪如. 人民币汇率研究［M］. 上海：华东师范大学出版社, 1992.

［91］陈晨, 刘皓然. 中国就土改向印度"取经"［N］. 环球时报, 2014－06.

［92］陈继东. 巴基斯坦报告（2014）［M］. 成都. 四川出版集团, 2015.

［93］陈军, 封慧茹. 基于价格需求弹性及成本视角的中国粮食进口来源多元化选择研究［J］. 粮食与饲料工业, 2019（10）：4.

［94］陈军. 中俄双边贸易增长成因及贸易空间拓展研究［J］. 首都经济贸易大学学报, 2012（2）：96－101.

［95］陈军. 中美农产品贸易格局变化及其产业内贸易增长的实证分析［J］. 价格月刊, 2013（433）：57－60.

［96］陈军等. 中巴农产品贸易增长成因——基于 CMS 模型和边际产业内贸易指数的分析［J］. 赣南师范大学学报, 2018（2）.

［97］陈龙江, 方华. 中国农作物种子进口：现状与趋势［J］. 中国农村经济, 2013（3）.

［98］陈前恒等. 农业"走出去"：现状、问题与对策［J］. 国际经济合作, 2009（2）：9－12.

［99］陈瑞剑, 仇焕广, 奕江等. 种业发展国际比较、趋势与启示［J］. 世界农业, 2015（5）.

［100］陈燕娟, 邓岩, 叶威. 中巴经济走廊建设背景下巴基斯坦种业合作价值、市场机遇与发展潜力［J］. 现代种业发展论坛, 2018（6）.

［101］陈燕娟, 邓岩. 中国与巴基斯坦农业科技合作研究［J］. 世界农业, 2010（3）：65－68.

［102］陈燕娟, 邓岩. 中国与巴基斯坦种子贸易发展潜力研究——基于贸易竞争性、互补性和增长潜力的实证分析［J］. 世界农业, 2018（5）.

［103］陈燕娟，袁国保，秦路等．我国种业知识产权海外布局战略研究［J］．农业经济问题，2013，34（4）：95－101.

［104］陈燕娟等．我国种业"走出去"风险识别与评价［J］．江苏农业科学，2019，47（7）.

［105］程大中．中美服务部门的产业内贸易及其影响因素分析［J］．管理世界，2008（9）.

［106］程欣，帅传敏，严良，范陆薇．中国铁矿石进口市场结构与需求价格弹性分析［J］．资源科学，2014，36（9）：1915－1924.

［107］程云洁，武杰．中国与巴基斯坦农产品贸易发展研究——基于竞争性与互补性的实证分析［J］．新疆财经，2017（4）.

［108］戴祖祥．我国贸易收支的弹性分析：1981～1995［J］．经济研究，1997（7）：55－62.

［109］邓海艳，陈小雪，周梅芳，胡瑞法．巴基斯坦经济的波动发展及其原因［J］．对外经贸，2013（9）.

［110］方谦．两个旁遮普土改模式的比较分析［J］．南亚研究，1984（2）.

［111］高云，刘祖昕，矫健，赵跃龙，李树君．中国与巴基斯坦农业合作探析［J］．世界农业，2015（8）：26－31.

［112］高云，刘祖昕，矫健等．中国与巴基斯坦农业合作探析［J］．世界农业，2015（8）.

［113］龚新蜀，张晓倩．中国对中亚五国农产品出口贸易影响因素分析——基于CMS模型［J］．国际贸易探索，2014，30（8）.

［114］顾尧臣．巴基斯坦有关粮食生产、贸易、加工、综合利用和消费情况［J］．粮食与饲料工业，2008（3）.

［115］国际标准化组织网站［EB/OL］．https：//www.iso.org/member/2017.html.

［116］国际货币基金组织［EB/OL］．www.inf.org.

［117］韩洁，高道明，田志宏．中国农作物种子进出口贸易状况分析［J］．世界农业，2015（11）.

［118］韩永辉，罗晓斐，邹建华．中国与西亚地区贸易合作的竞争性和互补性研究［J］．世界经济研究，2015（3）.

［119］何树全，周静杰，苏青娥．中国对美国农产品出口增长因素分析——基于恒定市场份额模型的实证分析．统计与信息论坛［J］．2009（1）：70－75.

［120］胡晓雨，祁春节，向云．中国与巴基斯坦农产品贸易的竞争性与互补性研究［J］．世界农业，2017（8）.

［121］蒋兴红，王征兵．基于CMS模型的中国农产品进口波动分析［J］．

统计与决策，2013（6）：136－139.

［122］李光泗，曹宝明，马学琳．中国粮食市场开放与国际粮食价格波动——基于粮食价格波动溢出效应的分析［J］．中国农村经济，2015（8）：44－52，66.

［123］李红军等．我国高校国际科技合作特点及建设［J］．农业科技管理，2013（2）：22－25.

［124］李克强．巴基斯坦经济［M］．北京．中国经济出版社，2016.

［125］李宁，刘东波，臧英明．中国棉花分级标准与国外棉花分级标准差异的研究［J］．大连轻工业学院学报，2001（4）.

［126］李晓芝，张香云，耿保进．巴基斯坦农业与巴基斯坦棉花种植业发展现状——赴巴基斯坦考察总结［J］．河北农业科学，2011，15（9）.

［127］李豫新，朱新鑫．农业"走出去"背景下中国与中亚五国农业合作前景分析［J］．农业经济问题，2010（9）.

［128］李子奈，潘文卿．计量经济学（第四版）［M］．北京：高等教育出版社，2015.

［129］厉以宁．中国对外经济与国际收支研究［M］．北京：国际文化出版社，1991.

［130］梁亚军，李雪源，龚照龙等．新疆快速发展机采棉前后存在的问题比较及对策［J］．棉花科学，2017，39（2）.

［131］林春．再议土地改革——中国和印度的启示［J］．开放时代，2016（2）.

［132］林大燕，朱晶．中国主要粮食品种比较优势及进口市场结构研究［J］．世界经济研究，2015（2）：115－126，129.

［133］林建永．巴基斯坦土地所有权状况对农业规模经营的影响［J］．农业展望，2008（12）.

［134］卢伟，申兵．从中长期看中巴经济走廊建设的关键问题［J］．中国发展观察，2017（Z2）.

［135］卢向前，戴国强．人民币实际汇率波动对我国进出口的影响：1994—2003［J］．经济研究，2005（5）：31－39.

［136］陆文聪，梅燕．中欧农产品贸易增长的成因：基于 CMS 模型的实证分析［J］．农业经济问题，2007（12）：15－19.

［137］吕波，郑少锋．中国种业比较优势及"走出去"对策研究［J］．农业经济问题，2014，35（4）.

［138］栾敬东，李靖．中美农产品贸易增长特征及其成因探析［J］．农业技术经济，2006（2）：33－36.

［139］马静鸿．人民币实际有效汇率对我国商品和服务进出口贸易影响的研

究〔D〕．山东大学博士学位论文，2016.

〔140〕木子．巴基斯坦农业发展政策评述〔J〕．南亚研究季刊，1992（2）．

〔141〕倪洪兴．统筹两个市场两种资源确保农业产业安全〔J〕．中国农村经济，2011（5）：57–60.

〔142〕农业部农产品贸易办公室，农业部农业贸易促进中心．中国农产品贸易发展报告（2016）〔M〕．北京：中国农业出版社，2016.

〔143〕钱益兵．巴基斯坦经济的发展及对外经济关系的变化〔J〕．亚太研究，1993（12）．

〔144〕商务部，对外投资合作国别（地区）指南——巴基斯坦（2016年版）〔Z〕．2016.

〔145〕商务部．商务部国际贸易经济合作研究院，商务部投资促进事务局，中国驻巴基斯坦大使馆经济商务参赞处〔Z〕．对外投资合作国别（地区）指南——巴基斯坦（2015），2015.

〔146〕盛彩娇，郭静利．基于中国农业投资视角的巴基斯坦土地制度问题及启示〔J〕．安徽农业科学，2018，46（13）．

〔147〕世界银行〔EB/OL〕．http：//www.worldbank.org.

〔148〕帅传敏，程国强，张金隆．中国农产品国际竞争力的估计〔J〕．管理世界，2003（1）：97–103.

〔149〕苏红．中国与巴基斯坦农业投资合作的障碍及升级途径〔J〕．对外经贸实务，2018（2）．

〔150〕孙红旗．巴基斯坦研究〔M〕．北京．中国社会科学出版社，2012.

〔151〕孙林．中国与东盟农产品贸易竞争关系——基于出口相似性指数的实证分析〔J〕．国际贸易问题，2005（11）．

〔152〕孙笑丹．国际农产品贸易的动态结构增长研究〔M〕．北京：经济科学出版社，2005.

〔153〕孙育新．"一带一路"背景下中俄农产品产业内贸易增长潜力分析〔J〕．中国农学通报，2016，32（26）．

〔154〕唐淑荣，杨伟华，彭振等．14年来我国棉花生产领域纤维品质状况分析〔C〕．中国棉花学会2012年年会论文汇编，2012.

〔155〕田景山，张煦怡，张旺锋．新疆近年机采棉发展过程中的棉纤维品质变化系〔J〕．中国棉花，2017（12）．

〔156〕涂玉琴．扩大对外科技合作提升科技创新能力〔J〕．农业科技管理，2014（2）．

〔157〕王浩，陈前恒，朱葛军．中国企业海外农业投资行为分析——基于企业的深度访谈调查〔J〕．农村经济，2013（1）：65–69.

[158] 王金波. "一带一路" 经济走廊贸易潜力研究 [J]. 亚太经济, 2017 (4).

[159] 王君芳. 粮食安全视角下中国粮食进口贸易研究 [D]. 安徽财经大学博士学位论文, 2014.

[160] 王磊, 宋敏. 基于种业市场份额的中国种业国际竞争力分析 [J]. 中国农业科学, 2014, 47 (4).

[161] 王磊. 基于贸易角度的中国种业 "走出去" 品种及目标市场分析 [J]. 中国农垦, 2014 (10).

[162] 王娜娜, 陈军. 中巴农产品贸易格局变化及其产业内贸易增长的实证分析 [J]. 克拉玛依学刊, 2016 (5).

[163] 王澎. 种企也要 "远缘杂交" [N]. 农民日报, 2015 - 12 - 14 (5).

[164] 王锐, 王新华, 杜江. 增长背景下我国粮食进口需求及弹性分析——基于主要品种的有界协整分析 [J]. 中央财经大学学报, 2017 (1): 61 - 69, 103.

[165] 王锐, 王新华. 2003 年以来我国粮食进出口格局的变化、走向及战略思考 [J]. 华东经济管理, 2015, 29 (12): 83 - 87.

[166] 王文君. 基于 CMS 模型的中国对加拿大农产品出口贸易影响因素分析 [J]. 江西农业学报, 2016, 28 (8): 121 - 125.

[167] 王新有. 印度的土地制度与贫民窟现象 [J]. 经营管理者, 2009 (24).

[168] 王益谦. 持续农业与巴基斯坦的选择 [J]. 南亚研究季刊, 1993 (4).

[169] 王正立. 尼泊尔土地管理机构 [J]. 国土资源情报, 2011 (6).

[170] 魏昌林. 巴基斯坦的西水东调工程 [J]. 世界农业, 2001 (6).

[171] 魏蔚. 如何推进中国在拉美的农业投资 [J]. 中国发展观察, 2015 (4).

[172] 文富德. 论中巴经济贸易合作的发展前景 [J]. 南亚研究季刊, 2007 (3).

[173] 翁伯琦, 张伟利, 蔡素星等. 深化闽台交流合作推动农业科技发展 [J]. 农业科技管理, 2013 (5).

[174] 吴园, 需洋. 巴基斯坦农业发展现状及前景评估 [J]. 世界农业, 2018 (1).

[175] 习高云等. 中国与巴基斯坦农业合作探析 [J]. 世界农业, 2015 (8).

[176] 习苏艺, 邓伟, 张继飞. 尼泊尔中部山区 Melamchi 流域农户类型及其土地利用方式 [J]. 农业工程学报, 2016 (9).

［177］夏咏，马慧兰．中国农产品出口中亚国家的增长成因：基于 CMS 模型的实证分析［J］．世界农业，2013（总 411）：57 - 62.

［178］谢国娥，蒋煦，杨逢珉．大陆对台湾农产品出口增长的成因——基于 CMS 模型的分析［J］．华东理工大学学报（社会科学版），2015（3）：69 - 77.

［179］熊伟，谭绍海．棉纤维整齐度与纺纱质量的关系［J］．棉纺织技术，2000（6）.

［180］徐卫等．我国农业知识产权保护存在的问题及对策研究［J］．农业科技管理，2013（4）：47 - 50.

［181］许统生．中国贸易弹性的估计及其政策启示［J］．数量经济技术经济研究，2006（12）：14 - 22.

［182］许咏梅，苏祝成．中国茶产品产业内贸易分析［J］．农业经济问题，2007（6）：101 - 104.

［183］闫丽君．巴基斯坦商务环境［M］．北京．对外经济贸易大学出版社，2016.

［184］杨翠柏，胡柳映，刘成琼．巴基斯坦［M］．北京：社会科学文献出版社，2018.

［185］姚国跃，刘胜华．中国与印度土地制度及其效能比较研究［J］．世界地理研究，2015，24（2）.

［186］殷永林．巴基斯坦能源短缺对经济发展的影响［J］．南亚研究季刊，2016（1）：66 - 72.

［187］殷永林．论印度土地改革的成败和影响［J］．思想战线，1995（5）.

［188］袁国保，邓岩种子"走出去"品种区试管理问题的思考［J］．中国种业，2008（2）.

［189］张斌，李海燕．巴基斯坦种子管理研究［J］．安徽农业科学，2013，41（6）.

［190］张斌．巴基斯坦农业发展与中巴农业合作探析［J］．中国农学通报，2012，28（2）：90 - 96.

［191］张兵，刘丹．美国农产品出口贸易的影响因素分析——基于恒定市场份额模型测算［J］．国际贸易问题，2012（6）：49 - 60.

［192］张复宏．基于 CMS 模型的中国水果对俄罗斯出口变动分析［J］．农业技术经济，2011（9）：100 - 107.

［193］张军平，远铜，付伟铮．中国种子贸易特点及其发展趋势［J］．世界农业，2015（5）.

［194］张梅．巴基斯坦实体农业期待中国企业投资［J］．中国投资，2015（3）：10.

［195］张庆萍，朱晶．世界小麦出口市场格局变动对中国小麦进口来源结构

的影响 ［J］. 世界农业, 2016 (10)：121 - 128.

［196］张庆萍, 朱晶. 中国与上合组织国家农业贸易与投资合作——基于 "一带一路" 倡议框架下的分析 ［J］. 国际经济合作, 2017 (2)：63 - 70.

［197］张雯丽, 翟雪玲. 中巴农业投资合作现状、环境与潜力 ［J］. 国际 经济合作, 2017 (5).

［198］张应波, 田松如, 张翰林等. 新疆棉区机采棉推广调研 ［J］. 中国 棉花加工, 2015 (2).

［199］赵亮, 穆月英. 东亚 "10 + 3" 国家农产品国际竞争力分解及比较研 究——基于分类农产品的 CMS 模型 ［J］. 国际贸易问题, 2012 (4)：59 - 72.

［200］赵亮, 穆月英. 基于边界检验的中国谷物进口需求研究 ［J］. 国际 经贸探索, 2012, 28 (4)：4 - 14.

［201］中国科学技术部国际合作司调研组. 实施 "走出去战略, 加速我国 农业国际化"——湖北省种子集团国际科技合作成果调研 ［J］. 全球科技经济 瞭望, 2013 (6).

［202］中国棉花公正检验网. 2008—2019 年度新体制棉花公证检验量情况 ［EB/OL］. http：//www. ccqsc. gov. cn/2019 - 10 - 23.

［203］中国驻卡拉奇总领馆 ［EB/OL］. karachi. chineseconsulate. org/chn/.

［204］中国自由贸易区服务网. 贸易赤字促使巴与中国重新签订自贸协定 ［EB/OL］. 2015 - 09 - 08.

［205］中华人民共和国商务部 ［EB/OL］. www. mofcom. gov. cn.

［206］中华人民共和国商务部驻亚洲国家经商处（室）调研汇编 ［R］. 2010.

［207］钟华平等. 印度河与印巴用水研究 ［J］. 世界农业, 2011 (2)： 68 - 70.

［208］朱昌利. 巴基斯坦的土地改革 ［J］. 南亚研究, 1981 (21).

［209］朱晶, 张庆萍. 中国利用俄罗斯、乌克兰和哈萨克斯坦小麦市场分析 ［J］. 农业经济问题, 2014, 35 (4)：42 - 50, 111.

［210］庄媛媛, 崔永静. 巴基斯坦标准化发展概况研究 ［J］. 标准科学, 2018 (4).

附录 1　巴基斯坦投资环境（简版）

一、投资政策（略）

二、监管法规

在巴基斯坦设立机构开展业务主要有独资企业、合伙制企业和公司几种形式。个人可以设立独资企业，除了税务机关，无须向任何机构办理注册。合伙制企业可通过签订合伙协议建立，协议需贴价值 500 卢比的印花税贴，还需得到授权公证官（Notary Public Magistrate）的公证。1932 年合伙制法是合伙制企业的基本法律制度，合伙制企业有权选择是否在企业登记处（Registrar of Firms）注册。"1984 年公司条例"（以下简称"条例"）和"1985 年公司细则"（一般规定和形式）是巴基斯坦公司运营的基本法律制度。证券交易委员会是公司的监管机构。在巴基斯坦，公司可以选择是否以有限责任的形式组成，"条例"规定了以下类型的公司：

＊股份有限公司，或

＊担保有限公司

以上述任一种形式组成的公司可再分为以下三类：

（a）私人公司；

（b）公众公司；

（c）单人公司。

任何三人或更多的人，通过签署公司备忘录（设定公司目标之文件），满足登记要求后，可为某一法律目的联合起来组成一个公众公司。对此类公司的最大股东数额没有限制，而且在满足有关要求后，可以向公众出售其股份和其他证券。公众公司可将其股份和其他证券在证券交易所上市。私人公司可由任一人或多人按照公众公司的方式联合组成，而且根据其章程（规定公司标准经营程序之文件），私人公司：

（a）限制股份（如有）转让的权利；

（b）发起人最多不超过 50 人；

（c）禁止邀请公众购买其股份（如有）或债券。

每个公众有限公司的名称最后须注明为"有限"（Limited）。每个私人公司和担保有限公司应分别在最后一个词"有限"前面加上括号及"私人"（Private）和"担保"（Guarantee）的字样。证券交易委员会可能为非营利性组织颁发执照，允许其注册成为有限责任公司，但是不需要在其公司名称里加上"有限"（Limited）、"私人"（Private）或"担保"（Guarantee）字样。这些非营利性组织从事活动可包括促进商业、艺术、科学、宗教、体育、社会服务、慈善或者其他任何有用的目标。

单个个人可以在满足特定法律条件下成立单人公司。

关于公司上市和发行证券。巴基斯坦有三个证券交易所，分别是：卡拉奇证券交易所、拉合尔证券交易所、伊斯兰堡证券交易所。卡拉奇证券交易所是最大和流动性最好的交易所，并且是 2000 年全世界表现最优秀的证券交易所之一。2015 年卡拉奇交易所的指数跨过了 35000 点大关，是南亚地区最有活力的证券市场之一。三个交易所都有自己的规则，但大致相同。巴基斯坦证券交易委员会对公开上市进行审批，经其审批同意后，公司可以按照相应交易所的规定发行其股票或债券。

在巴基斯坦的外国投资者，可以采用上述任何公司结构开展自己的业务。他可以建立独资企业，也可以与当地个人或外国人成立合伙制企业，甚至可以和当地股东和董事共同或自己单独成立公司。如果一个外国企业希望在巴基斯坦开展业务，作为其国际业务的一部分，除了上述公司结构以外，还有以下选择：

（a）向巴基斯坦投资委员会登记注册，开办分部（Branch Office）、营销办公室（Marketing Office）或者联络办公室（Liaison Office）。投资委员会条例对开办前述机构的企业业务有所限制。

（b）在巴基斯坦指派一个代理人。该种代理安排适用"1872 年合同法"有关条款。

（c）与别的机构成立联营体（Joint Venture）。联营体适用"1872 年合同法"和"1932 年合伙制法"。

大部分经营企业的财政年度为每年 7 月 1 日至次年 6 月 30 日。所有上市公司必须遵守规定的公司惯例，特别是财务和审计惯例。

三、巴基斯坦的税收制度

公司所得税：公司所得税税率为 30%。

销售税/增值税：销售税/增值税税率为 17%。

直接税：直接税包括所得税和资本价值税。"2001 年所得税条例"和"2002 年所得税细则"提供了征收所得税和相关事宜的法律制度基础。所得税按年在应税所得基础上征收。

纳税人分类：

公司或非公司制的所得税纳税人名称如下：公司（Company）、登记企业（Registered Firm）、非登记企业（Un - registered Firm）、联合体（Association of Persons）、个人（Individuals）。

　　"2001 年所得税条例"对公司的定义非常宽泛，可以指："1984 年公司条例"里定义的公司；根据巴基斯坦任何有效法律成立的法人团体（Body Corporate）；根据巴基斯坦以外国家有关公司设立的法律成立的法人团体；根据当前有效的法律建立或组成的信托、合作社、金融社团和其他社团；由中央税收委员会根据一般或特别规定宣布为"收入所得税条列"项下的公司的外国社团，不管该社团是公司制还是非公司制。

　　收入来源："2001 年所得税条例"将收入分为以下类别（称为"税收门类"），并且对每一个门类可抵扣情况进行了规定。

　　·薪金。

　　·财产收入。

　　·经营收入。

　　·资本利得。

　　·其他来源收入。

　　某个门类的应纳税收入就是指扣除可抵扣额后的收入。每个门类的净收入加总以后得到当年的总收入。但是，某些来源的收入适用单独的税负，或适用推定税收。在推定税收制度下，收入在源头即被扣税，被扣税额将抵免该项收入的最终税收义务。政府将公布普通或推定税收制度项下特定来源收入的税负，而且一旦政府发布通告后相应的收入分类就要改变。目前，以下来源的收入按照推定税收制度规定来征税：

　　·从上市公司获得的分红。

　　·有奖债券获得的奖励，或者是从有奖销售、彩票、竞赛和字谜游戏中获得的奖励，也或者是公司推销时给予的奖励。

　　·旅行社的佣金。

　　·非服务合同等合同。

　　·专利使用费或非居民的技术服务费。

　　纳税总收入的范围：

　　纳税人的居民身份是非常重要的概念，它决定纳税总收入的范围。对于居民纳税人，纳税总收入包括从巴基斯坦境内外所有渠道获得的收入（前提是遵守双重征税协议有关规定）；对于非居民个人，纳税总收入仅限于巴基斯坦来源的收入。个人如果在一个纳税年度内在巴基斯坦停留达到 182 天或更多，或者如果该人是巴基斯坦联邦或省政府派驻国外的职员或官员，则均将被视为居民。一个公司如果根据巴基斯坦任何有效法律组建或设立，或者是其控制或管理在纳税年度内一直完全位于巴基斯坦，则该公司将被视为居民。一个登记注册的企业或者未登记注册的企业和法人社团，如果其控制或管理（部分或者全部）位于巴基斯坦，该企业将被视为居民。

税务年度和纳税申报：

税务年度为 12 个月，每年 6 月 30 日结束（以下称为"正常税务年度"）。除公司以外的所有纳税人必须最迟在一个税务年度结束后的 9 月 30 日申报其该税务年度的纳税收入。公司纳税人则必须最迟在一个税务年度结束后的 12 月 30 日申报其该税务年度的纳税收入。需要注意：

·联邦税务局对有些行业企业规定了不同的 12 个月的税务年度，称为"特殊税务年度"。相应地，收入申报的最后截止日与正常税务年度的规定是不一样的。

·特定行业企业特殊税务条款。"2001 年所得税条例"对以下行业企业的税收单独进行了规定：条例附件 4 对保险业的利润和收益税收进行了规定；条例附件 5 对石油开采和生产的利润和收入，以及矿产（石油除外）的开采和提炼的利润和收入的税收进行了规定。

预提税：

"2001 年所得税条例"第 148 条至第 189 条对特定收入的扣减进行了规定。条例对预提税制度的完整程序进行了规定。

·附件 2 第一部分对总收入豁免进行了规定。

·附件 2 第二部分对税率的降低进行了规定。

·附件 2 第三部分对净税务债务的降低进行了规定。

折旧率：

"2001 年所得税条例"附件 3 对不同资产的折旧率进行了规定。该附件还对下述折旧和摊销免税额进行了规定：

·初始折旧免税额为 25%。

·开业前支出摊销额为 20%。

资本价值税（Capital Value Tax）：

资本价值税由"1989 年金融法"设立。最初本项税收也适用于城市不动产和当地组装/进口车辆，但是目前只适用于通过证券交易所买入股票、购买机票（外交官豁免）和购买新车。

间接税：

一般销售税（General Sales Tax）的税率为 17%。

关税：

"1969 年关税法"于 1969 年 3 月 8 日颁布。该法整合修订了有关关税征收和其他相关事宜的法律。该法与"2001 年关税细则"共同规定了关税的基本法律制度。关税目前对以下货物进行征收：

·进口到巴基斯坦的货物。

·从巴基斯坦出口的货物。

·从外国输入的货物，在没有支付关税下从一个海关关口转运或运输至另一个海关关口。保税商品从一个海关关口到另一个海关关口。不同货物关税税率不一样，在"1969 年关税法"第 18 章进行了规定。

联邦消费税：

"2005 年联邦消费税法"和"2005 年联邦消费税细则"是联邦消费税有关事宜的基本法律制度。联邦消费税属于联邦税，是对以下应税货物和服务进行征收：

· 在巴基斯坦生产或制造的货物；

· 进口到巴基斯坦的货物；

· 在免税区生产制造的货物转移到关税区；

· 在巴基斯坦境内提供的应税服务；

· 不同货物或服务征税的税基和税率不同，具体在"2005 年联邦消费税法"附件 1 进行了规定。

四、巴基斯坦外汇兑换规定

关于外汇兑换的规定与整体投资政策一致，巴基斯坦中央银行允许外国投资者完全自由地进行投资，汇回利润/分红/出售资产的收入。根据外汇管理规定，任何外国投资者可以投资于巴基斯坦证券交易所上市的股票/证券，而且可以汇回利润/分红，或者出售资产的收入。为了进行证券投资，投资者必须在巴基斯坦任何银行开立一个"特殊可兑换卢比账户"。外汇交易受"1947 年外汇管理法"管辖。在巴基斯坦经营业务的个人/公司可以根据巴基斯坦中央银行明确规定的规则获得外汇，用于各种目的。对进口外汇使用没有任何限制（除了进口违禁品或者从以色列进口）。商业单位（Business Houses）可以为所有的商业交易购买外汇，包括支付出口索赔、向外国出口代理商支付佣金、专利使用费、特许经营权/技术转让费和分红（下面将详细介绍），软件证书/维护/支持费，外国杂志、报纸广告费、出差等费用。

与外国投资有关的重要外汇管理法规详细介绍如下：

（1）向外国投资者发售股权证书。巴基斯坦中央银行一般允许非居民购买在证券交易所上市的巴基斯坦公司的股份，而不管其业务的性质；同时也允许非居民购买从事制造、发电和经批准的某些服务行业的私人公司的股份。以下类型的非居民可以享受此便利，条件是购买款项必须用外汇支付，而且如果是非上市公司股份，购买价格不低于执业会计师认证的资产分离价值（Breakup Value）；如果是上市公司，不低于市场价格。

· 居住在巴基斯坦境外的巴基斯坦居民；

· 个人拥有双重国籍，其中包括巴基斯坦国籍，而不管其居住在巴基斯坦境内或境外；

· 外国居民，不管其居住在巴基斯坦境内或境外；

·在巴基斯坦境外注册和运营的企业（包括合伙制企业）、信托或互助基金，不包括外国政府拥有或控制的实体。

（2）红利汇出。公司必须指定一家银行，通过该行向非居民股东汇出红利。一旦一家银行接受公司的指定，巴基斯坦中央银行即授权该银行向该公司境外股东汇出红利，而无须再得到央行的批准。

（3）专利使用费和技术转让费。巴基斯坦中央银行对制造业的专利使用费和技术转让费汇出设定了一些条件，以利于技术转让合同的执行。本地企业需指定在巴基斯坦经营外汇的"授权交易商（银行）"进行支付。

对外国直接投资开放的非制造行业（如国际食品特许经营）允许对外支付专利转让费、特许经营费/技术转让费，条件是：不管网点多少，首次一次性支付不得超过10万美元，而且最高不超过净收入的5%。此类费用首期收取不得超过5年。

巴基斯坦中央银行按个案审批，可允许金融行业外国合作者对其拥有品牌的金融产品/服务，汇出专利使用费/特许经营费和技术转让费或者佣金/服务费用。一次性期初支付的专利使用费/技术转让费/特许经营费不可超过50万美元。后续支付不得超过从客户获得收入（Customers Billing）的0.25%。

（4）为购买厂房和机器设备借入的外汇。私营部门的企业家可以从外国银行/金融机构、跨国公司的母公司获得外汇贷款和供货商信贷。此类贷款和信贷不涉及政府担保，用于为符合政府产业和投资政策的项目的外汇支出提供融资。此类贷款/信贷的还款期不应少于5年。贷款协议和还款计划表应在巴基斯坦中央银行登记备案，以便银行在扣减相应税收后，可以汇出利息和应还本金，而无须巴基斯坦中央银行再行审批。

（5）其他外汇私人贷款。在满足巴基斯坦中央银行外汇管理法规的前提下，在巴基斯坦的个人、企业、公司居民（包括外国控制的公司、外国公司的分部，但不包括银行）可从国外获得外汇贷款用于任何目的，并可汇出利息本金。

（6）短期外汇私人贷款。

（7）外国控制公司可偿付的外汇流动资金贷款。外国控制公司（指外国公司的分部，以及在巴基斯坦设立，外国股份占50%或更多的公司或外国董事占50%或更多的公司）可以从国外银行/金融机构，或其总部，或其他海外分部/关联企业借入外汇贷款，满足流动资金需求。前提条件是还款期不超过12个月，利息不超过LIBOR+1%。该类贷款可以展期不超过12个月（外国公司分部不允许为此类贷款支付利息）。

（8）巴基斯坦企业外汇流动资金贷款。在巴基斯坦经营的巴基斯坦企业和公司（不包括银行）可以获取外国私营贷款，该笔贷款可以汇出偿还，也可能不允许汇出偿还（On Non - repatriable or Repatriable Basis）。

（9）外国私人贷款的提前还款。巴基斯坦中央银行允许外国私人贷款在个案审批基础上提前还款，但政府担保贷款不在此列。只有借款人手头有等值卢比或者借款人有能力自己创收卢比时才可以采用提前还款方式。

（10）持有外币。对居民或非居民带人、持有外币没有限制。但是，对带出巴基斯坦的外币金额有 1 万美元的高限。

（11）外币账户（FCA）。在满足"外汇手册"规定的条件后，公司和个人可以在巴基斯坦当地银行开立外币账户。

（12）对外国控制公司的流动资金贷款。"授权交易商"，可以向外国控制公司发放卢比贷款和授信，以满足其流动资金需求。

（13）对外国控制公司资本支出的贷款。从事制造业的外国控制公司可以从银行、开发性金融机构和其他金融机构获得卢比贷款，也可以发行长期参与证（Participation Term Certificate）等方式来满足资本支出需要。但是，其他外国控制公司要求特殊批准获得中长期卢比贷款。

（14）非居民担保的贷款。"授权交易商"一般可以根据"外汇管理规定"，在遵守巴基斯坦中央银行"审慎管理规定"的前提下，以非居民担保或海外经营银行担保为基础向其客户（包括外国控制公司）提供卢比贷款。

附录 2　巴基斯坦棉花种植情况

附表 1　巴基斯坦棉花种植面积（全国/省/专区/县）　单位：千公顷

省/专区/县	2013～2014 年	2014～2015 年	2015～2016 年	2016～2017 年	2017～2018 年
巴基斯坦全国	2805.65	2958.30	2901.98	2488.97	2700.27
旁遮普省	2199.02	2322.85	2242.72	1815.34	2052.93
拉瓦尔品第专区（Rawalpindi）	0.41	0.82	0.41	0.40	0.40
恰夸尔县（Chakwal）	0.00	0.41	0.00	0.00	0.00
杰赫勒姆县（Jhelum）	0.41	0.41	0.41	0.40	0.40
萨戈达专区（Sargodha）	76.48	114.92	108.85	85.38	72.83
萨戈达县（Sargodha）	7.69	8.09	6.88	5.26	5.66
库沙布县（Khushab）	1.62	1.21	3.23	2.42	0.80
缅瓦利县（Mianwali）	41.68	57.87	54.63	48.16	42.90
巴卡尔县（Bhakkar）	25.49	47.75	44.11	29.54	23.47
费萨拉巴德专区（Faisalabad）	123.43	110.88	106.83	72.03	78.92
费萨拉巴德县（Faisalabad）	32.78	30.35	29.54	18.62	24.69
托巴特辛县（Toba Tek Singh）	41.66	42.49	37.23	24.28	31.16
章县（Jhang）	45.73	35.61	38.44	27.53	21.85
吉尼奥德县（Chiniot）	3.24	2.43	1.62	1.61	1.22
古杰兰瓦拉专区（Gujranwala）	1.21	1.21	0.81	0.81	0.81
曼迪巴豪丁县（Mandi Bahauddin）	1.21	1.21	0.81	0.81	0.81
拉合尔专区（Lahore）	13.35	12.55	9.31	6.06	6.48
谢胡布尔县（Sheikhupura）	0.00	0.41	0.00	0.40	0.40
南卡那萨希布（Nankana Sahib）	1.22	0.81	0.00	0.40	0.40
卡苏尔县（Kasur）	12.13	11.33	9.31	5.26	5.68
萨希尔专区（Sahiwal）	143.26	152.15	151.77	96.30	101.96
奥卡拉县（Okara）	22.66	20.23	22.26	16.59	11.33
萨希瓦尔县（Sahiwal）	81.75	80.53	85.80	55.84	64.74
帕克帕坦县（Pakpattan）	38.85	51.39	43.71	23.87	25.89
木尔坦专区（Multan）	747.03	744.21	738.13	549.05	712.23
木尔坦县（Multan）	158.23	145.69	163.89	141.23	157.42
卡内瓦尔县（Kanewal）	183.72	191.01	195.86	150.94	179.68
维哈里县（Vihari）	196.27	208.41	188.18	142.04	192.22
罗德兰县（Lodhran）	208.81	199.10	190.20	115.74	182.91

续表

省/专区/县	2013 ~ 2014 年	2014 ~ 2015 年	2015 ~ 2016 年	2016 ~ 2017 年	2017 ~ 2018 年
德利加兹汗专区（Dera Ghazi Khan）	391.73	448.38	427.33	386.87	413.99
穆扎法尔格尔县（Muzaffargarh）	153.37	141.63	145.68	135.97	140.02
莱亚县（Leiah）	51.39	53.83	45.32	42.90	49.38
德利加兹汗县（Dera Ghazi Khan）	87.82	109.26	94.69	72.84	90.24
拉詹普尔县（Rajanpur）	99.15	143.66	141.64	135.16	134.35
巴哈瓦尔布尔专区（Bahawalpur）	702.12	737.73	699.28	617.54	665.31
巴哈瓦尔布尔县（Bahawalpur）	267.90	279.63	273.16	241.99	267.50
巴哈瓦尔那加县（Bahawalnagar）	205.98	219.34	219.33	169.56	240.39
拉希姆亚尔汗县（Rahimyar Khan）	228.24	238.76	206.79	205.99	157.42
信得省	567.98	596.21	621.25	636.65	611.68
苏库尔专区（Sukkur）	246.83	264.43	304.13	317.60	312.86
凯尔布尔县（Khairpur）	78.98	79.21	81.39	82.78	80.65
格特基县（Ghotki）	52.54	62.40	90.16	97.43	92.02
苏库尔县（Sukkur）	28.68	30.44	33.79	35.29	36.68
瑙沙罗费洛兹县（Naushahro Firoze）	31.48	33.41	35.35	37.60	39.01
讷瓦布沙阿县（Nawabshah）	55.15	58.97	63.44	64.50	64.50
拉尔卡纳专区（Larkana）	1.55	1.34	0.00	1.88	1.77
拉尔卡纳县（Larkana）	1.54	1.30	0.00	1.88	1.58
雅各布阿巴德县（Jacobabad）	0.00	0.00	0.00	0.00	0.00
卡什莫尔县（Kashmore）	0.00	0.00	0.00	0.00	0.00
希卡布尔县（Shikarpur）	0.01	0.04	0.00	0.00	0.20
海德拉巴专区（Hyderabad）	129.12	134.12	122.72	129.61	118.39
达杜县（Dadu）	11.72	11.30	8.84	12.18	11.06
海德拉巴县（Hyderabad）	6.57	6.54	6.52	6.57	6.50
贾姆肖罗县（Jamshoro）	17.01	17.25	12.05	16.57	15.82
默蒂亚里县（Matiari）	40.39	41.92	40.55	41.93	40.83
坦杜阿拉亚县（Tando Allahyar）	22.77	23.83	22.84	22.59	22.40
坦杜穆罕默德汗县（Tando Muhammad Khan）	4.38	4.26	3.74	4.22	4.30
伯丁县（Badin）	21.00	21.67	21.49	19.66	11.25
特达县（Thatta）	5.29	7.35	6.68	5.89	6.22
米尔布尔哈斯专区（Mirpur Khas）	189.85	195.39	193.95	187.24	178.22
桑加尔县（Sanghar）	123.49	128.24	124.40	119.29	120.12
乌姆科特县（Umerkot）	25.04	27.94	29.14	28.85	28.75
米尔布尔哈斯县（Mirpur Khas）	40.20	38.12	39.35	38.19	28.38
达尔帕卡县（Thar Parkar）	1.13	1.09	1.06	0.91	0.97
卡拉奇专区（Karachi）	0.63	0.93	0.45	0.32	0.44
开—普省（Khyber – Pakhtunkwa）	0.26	2.95	0.40	0.20	0.17
德拉伊斯梅尔汗专区（Dera Ismail Khan）	0.25	2.95	0.40	0.19	0.17

续表

省/专区/县	2013~2014年	2014~2015年	2015~2016年	2016~2017年	2017~2018年
德拉伊斯梅尔汗县（Dera Ismail Khan）	0.25	2.95	0.40	0.19	0.17
白沙瓦专区（Peshawar）	0.00	0.00	0.00	0.01	0.00
恰尔萨达县（Charsadda）	0.00	0.00	0.00	0.01	0.00
马尔丹专区（Mardan）	0.01	0.00	0.00	0.00	0.00
马尔丹县（Mardan）	0.01	0.00	0.00	0.00	0.00
俾路支省（Balochistan）	38.39	41.24	37.61	36.78	35.49
奎达专区（Quetta）	2.69	2.63	2.59	2.58	2.60
查盖县（Chagai）	0.00	0.04	0.03	0.04	0.05
努什基县（Nushki）	2.69	2.59	2.56	2.54	2.55
佐布专区（Zhob）	1.72	1.72	1.09	1.10	1.14
洛拉莱县（Loralai）	0.21	0.23	0.21	0.19	0.09
新月县（Barkhan）	1.43	1.41	0.80	0.91	1.06
基拉赛福拉县（Killa Saifulla）	0.08	0.08	0.08	0.00	0.00
锡比专区（Sibi）	8.45	8.60	8.20	7.55	8.71
锡比县（Sibi）	6.98	7.00	6.92	6.83	6.81
寇卢部落特区（Kohlu Agency）	0.20	0.19	0.13	0.20	0.21
德拉布提县（Dera Bugti）	1.28	1.41	1.15	1.52	1.69
纳希拉巴德专区（Nasirabad）	1.79	1.71	1.72	1.73	1.69
贾法拉巴德县（Jafarabad）	0.00	0.00	0.00	0.01	0.00
纳希拉巴德县（Nasirabad）	0.00	0.03	0.03	0.03	0.00
波伦县（Kachhi（Bolan））	1.68	1.69	1.69	1.69	1.69
贾尔马格希县（Jhal Magsi）	0.11	0.00	0.00	0.00	0.00
喀拉特专区（Kalat）	22.77	24.86	22.62	21.45	21.35
胡兹达尔县（Khuzdar）	2.63	3.28	3.28	3.36	3.37
拉斯贝拉县（Lasbela）	16.07	17.48	15.36	14.17	14.07
阿瓦兰县（Awaran）	1.29	1.32	1.33	1.28	1.28
瓦胡克县（Washuk）	0.11	0.11	0.11	0.10	0.10
卡兰县（Kharan）	2.67	2.67	2.55	2.54	2.54
莫克兰专区（Makran）	0.97	1.72	1.39	1.37	0.00
旁吉古尔县（Panjgur）	0.00	0.03	0.03	0.00	0.00
图尔伯德县（Turbat）	0.97	1.69	1.36	1.37	0.00

资料来源：巴基斯坦中央棉花委员会《2017~2018年棉花统计公报》（Cotistics）。

附表2 巴基斯坦棉花种植产量（全国/省/专区/县） 单位：千吨

省/专区/县	2013~2014年	2014~2015年	2015~2016年	2016~2017年	2017~2018年
巴基斯坦全国	2170.71	2373.13	1685.96	1814.07	2030.75
旁遮普省	1554.65	1747.09	1078.31	1186.26	1373.09
拉瓦尔品第专区（Rawalpindi）	0.16	0.33	0.07	0.07	0.07

续表

省/专区/县	2013 ~ 2014 年	2014 ~ 2015 年	2015 ~ 2016 年	2016 ~ 2017 年	2017 ~ 2018 年
恰夸尔县 (Chakwal)	0.00	0.16	0.00	0.00	0.00
杰赫勒姆县 (Jhelum)	0.16	0.17	0.07	0.07	0.07
萨戈达专区 (Sargodha)	36.53	59.27	39.02	38.43	37.43
萨戈达县 (Sargodha)	1.57	2.47	1.53	1.35	1.74
库沙布县 (Khushab)	0.51	0.31	1.12	0.72	0.16
缅瓦利县 (Mianwali)	21.79	29.56	21.81	24.63	23.41
巴卡尔县 (Bhakkar)	12.66	26.93	14.56	11.72	12.11
费萨拉巴德专区 (Faisalabad)	58.39	67.92	40.25	35.13	37.35
费萨拉巴德县 (Faisalabad)	13.69	17.04	10.79	8.58	13.15
托巴特辛县 (Toba Tek Singh)	23.94	33.41	15.37	14.29	15.01
章县 (Jhang)	19.77	16.72	13.62	11.78	8.75
吉尼奥德县 (Chiniot)	0.99	0.75	0.48	0.47	0.44
古杰兰瓦拉专区 (Gujranwala)	0.22	0.41	0.16	0.16	0.15
曼迪巴豪丁县 (Mandi Bahauddin)	0.22	0.41	0.16	0.16	0.15
拉合尔专区 (Lahore)	5.20	5.14	2.72	2.26	2.66
谢胡布尔县 (Sheikhupura)	0.00	0.19	0.00	0.15	0.13
南卡那萨希布 (Nankana Sahib)	0.31	0.25	0.00	0.08	0.08
卡苏尔县 (Kasur)	4.90	4.70	2.72	2.03	2.45
萨希瓦尔专区 (Sahiwal)	101.28	113.73	60.81	55.16	54.74
奥卡拉县 (Okara)	16.92	15.77	11.24	10.89	6.23
萨希瓦尔县 (Sahiwal)	55.60	59.54	31.44	30.19	34.03
帕克帕坦县 (Pakpattan)	28.76	38.43	18.13	14.08	14.47
木尔坦专区 (Multan)	567.72	579.90	289.54	359.02	490.60
木尔坦县 (Multan)	117.33	112.79	60.25	84.20	105.83
卡内瓦尔县 (Kanewal)	162.56	151.77	73.19	91.67	130.80
维哈里县 (Vihari)	159.52	161.01	76.11	81.13	136.38
罗德兰县 (Lodhran)	128.31	154.34	79.98	102.02	118.61
德利加兹汗专区 (Dera Ghazi Khan)	250.08	335.59	227.79	244.02	307.62
穆扎法尔格尔县 (Muzaffargarh)	93.39	107.32	54.00	73.07	84.58
莱亚县 (Leiah)	24.72	29.31	23.98	23.72	34.11
德利加兹汗县 (Dera Ghazi Khan)	53.90	80.09	41.62	41.78	70.66
拉詹普尔县 (Rajanpur)	78.07	118.87	108.19	105.44	118.27
巴哈瓦尔布尔专区 (Bahawalpur)	535.08	584.79	417.97	452.01	442.47
巴哈瓦尔布尔县 (Bahawalpur)	195.80	218.71	153.81	180.55	191.18
巴哈瓦尔那加县 (Bahawalnagar)	184.52	190.26	137.73	143.15	147.34
拉希姆亚尔汗县 (Rahimyar Khan)	154.76	175.81	126.42	128.32	103.96
信得省	598.98	607.33	590.85	611.47	641.88
苏库尔专区 (Sukkur)	229.50	252.24	295.28	302.21	331.18

续表

省/专区/县	2013~2014 年	2014~2015 年	2015~2016 年	2016~2017 年	2017~2018 年
凯尔布尔县（Khairpur）	72.75	73.81	71.28	73.62	81.39
格特基县（Ghotki）	47.90	59.68	95.52	96.25	104.20
苏库尔县（Sukkur）	25.32	32.12	36.50	34.56	37.97
瑙沙罗费洛兹（Naushahro Firoze）	28.49	32.10	35.16	36.86	40.81
讷瓦布沙阿县（Nawabshah）	55.04	54.52	56.82	60.93	66.80
拉尔卡纳专区（Larkana）	1.13	1.13	0.00	1.73	1.48
拉尔卡纳县（Larkana）	1.12	1.09	0.00	1.73	1.30
雅各布阿巴德县（Jacobabad）	0.00	0.00	0.00	0.00	0.00
卡什莫尔县（Kashmore）	0.00	0.00	0.00	0.00	0.00
希卡布尔县（Shikarpur）	0.01	0.04	0.00	0.00	0.18
海德拉巴专区（Hyderabad）	141.93	136.35	110.39	121.54	120.11
达杜县（Dadu）	11.06	11.89	7.28	10.91	12.13
海德拉巴县（Hyderabad）	7.02	6.68	6.31	7.34	6.67
贾姆肖罗县（Jamshoro）	18.72	16.69	11.93	17.81	16.50
默蒂亚里县（Matiari）	48.13	45.11	37.72	42.05	44.37
坦杜阿拉亚县（Tando Allahyar）	24.07	24.33	22.57	20.83	22.29
坦杜穆罕默德汗县（Tando Muhammad Khan）	4.72	4.08	2.90	3.40	4.17
伯丁县（Badin）	22.74	20.60	16.98	15.18	8.52
特达县（Thatta）	5.47	6.97	22.57	4.01	5.46
米尔布尔哈斯专区（Mirpur Khas）	225.86	216.87	184.81	185.71	188.70
桑加尔县（Sanghar）	149.57	144.42	118.80	116.86	135.36
乌姆科特县（Umerkot）	25.11	29.13	28.79	26.61	23.67
米尔布尔哈斯县（Mirpur Khas）	50.04	42.32	36.28	41.50	28.97
达尔帕卡县（Thar Parkar）	1.15	1.00	0.95	0.75	0.70
卡拉奇专区（Karachi）	0.56	0.74	0.37	0.27	0.41
开—普省（Khyber – Pakhtunkwa）	0.13	0.50	0.21	0.10	0.09
德拉伊斯梅尔汗专区（Dera Ismail Khan）	0.13	0.50	0.21	0.10	0.09
德拉伊斯梅尔汗县（Dera Ismail Khan）	0.13	0.50	0.21	0.10	0.09
白沙瓦专区（Peshawar）	0.00	0.00	0.00	0.01	0.00
恰尔萨达县（Charsadda）	0.00	0.00	0.00	0.01	0.00
马尔丹专区（Mardan）	0.00	0.00	0.00	0.00	0.00
马尔丹县（Mardan）	0.00	0.00	0.00	0.00	0.00
俾路支省（Balochistan）	16.95	18.20	16.59	16.17	15.69
奎达专区（Quetta）	1.12	1.09	1.08	1.08	1.10
查盖县（Chagai）	0.00	0.02	0.01	0.02	0.02
努什基县（Nushki）	1.12	1.08	1.07	1.06	1.08
佐布专区（Zhob）	0.74	0.75	0.48	0.48	0.50
洛拉莱县（Loralai）	0.09	0.10	0.09	0.09	0.04

续表

省/专区/县	2013~2014年	2014~2015年	2015~2016年	2016~2017年	2017~2018年
新月县（Barkhan）	0.62	0.61	0.35	0.40	0.46
基拉赛福拉县（Killa Saifulla）	0.03	0.03	0.03	0.00	0.00
锡比专区（Sibi）	3.57	3.63	3.47	3.60	3.69
锡比县（Sibi）	2.98	2.99	2.95	2.92	2.91
寇卢部落特区（Kohlu Agency）	0.08	0.08	0.05	0.09	0.09
德拉布提县（Dera Bugti）	0.51	0.56	0.46	0.60	0.68
纳希拉巴德专区（Nasirabad）	0.76	0.73	0.73	0.73	0.72
贾法拉巴德县（Jafarabad）	0.00	0.00	0.00	0.01	0.00
纳希拉巴德县（Nasirabad）	0.00	0.01	0.01	0.01	0.00
波伦县（Kachhi（Bolan））	0.71	0.72	0.72	0.72	0.72
贾尔马格希县（Jhal Magsi）	0.05	0.00	0.00	0.00	0.00
喀拉特专区（Kalat）	10.34	11.28	10.25	9.71	9.68
胡兹达尔县（Khuzdar）	1.12	1.39	1.39	1.43	1.44
拉斯贝拉县（Lasbela）	7.38	8.02	7.05	6.50	6.47
阿瓦兰县（Awaran）	0.59	0.61	0.61	0.58	0.59
瓦胡克县（Washuk）	0.05	0.05	0.05	0.04	0.04
卡兰县（Kharan）	1.20	1.21	1.15	1.14	1.15
莫克兰专区（Makran）	0.41	0.73	0.59	0.58	0.00
旁吉古尔县（Panjgur）	0.00	0.01	0.01	0.00	0.00
图尔伯德县（Turbat）	0.41	0.72	0.58	0.58	0.00

资料来源：巴基斯坦中央棉花委员会《2017~2018年棉花统计公报》（cotistics）折算得到（1bale = 170kg）。

附表3　巴基斯坦棉花单产（全国/省/专区/县）　单位：公斤/公顷

省/专区/县	2013~2014年	2014~2015年	2015~2016年	2016~2017年	2017~2018年
巴基斯坦全国	774	802	581	729	752
旁遮普省	707	752	481	653	669
拉瓦尔品第专区（Rawalpindi）	381	406	162	170	170
恰夸尔县（Chakwal）	0.00	398	0.00	0.00	0.00
杰赫勒姆县（Jhelum）	381	415	162	170	170
萨戈达专区（Sargodha）	478	516	358	450	514
萨戈达县（Sargodha）	204	305	222	256	308
库沙布县（Khushab）	317	256	345	298	204
缅瓦利县（Mianwali）	523	511	399	512	546
巴卡尔县（Bhakkar）	497	564	330	397	516

续表

省/专区/县	2013 ~ 2014 年	2014 ~ 2015 年	2015 ~ 2016 年	2016 ~ 2017 年	2017 ~ 2018 年
费萨拉巴德专区（Faisalabad）	473	613	377	488	473
费萨拉巴德县（Faisalabad）	418	561	365	461	532
托巴特辛县（Toba Tek Singh）	574	786	413	589	482
章县（Jhang）	432	469	354	428	401
吉尼奥德县（Chiniot）	305	310	294	292	364
古杰兰瓦拉专区（Gujranwala）	180	336	195	199	189
曼迪巴豪丁县（Mandi Bahauddin）	180	336	195	199	189
拉合尔专区（Lahore）	390	410	292	373	411
谢胡布尔县（Sheikhupura）	0.00	464	0.00	0.00	336
南卡那萨希布（Nankana Sahib）	251	311	0.00	0.00	204
卡苏尔县（Kasur）	404	415	292	386	431
萨希瓦尔专区（Sahiwal）	707	748	401	573	537
奥卡拉县（Okara）	747	779	505	657	550
萨希瓦尔县（Sahiwal）	680	739	366	541	526
帕克帕坦县（Pakpattan）	740	748	415	590	559
木尔坦专区（Multan）	760	779	392	653	689
木尔坦县（Multan）	742	774	368	596	672
卡内瓦尔县（Kanewal）	885	795	374	607	728
维哈里县（Vihari）	813	773	404	571	710
罗德兰县（Lodhran）	614	775	420	881	643
德利加兹汗专区（Dera Ghazi Khan）	638	748	533	631	743
穆扎法尔格尔县（Muzaffargarh）	609	758	371	537	604
莱亚县（Leiah）	481	544	529	553	691
德利加兹汗县（Dera Ghazi Khan）	614	733	439	574	783
拉詹普尔县（Rajanpur）	787	827	764	780	880
巴哈尔布尔专区（Bahawalpur）	762	793	598	732	665
巴哈瓦尔布尔县（Bahawalpur）	731	782	563	746	715
巴哈尔那加县（Bahawalnagar）	896	867	628	844	613
拉希姆亚尔汗县（Rahimyar Khan）	678	736	611	623	660
信得省	1055	1019	951	960	1049
苏库尔专区（Sukkur）	930	954	971	952	1059
凯尔布尔县（Khairpur）	921	932	876	889	1009
格特基县（Ghotki）	912	956	1059	988	1132
苏库尔县（Sukkur）	883	1055	1080	979	1035
瑙沙罗费洛兹县（Naushahro Firoze）	905	961	995	980	1046
讷瓦布沙阿县（Nawabshah）	998	924	896	945	1036

续表

省/专区/县	2013 ~ 2014 年	2014 ~ 2015 年	2015 ~ 2016 年	2016 ~ 2017 年	2017 ~ 2018 年
拉尔卡纳专区（Larkana）	726	844	0.00	920	836
拉尔卡纳县（Larkana）	724	843	0.00	922	823
雅各布阿巴德县（Jacobabad）	0.00	0.00	0.00	0.00	0.00
卡什莫尔县（Kashmore）	0.00	0.00	0.00	0.00	0.00
希卡布尔县（Shikarpur）	864	804	0.00	0.00	922
海德拉巴专区（Hyderabad）	1099	1017	900	938	1015
达杜县（Dadu）	944	1053	823	896	1096
海德拉巴县（Hyderabad）	1069	1022	968	1118	1026
贾姆肖罗县（Jamshoro）	1101	967	990	1075	1043
默蒂亚里县（Matiari）	1192	1076	930	1003	1087
坦杜阿拉亚县（Tando Allahyar）	1057	1021	988	922	995
坦杜穆罕默德汗县（Tando Muhammad Khan）	1078	959	774	805	970
伯丁县（Badin）	1083	950	790	772	757
特达县（Thatta）	1033	949	703	682	877
米尔布尔哈斯专区（Mirpur Khas）	1190	1110	953	992	1059
桑加尔县（Sanghar）	1211	1126	955	980	1127
乌姆科特县（Umerkot）	1003	1043	988	922	823
米尔布尔哈斯县（Mirpur Khas）	1245	1110	922	1087	1021
达尔帕卡县（Thar Parkar）	1021	918	889	823	722
卡拉奇专区（Karachi）	890	793	820	850	966
开—普省（Khyber – Pakhtunkwa）	490	522	519	502	530
德拉伊斯梅尔汗专区（Dera Ismail Khan）	510	522	519	501	527
德拉伊斯梅尔汗县（Dera Ismail Khan）	510	522	519	501	518
白沙瓦专区（Peshawar）	0.00	0.00	0.00	510	0.00
恰尔萨达县（Charsadda）	0.00	0.00	0.00	510	0.00
马尔丹专区（Mardan）	283	170	0.00	0.00	0.00
马尔丹县（Mardan）	283	0.00	0.00	0.00	0.00
俾路支省（Balochistan）	441	474	441	440	442
奎达专区（Quetta）	416	424	417	418	442
查盖县（Chagai）	0.00	0.00	385	385	416
努什基县（Nushki）	416	17	4177	418	423
佐布专区（Zhob）	435	436	437	437	440
洛拉莱县（Loralai）	438	36	438	438	439
新月县（Barkhan）	435	37	435	435	438
基拉赛福拉县（Killa Saifulla）	421	425	421	0.00	0.00
锡比专区（Sibi）	423	423	423	476	423

续表

省/专区/县	2013 ~ 2014 年	2014 ~ 2015 年	2015 ~ 2016 年	2016 ~ 2017 年	2017 ~ 2018 年
锡比县（Sibi）	427	428	427	427	428
寇卢部落特区（Kohlu Agency）	425	429	426	426	429
德拉布提县（Dera Bugti）	401	403	401	393	403
纳希拉德专区（Nasirabad）	425	406	424	423	428
贾法拉巴德县（Jafarabad）	0.00	0.00	0.00	510	0.00
纳希拉巴德县（Nasirabad）	0.00	0.00	419	418	0.00
波伦县（Kachhi（Bolan））	425	426	425	425	428
贾尔马格希县（Jhal Magsi）	426	0.00	0.00	0.00	0.00
喀拉特专区（Kalat）	454	453	453	452	454
胡兹达尔县（Khuzdar）	425	526	125	425	428
拉斯贝拉县（Lasbela）	459	459	459	459	460
阿瓦兰县（Awaran）	457	458	457	457	457
瓦胡克县（Washuk）	463	448	445	446	451
卡兰县（Kharan）	450	452	450	451	450
莫克兰专区（Makran）	425	424	426	424	0.00
旁吉古尔县（Panjgur）	0.00	397	419	0.00	0.00
图尔伯德县（Turbat）	425	424	425	424	0.00

资料来源：巴基斯坦中央棉花委员会《2017 ~ 2018 年棉花统计公报》（cotistics）。

附表 4　世界主要棉花生产国和消费国情况

年份	种植面积（千公顷）	产量（千吨）	单产（公斤/公顷）	消费量
中国				
2013 ~ 2014	4700	6929	1474	7517
2014 ~ 2015	4310	6480	1503	7705
2015 ~ 2016	3413	5200	1524	7600
2016 ~ 2017	2923	4900	1676	8000
2017 ~ 2018	3350	5890	1758	8650
美国				
2013 ~ 2014	3053	2811	921	773
2014 ~ 2015	3929	3553	904	801
2015 ~ 2016	3268	2806	859	751
2016 ~ 2017	3848	3738	971	718
2017 ~ 2018	4253	4028	947	740
印度				
2013 ~ 2014	11650	6770	581	4939
2014 ~ 2015	12250	6507	531	6269
2015 ~ 2016	11877	5746	484	5296
2016 ~ 2017	10500	5775	550	5148
2017 ~ 2018	12235	6350	519	5200

续表

年份	种植面积（千公顷）	产量（千吨）	单产（公斤/公顷）	消费量
巴基斯坦				
2013 ~ 2014	2805	2171	774	2467
2014 ~ 2015	2958	2373	802	2465
2015 ~ 2016	2902	1686	581	2147
2016 ~ 2017	2489	1814	729	2220
2017 ~ 2018	2700	2030	752	2507
乌兹别克斯坦				
2013 ~ 2014	1275	940	737	345
2014 ~ 2015	1275	940	737	345
2015 ~ 2016	1298	832	641	355
2016 ~ 2017	1250	789	631	371
2017 ~ 2018	1209	800	662	409
土耳其				
2013 ~ 2014	451	760	1686	1400
2014 ~ 2015	468	847	1809	1372
2015 ~ 2016	434	640	1475	1500
2016 ~ 2017	420	703	1674	1450
2017 ~ 2018	462	840	1817	1481
澳大利亚				
2013 ~ 2014	392	890	2270	8
2014 ~ 2015	210	500	3381	7
2015 ~ 2016	270	629	2330	7
2016 ~ 2017	557	960	1722	7
2017 ~ 2018	500	1044	2088	6
巴西				
2013 ~ 2014	1122	1734	1546	862
2014 ~ 2015	967	1506	1543	808
2015 ~ 2016	955	1289	1350	701
2016 ~ 2017	939	1485	1580	722
2017 ~ 2018	1211	2024	1671	728
希腊				
2013 ~ 2014	249	296	1190	20
2014 ~ 2015	271	273	1007	20
2015 ~ 2016	240	218	908	20
2016 ~ 2017	211	213	1009	20
2017 ~ 2018	243	220	906	20

资料来源：Cotton This Month Auqust, 2018；巴基斯坦 2017 ~ 2018 年数据为暂估值 Provisional，巴基斯坦数据来自 Pakistan Central Cotton Committee。

附表5　巴基斯坦历年棉花播种面积　　　　　　单位：千公顷

年份	播种面积	年份	播种面积	年份	播种面积	年份	播种面积
1960～1961	1293	1975～1976	1852	1990～1991	2662	2005～2006	3103
1961～1962	1396	1976～1977	1865	1991～1992	2836	2006～2007	3075
1962～1963	1374	1977～1978	1843	1992～1992	2836	2007～2008	3054
1963～1964	1471	1978～1979	1891	1993～1994	2805	2008～2009	2820
1964～1965	1467	1979～1980	2081	1994～1995	2653	2009～2010	3106
1965～1966	1561	1980～1981	2108	1995～1996	2997	2010～2011	2689
1966～1967	1620	1981～1982	2214	1996～1997	3149	2011～2012	2834
1967～1968	1785	1982～1983	2263	1997～1998	2960	2012～2013	2879
1968～1969	1745	1983～1984	2221	1998～1999	2923	2013～2014	2806
1969～1970	1756	1984～1985	2242	1999～2000	2983	2014～2015	2961
1970～1971	1733	1985～1986	2364	2000～2001	2928	2015～2016	2902
1971～1972	1957	1986～1987	2505	2001～2002	3116	2016～2017	2489
1972～1973	2010	1987～1988	2568	2002～2003	2794	2017～2018	2700
1973～1974	1845	1988～1989	2619	2003～2004	2989		
1974～1975	2031	1989～1990	2599	2004～2005	3193		

资料来源：Agricultural Statistics of Pakistan.

附表6　巴基斯坦历年棉花产量　　　　　　单位：千吨

年份	产量	年份	产量	年份	产量	年份	产量
1960～1961	301	1975～1976	514	1990～1991	1637	2005～2006	2213
1961～1962	324	1976～1977	435	1991～1992	2181	2006～2007	2186
1962～1963	366	1977～1978	575	1992～1992	1540	2007～2008	1981
1963～1964	419	1978～1979	473	1993～1994	1368	2008～2009	2009
1964～1965	378	1979～1980	728	1994～1995	1479	2009～2010	2195
1965～1966	414	1980～1981	715	1995～1996	1802	2010～2011	1948
1966～1967	463	1981～1982	748	1996～1997	1594	2011～2012	2311
1967～1968	518	1982～1983	824	1997～1998	1562	2012～2013	2215
1968～1969	528	1983～1984	495	1998～1999	1495	2013～2014	2171
1969～1970	536	1984～1985	1008	1999～2000	1912	2014～2015	2373
1970～1971	542	1985～1986	1208	2000～2001	1825	2015～2016	1686
1971～1972	707	1986～1987	1309	2001～2002	1805	2016～2017	1814
1972～1973	702	1987～1988	1468	2002～2003	1736	2017～2018	2031
1973～1974	659	1988～1989	1426	2003～2004	1708		
1974～1975	634	1989～1990	1456	2004～2005	2425		

资料来源：Agricultural Statistics of Pakistan，2002～2018 年原数据单位为 bale，按 1bale＝0.17 吨折算。

附表 7 巴基斯坦历年棉花单产 单位：千克/公顷

年份	单产	年份	单产	年份	单产	年份	单产
1960～1961	233	1975～1976	277	1990～1991	615	2005～2006	714
1961～1962	232	1976～1977	233	1991～1992	769	2006～2007	711
1962～1963	266	1977～1978	312	1992～1992	543	2007～2008	649
1963～1964	285	1978～1979	250	1993～1994	488	2008～2009	713
1964～1965	258	1979～1980	350	1994～1995	557	2009～2010	707
1965～1966	265	1980～1981	339	1995～1996	601	2010～2011	725
1966～1967	286	1981～1982	338	1996～1997	506	2011～2012	816
1967～1968	290	1982～1983	364	1997～1998	528	2012～2013	770
1968～1969	303	1983～1984	223	1998～1999	512	2013～2014	774
1969～1970	305	1984～1985	450	1999～2000	641	2014～2015	802
1970～1971	313	1985～1986	515	2000～2001	624	2015～2016	581
1971～1972	361	1986～1987	527	2001～2002	579	2016～2017	729
1972～1973	349	1987～1988	572	2002～2003	622	2017～2018	752
1973～1974	357	1988～1989	544	2003～2004	572		
1974～1975	312	1989～1990	560	2004～2005	760		

资料来源：Agricultural Statistics of Pakistan.